Märkte und Feste
in Südfrankreich

Märkte und Feste
in Südfrankreich

Provence · Côte d'Azur · Languedoc
Roussillon · Gascogne · Périgord

Paul Strang
Fotografien von **Jason Shenai**
Rezepte von **Jeanne Strang**

Verlag Moritz Schauenburg

Die englische Originalausgabe mit dem Titel «Take 5000 Eggs» erschien 1997 bei Kyle Cathie Limited, London.

Text Copyright © Paul und Jeanne Strang 1997
Fotos Copyright © Jason Shenai 1997
Karte: John Gilkes
Buchgestaltung: Lisa Tai

Titelgestaltung: Cyclus Visuelle Kommunikation

Für die deutsche Ausgabe
© 1999 Verlag Moritz Schauenburg, Lahr/Schwarzwald

Das Werk ist einschließlich aller seiner Teile urheberrechtlich geschützt. Jede Verwendung außerhalb der engen Grenzen des Urheberrechtsgesetzes ist ohne Zustimmung des Verlages unzulässig und strafbar. Das gilt insbesondere für fotomechanische und elektronische Vervielfältigungen, Übersetzungen und die Einspeicherung in elektronischen Systemen.

Produktionsbetreuung der deutschen Ausgabe:
Print Company Verlagsgesellschaft m.b.H., Wien
Übersetzung: Martina Bauer

ISBN 3-7946-0518-7

Printed in Singapore by Tien Wah Press Pte Ltd.

DANKSAGUNG

Unser Dank gilt den zahlreichen Personen, die dieses Buch ermöglicht haben: den Organisatoren der beschriebenen Veranstaltungen und dem buntgemischten Publikum, den Küchenchefs und Hausfrauen, die uns großzügig ihre Rezepte zur Verfügung stellten, den Bauern und Züchtern für die nützlichen Informationen zu ihren Produkten, der Handelskammer für die Daten zu Märkten und Jahrmärkten und natürlich den Herausgebern des *Guide Alexandre*, insbesondere Erick Vedel, der uns mit historischem Hintergrundwissen über die Nahrungsmittel der Provence beratend zur Seite stand und uns authentische alte Rezepte zur Verfügung stellte. Schließlich danken wir unserer Herausgeberin Kyle Cathie, unserer Chefredakteurin Candida Hall und der Grafikerin Lisa Tai für die Begeisterung, mit der sie unsere Entdeckungen in diesem Buch umsetzten.

Inhalt

6	**Einleitung**
10	**Man nehme 5000 Eier** – Die riesige Osteromelette, Bessières-sur-Tarn
18	**Oh, wie köstlich!** – Schinkenmarkt in Bayonne
24	**Die Woche der Kühe** – Das Fest des Viehtriebs in Aubrac
32	**Gesegnet seien die Winzer** – Das Fest des hl. Bourrou in Marcillac
40	**Ein erlesener Wein** – Das Frühlingsfest in St. Emilion
49	**Schafe auf der Weide** – Das Fest der Transhumanz in Die
54	**Coupo santo** – Die Segnung der Flaschen in Boulbon
58	**Im alten Hafen von Marseille** – Der Fischmarkt in Marseille
64	**Einkauf in zwei Städten** – Stadtmärkte in Bordeaux und Toulouse
74	**Die göttliche Knolle** – Knoblauchmärkte in Uzès und Lautrec
80	**Himmlische Düfte** – Das Fest der Lindenblüten in Buis-les-Baronnies
88	**Die Krönung der Öle** – Das Olivenfest in Nyons
91	**Begegnung mit den Winzern** – Der Weinmarkt in Madiran
96	**Ein «Schweineleben»** – Trie-sur-Baïse
104	**Markttag in der Provence** – Die Märkte der Provence
118	**Kuchen für alle** – Das Fest des hl. Bartholomäus in Najac
126	**Hartkäse** – Das Fest der Hirten in Chalvignac
136	**Das Fest, das ins Wasser fiel** – Reisernte in der Camargue
143	**Ein typischer ländlicher Markt** – Villefranche-de-Rouergue
150	**Herbstliche Fruchtbarkeit** – Walnüsse, Steinpilze und Kastanien
160	**Pasta-Party** – Das Fest der Ravioli in Romans-sur-Isère
164	**Zum Trocknen aufgehängt** – Das Fest der roten Chilis von Espelette
170	**Gestopfte Enten und Gänse** – Enten- und Gänsemarkt im Südwesten
177	**Das Schwein vom Lion d'Or** – Trüffelmarkt in Lalbenque
182	**Märkte in Südfrankreich** – Ort und Datum
192	**Register der Rezepte**

Einleitung

Eier Schinken **Wein** Käse **Fisch** Gemüse **Knoblauch** Lindenblüten **Gewürze**

Oliven **Charcuterie** Pâtisserie **Reis** Walnüsse **Steinpilze** Kastanien **Foie Gras** Trüffeln

Frankreich ist eine Nation der Gourmets. Trotz des Drucks von seiten der Industrie und des bequemen Angebots der Supermärkte haben die Franzosen ihre Leidenschaft für die Rohmaterialien beim Kochen bewahrt. Im ganzen Land gibt es zahllose Feste und sogenannte *foires,* Jahrmärkte, bei denen die Ernte eines Produkts, wie etwa Knoblauch, oder die Qualität eines heimischen Erzeugnisses, wie etwa der Oliven von Nyons, des Reises von Camargue oder des Schinkens von Bayonne, gewürdigt wird. Die Wertschätzung von Qualitätsprodukten zeigt sich jedoch in erster Linie beim alltäglichen Einkauf auf dem Markt.

Eine französische Stadt ohne Markt ist unvorstellbar. Wo sonst könnten die Bauern ihren Produktionsüberschuß verkaufen oder jene, die nicht über die Möglichkeit verfügen, ihre eigenen Nahrungsmittel anzubauen, ihre Speisekammern auffüllen?

Viele Städte im Süden Frankreichs entwickelten sich rund um den Handel mit lokalen Gütern. Bordeaux, Sète und Marseille verdanken ihr kommerzielles Wachstum der Entwicklung ihrer Häfen und der Möglichkeit, regionale Waren nach Übersee zu verschiffen. Kleinere Städte konzentrierten sich auf den Handel mit lokalen Spezialitäten: Sarlat ist berühmt für alles, was mit Gänsen und Enten zu tun hat, Carpentras für seine Erdbeeren.

In jeder Stadt gibt es jedoch auch einen Markt für den täglichen Einkauf. Der Markttag ist bisweilen das Hauptereignis der Woche: Im Morgengrauen treffen die fahrenden Händler ein und bauen – meist auf dem Hauptplatz oder in einer überdachten Halle -– ihre Stände auf. Bauern kommen in Begleitung von Händlern, die auf Schweine- und Geflügelprodukte spezialisiert sind, um ihre Fleisch- und Wurstwaren zu verkaufen. Der gesamte Verkehr, Fußgänger wie Autos, bewegt sich in Richtung Stadtzentrum.

Wer früh genug aufsteht, sieht die Bauern, ihre mit Gemüse und Obst beladenen Schubkarren oder aufklappbaren Pferdewagen, und alte Frauen, die manchmal noch von Kopf bis Fuß in traditionelles Schwarz gekleidet sind, und schwere Taschen mit ihren Produkten schleppen, die etwas Extrageld einbringen. Sie hoffen auf einen guten Preis für Eier, Butter, Küken und Kaninchen, Gemüse, Nüsse und ein paar Pilze, die sie in den Wäldern fanden.

Auf langen Tischen und eigens konstruierten Lieferwagen wird alles mögliche angeboten: Heugabeln, Sicheln, Heckenscheren, ganze Schornsteinaufsätze, Porzellan, Stoffe, Hausschuhe, CDs, Jeans, Süßigkeiten, Gartenprodukte aller Art und Süßigkeiten; *confits* (eingelegtes Fleisch) von Ente und Schwein, Würste, Schinken, Käse, Wein, Zwiebel-, Schalotten- und Knoblauchkränze –, alles, was eine Familie auf dem Land eben braucht und auch viel Überflüssiges. Überall sieht man Blumen: Geranien, Petunien, Portulake, Ringelblumen, Lobelien, Gladiolen und Chrysanthemen – die Blumen der Trauer zu Allerheiligen.

Neben diesen wöchentlichen Märkten gibt es sporadische Märkte, auf denen die Bauern mit Vieh handeln. Aufgrund ihrer Größe waren diese Märkte früher Jagdgründe für Gauner aller Art, Hausierer mit patentierten Arzneimitteln oder auch vorgebliche Knocheneinrichter und Dentisten tummelten sich hier.

Heute ist die Unterscheidung zwischen Märkten und Jahrmärkte größtenteils aufgehoben: Der Monatsmarkt ist bisweilen eine überdimensionale Variante des Wochenmarktes, und der Viehhandel findet manchmal an einem anderen Ort der Stadt statt, der auch anderweitig genutzt wird. Etwas vom bäuerlichen Charakter des Marktes ging dadurch verloren. Die ländlichen Düfte verschwanden, die Märkte wurden zunehmend urbanisiert.

Neben ihrer kommerziellen Bedeutung haben die Märkte eine weitere, gleichwertige Funktion. Der Arbeitstag eines Bauern ist lang und hart. Der Markt bietet eine Möglichkeit, die Routine zu durchbrechen, aus der Küche oder aus dem Stall herauszukommen und ein paar schöne Stunden zu verbringen. Man trifft Freunde und Verwandte aus anderen Dörfern oder die Angebetete unter Ausschluß neugieriger Blicke, speist in der Auberge oder genießt ein paar Gläser Wein, während man über die Viehpreise diskutiert. Die Frauen haben die seltene Möglichkeit, Neuigkeiten auszutauschen, und die Matronen plaudern in kleinen Grüppchen wie Elstern auf einer Hecke. Auf dem Markt kann man der bisweilen lähmenden Einsamkeit der abgelegenen Bauernhäuser entfliehen, was vor allem für die Alten wichtig ist, die immer noch mit ein paar eher rührend anmutenden Angeboten auftauchen;

Da immer mehr junge Leute in die Städte auswandern, werden die Bauern von «grünen» Produzenten verdrängt, die sich auf biologisch angebautes Obst und Gemüse spezialisieren. Sie gewinnen eine zunehmende Anhängerschaft, da sich die Kundschaft dem Trend zu intensivem Anbau, zu chemisch behandelten Nahrungsmitteln, widersetzt.

Aber da die Landwirtschaftsbetriebe von der Rationalisierung nicht verschont bleiben, wird die Landbevölkerung immer kleiner, immer weniger Bauern kommen auf die Märkte; es gibt jedoch nach wie vor reisende Händler. Die Vertreter dieser alten und respektablen Profession haben ihre Lebensweise meist von ihren Vätern und Großvätern übernommen. Von einem Markt zum anderen zu wandern, jeden Morgen an einem anderen Ort sein Zelt aufzubauen, ist nicht jedermanns Sache. Manche meinen, daß dieser Berufszweig im Verschwinden begriffen ist, doch liegt er vielen im Blut, auch ein Fischer würde seinen Beruf nicht einfach aufgeben. Heute ist die Tätigkeit streng reglementiert. Es gibt eine strikte Preisbindung und die Verpflichtung, sich bei der Steuerbehörde und der Versicherung zu melden. Auf dem Papier haben die fliegenden Händler keine Hintertürchen mehr offen, die Realität sieht aber anders aus ...

Die meisten glauben, daß überall auf dem Markt Gewinne gemacht werden. Das stimmt nicht immer. Den Preis, den man einer Bauersfrau für ihre Eier bezahlt, ist vielleicht etwas höher als im Dorfladen und sicher höher als im Supermarkt vor der Stadt. Aber das Produkt hat eine ausgezeichnete Qualität. Das Gemüse ist frisch aus dem Küchengarten geerntet, in dem weder Insektizide noch künstliche Dünger verwendet wurden. Die Eier stammen von Geflügel, das sich selbst seine Nahrung suchen darf und nicht mit Fischmehl oder den eigenen Fäkalien vollgestopft wurde.

Es ist keine Frage, was die Touristen zu Tausenden auf die Märkte zieht. Das Angebot herrlicher Produkte im Freien ist eine willkommene Abwechslung zu der dumpfen Atmosphäre und der abgestandenen Luft in den Supermärkten. Ein Markt erlaubt dem Besucher auch, sich unter die örtliche Bevölkerung zu mischen. Er ermöglicht dem Fremden, ein paar Worte in einer Sprache zu wagen, die er nur unvollkommen beherrscht. Die Urlauber sind wichtige Förderer der traditionellen Märkte. An Wintertagen bemerkt man den Unterschied – im Vergleich zur warmen Feriensaison tummeln sich nur wenige Besucher hier.

Der Süden bietet eine große Palette an Spezialitäten, wie etwa Oliven, Käse, Trüffeln etc., denen eine Reihe von Märkten gewidmet sind. In jüngerer Zeit entstanden auch neue Märkte, wie die vielen Kastanien- und Fischmärkte an der Atlantik- und der Mittelmeerküste. Solche Ereignisse sind äußerst unterhaltsam und voller Lokalkolorit.

Ihr Wachstum wurde durch das Wiederaufleben der traditionellen Regionalküche begünstigt. Neue Produkte oder neue Formen der Zubereitung werden entwickelt. Ein weiteres Kennzeichen dieser Märkte ist das Aufkommen sogenannter *Confréries*, der Bruderschaften, in denen sich Kastanienbauern, örtliche Wein- oder Käseproduzenten zusammenschließen. Sie bieten auserwählten Honoratioren die Möglichkeit, in farbenprächtigen Kostümen eine Parade abzuhalten und neue Mitglieder zu gewinnen.

In diesem Buch versuchen wir, die Atmosphäre dieser bunten Märkte und Feste einzufangen. In den angeführten Rezepten, die wir alle getestet haben, werden die jeweiligen Produkte verwendet. Wir hoffen, daß Ihnen die Lektüre Vergnügen bereitet, da es bei diesen Märkten nicht in erster Linie um die Geschäfte, sondern um den Genuß geht.

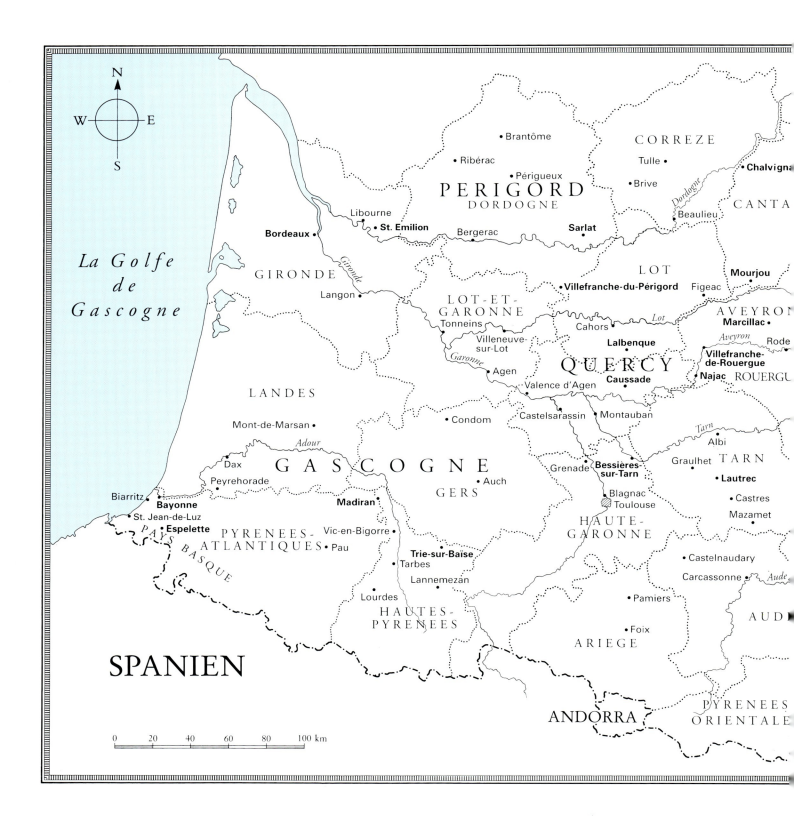

BESSIERES-SUR-TARN

Man nehme 5000 Eier

Wenn ein Franzose einen Vorwand für ein gastronomisches Extravergnügen braucht, gibt es kaum ein geeigneteres Angebot als den Frühlingsbeginn, das Ende der Fastenzeit und die damit, selbst von seiten der Kirche verbundene Erlaubnis, nach 40 Tagen des Fastens ausgiebig zu feiern.

Der Ostersonntagschmaus ist neben dem Neujahrsessen eine Gelegenheit, all die Kostbarkeiten aus der Speisekammer zu holen, die zu bestimmter Zeit eingelagert wurden: Gänseleber, *confits,* allerlei Pasteten, Würste und Schinken.

Das wesentlichste symbolträchtige Nahrungsmittel des Frühlings ist jedoch vermutlich das Ei – die Wiedergeburt wird damit zitiert. Früher waren für die ärmeren Bauern Eier unerschwinglich, wenn sie keine Hennen besaßen. Es war Tradition, daß die jungen Männer des Dorfes sich am frühen Morgen auf die Suche nach frisch gelegten Eiern begaben und diese den weniger begüterten Bauern brachten, wo sie von den Kindern bemalt wurden. Die Familien konnten am Ostermorgen ein gutes Frühstück genießen.

Eier sind während der Fastenzeit verpönt, eine Omelette ist daher das geeignete Gericht, um deren Ende zu feiern. Jeder französische Koch scheint instinktiv zu wissen, wie diese zubereitet wird. Während andere darüber diskutieren, ob man nun Wasser oder Sahne verwendet, wie heiß die Pfanne sein muß, ob sie in Butter oder Öl herausgebraten wird, scheint der französische Koch bei der Zubereitung nicht darüber philo-

Die größte Omelette der Welt wird

in Bessières-sur-Tarn zubereitet.

Zu Ostern begrüßt man hier

tausende Besucher, um das Ende

der Fastenzeit zu feiern.

---

sophieren zu müssen. Das Rezept, das die legendäre Madame Poulard einem begeisterten Besucher ihres Restaurants in Le-Mont-St.-Michel gab, scheint mehr Informationen vorzuenthalten als preiszugeben: «Ich schlage ein paar gute Eier in einer Schüssel kräftig durch, gebe ein ordentliches Stück Butter in die Pfanne, gieße die Eier hinein und rühre ständig um.»

Elizabeth David meinte einmal, daß es besser wäre, mehrere kleine Omelettes statt einer großen zu machen. Diese Ansicht teilte Monsieur Gilbert Solignac, ein prominenter Bürger von Bessières-sur-Tarn, nicht. 362 Tage im Jahr führt er sein Gartenbau- und Landwirtschaftsgeschäft, die restlichen drei Tage schließt er seinen Laden und bewirtet tausende von Menschen aus aller Welt, die zwar alle französisch sprechen, aber aus den verschiedensten Teilen der Welt, wie Quebec, Neukaledonien, Louisiana und der Provence kommen.

Was führt sie nach Bessières, dieser typischen Kleinstadt mit einer einzigen größeren Straße in der verschlafenen Landschaft nördlich von Toulouse? An den meisten Tagen ist nichts zu hören als das Rascheln der Platanen im warmen Ostwind, das Klacken der *Boules*-Kugeln im Kiessand des Marktplatzes und das Bellen der Promenadenmischungen.

Die Antwort findet man auf den Reklametafeln an jeder Zufahrt zu dieser kleinen Marktstadt. Bessières-sur-Tarn ist die Heimat der *Confrérie des Chevaliers de l'Omelette Géante Pascale et Mondiale* – der größten Osteromelette der Welt –, und Monsieur Solignac ist Präsident dieser Bruderschaft. Die Bewohner von Bessières pflegten die traditionelle Osteromelette immer am Ostermontag am Flußufer zuzubereiten, und nahmen dieses Fest alsbald zum Anlaß, einen Bankfeiertag einzuführen. Mit der jährlich größer werdenden Besuchermenge wurde auch die Omelette immer größer, bis man eine riesige Bratpfanne benötigte. Bernard Cauchoix, der örtliche Schmied, goß eine Eisenpfanne, die drei Meter im Durchmesser maß

und 2000 Eier aufnehmen konnte. Elizabeth David wäre beim Anblick dieser Riesenpfanne entsetzt gewesen.

Bereits 1955 hatte sich ein Komitee gebildet, aus dem 1973 die heutige *Confrérie* oder Bruderschaft wurde: sechs Persönlichkeiten, die gelobten, Bessières bekannt zu machen und die alten Traditionen zu bewahren. Jährlich wurde die *Fête de l'Omelette* größer. Jean Adu, der Bäcker des Ortes, der zwei riesige Brotlaibe zu je 30 Kilogramm herstellte, produziert mittlerweile sechs Stück. Persönlichkeiten aus Sport und Showbusiness wurden zur sogenannten *intronisation,* der feierlichen Vereidigung, geladen, und die Omelette von Bessières erlangte bald mediale Berühmtheit.

Die Riesenomelette wurde auch in Übersee ein Erfolg: Heute zelebrieren die Bewohner von Dumbéa in Neukaledonien die «Größte Omelette des Pazifiks und der Korallensee». Der Bürgermeister von Dumbéa entsandte ein Team zum Training nach Bessières, welches nun alljährlich Bessières seinen Besuch abstattet und auch zu Hause eine eigene Omelette herstellt. Farbenprächtige Kostüme und pazifische Musik bereichern das Fest von Bessières, vor allem dann, wenn es zu Ostern regnet, was oft vorkommt. In einem Jahr wurde die Omelette sogar im Schnee zubereitet.

Auch in Granby, Quebec, grassiert das Omelettenfieber, ebenso in Abbeville, Louisiana, wo eine Gruppe frankophoner Amerikaner den Brauch einführte. Näher der Heimat, in Fréjus im Département Var gibt es ebenfalls eine Niederlassung der Bruderschaft. Es existierten sogar Pläne für eine Riesenomelette auf dem Tian'anmen-Platz in Peking, leider fehlten die nötigen Geldmittel.

Am eindrucksvollsten ist aber immer noch die ursprüngliche Veranstaltung in Bessières. Um zehn Uhr morgens versammeln sich die *Chevaliers*, ihre Freunde und Familien am früheren Bahnhof von Bessières, der an einer stillgelegten Linie liegt. Der Bahnhof wurde kürzlich von der Bruderschaft als ihr Hauptquartier erworben – ein einstöckiges Gebäude mit Keller, groß genug, um die Gerätschaft zu beherbergen, wie etwa den großen Kühlschrank, in dem die unzähligen Eier gelagert werden. Sobald die nötigen Mittel zur Verfügung stehen, will man den Kartenschalter zu einer Küche und das Lager zu eine Empfangshalle umbauen.

Hier versammeln sich auch die Musikanten und der Dorfbäcker mit seinen Brotlaiben. Eine Gruppe von Trommlern samt Posaunenspielern – eine Abordnung aus der Nachbarstadt Albi – tritt auf. In dieser Band spielen Veteranen ebenso

Die Größe des Brotes entspricht jener der Omelette.

wie fünfjährige Knaben, und unglaublich laute Trompetenspieler führen die Sache an. Es sind erstklassige Folkmusiker aus der Auvergne und pulsierende Rhythmen aus Neukaledonien. Diese Prozession wird von den «Kadetten der Riesenomelette» angeführt, Knaben, nicht älter als vierzehn, die auf ihrem Festwagen ein riesiges Ei aus Pappmaché mitführen, in dem der kleinste Kadettenjunge hockt.

Auf das Zeichen einer gebieterischen Dame hin bewegt sich die Mannschaft vom alten Bahnhof in Richtung Dorfzentrum. Die gleichzeitig musizierenden Bands umrunden das Dorf bis zu einer Abriegelung auf dem Hauptplatz, wo bereits ein riesiges Feuer brennt. Daneben wartet die von Monsieur Cauchoix neu gegossene Bratpfanne, die vier Meter im Durchmesser mißt und 5000 Eier aufnimmt. Als Stiel dient ein langer hölzerner Telegraphenmast.

Begleitet von einem ohrenbetäubenden Crescendo, bahnt sich die Prozession ihren Weg zur Tribüne, wo der Zeremonienmeister ein Animationsprogramm leitet, das von Popmusik vom Band und Livemusik aufgelockert wird. Die Ehrenbürger werden feierlich angelobt, während die Vorbereitungen für die Omelette getroffen werden.

10 000 Eier werden hinter der Umzäunung von unzähligen Helfern in Eimer geschlagen. Berge von Schalen stapeln sich am Zaun. Die Brotlaibe werden verteilt. Jeder Anwesende soll etwas von der Omelette mit einer Schnitte Brot von Bessières-sur-Tarn kosten können. Ein Gabelstapler hebt die Pfanne

Die Zuschauer drängen sich, um eine Portion zu ergattern.

vorsichtig hoch, stellt sie sachte über die Flammen und zieht sich diskret wieder zurück.

Die 10.000 Besucher meinen, daß es Zeit für einen Aperitif sei. In den drei Cafés im Dorf herrscht Hochbetrieb. Monsieur Fischer, der Ehemann der Dame, die den ausgezeichneten Weinladen im Dorf führt, verteilt Gänsehackfleisch und Pasteten an alle, und reserviert eine Portion Gänseleber für jene, die er für bedeutende Besucher oder *Chevaliers* hält. Monsieur Fischer ist selbst «Ritter des Ordens der gefüllten Hähnchen» sowie «des Ordens der Wurst von Toulouse» – und er gewann den nationalen Kaldaunenpreis.

Die Besucher aus Kanada und Louisiana prahlen bei einer Flasche Champagner von Madame, daß ihre Omelette viel besser sei als jene von Bessières: Sie enthält 24 Kilogramm Butter, zwei Säcke Zwiebeln und unzählige Langusten.

In der Zwischenzeit erfolgt auf dem Podium eine Darbietung des Chansons der *Chevaliers*:

Nous sommes les Chevaliers
De l'Omelette Pascale.
Dans la joie et la gaieté
Nous parcourons
Le monde entier,
Illustres représentants
De la Confrérie Mondiale.
Serment de fidélité
Ambassadeurs de l'amitié.

Der große Augenblick rückt näher. Weitere Helfer gießen aus 5-Liter-Flaschen Öl in die erhitzte Pfanne. Mit riesigen, hölzernen Stangen rühren die *Chevaliers* das Öl, während unter großem Beifall die letzten Eier aufgeschlagen werden. Auf ein Signal des Küchenchefs hin werden unter heftigem Applaus 5000 Eier in die Pfanne gegossen.

Es wird etwas ruhiger, man wartet gespannt, daß die Eier sich erwärmen. Gewürze werden hinzugefügt – Eimer voll Salz und Pfeffer – und mit den Rührstangen umgerührt. Die Brotlaibe werden der Länge nach dreigeteilt, bevor sie der Breite nach aufgeschnitten werden. Die Menge drängt sich am Zaun, um nichts vom Geschehen zu versäumen. Die meisten haben sich Flaschen des lokalen Fronton-Weines gekauft, der für den Festtag als *Cuvée des Chevaliers* abgefüllt wurde.

Die sich verdickende Omelette wird etwa eine Viertelstunde lang umgerührt. Danach wird die Pfanne mit dem Gabelstapler vom Feuer gehoben. Die *Chevaliers* portionieren die Omelette auf Pappteller, und Kadetten servieren sie mit einem Stück Brot unter Beifall der glücklichen Empfänger. Nicht einmal die 4-Meter-Pfanne vermag alle zu versorgen; die Zubereitung einer zweiten Omelette wird angekündigt. Der erste *Chevalier* der kanadischen Abteilung springt in die inzwischen abgekühlte Bratpfanne und reinigt auf Knien den Pfannenboden für die nächsten 5000 Eier.

Während die zweite Omelette hergestellt wird, strömt die Menge in die Bars zurück und erfreut sich an den Nebendarbietungen des Festes, bis abends wieder die Animation und der Tanz in den Straßen beginnen. Rührstangen und Pfanne werden gereinigt und im Büro des Bahnhofsvorstehers bis zum nächsten Osterfest aufbewahrt.

Am nächsten Morgen geht Monsieur Solignac wieder seinen Geschäften nach. Bessières kehrt in sein schläfriges Dasein zurück. Die Platanen säuseln im Wind, die *Boules*-Spieler nehmen ihre Kugeln und die Promenadenmischungen ihr Gebell wieder auf.

Wie es im Lied der Chevaliers heißt:
C'est la grandeur des folies,
L'Omelette de la Confrérie.

Und die Arithmetik ihres Schatzmeisters, Monsieur Brousse, läßt sich in seinen Worten wie folgt zusammenfassen:

Freundschaft und Narrheit ist Erfolg.

Und wie schmeckt die Omelette nun eigentlich?
Elizabeth David hatte wie immer recht.

Soupe de vendredi saint
Karfreitagsuppe

4 PORTIONEN

400 Kichererbsen, die 24 Stunden eingeweicht wurden

1 Liter Wasser

60 g Schweine- oder Gänseschmalz

1 große Zwiebel, gehackt

2 Knoblauchzehen, gehackt

2 Scheiben Landbrot, in Würfel geschnitten

Salz und Pfeffer

Die gespülten und abgetropften Erbsen 2 Stunden in Salzwasser weichkochen. Die Hälfte des Fettes in einer Bratpfanne erhitzen, Zwiebeln und Knoblauch darin weich dünsten. Mit den Erbsen in einem Mixer pürieren. Erneut behutsam erwärmen und abschmecken.

Im restlichen Fett die Brotwürfel knusprig rösten. Die Croûtons mit der Suppe servieren.

Omelette aux chapons
Brotomelette

1 PORTION

1 dicke Scheibe Brot

1 Knoblauchzehe

1 Eßlöffel Schweine- oder Gänseschmalz

2 große Eier

Salz und Pfeffer

Die Brotkruste entfernen, das Brot beidseitig mit Knoblauch einreiben und in 1,5 cm große Würfel schneiden. Fett in einer Bratpfanne erhitzen, das Brot knusprig rösten und beiseite stellen. Die Eier würzen und schlagen. Eine Omelette zubereiten, mit den Croûtons bestreuen und eingerollt servieren.

Omelette géante pascale
Riesige Osteromelette

5000 PORTIONEN

Utensilien:

1 großer abgestorbener Baum, in 1 m lange Teile geschnitten

1 Gabelstapler

1 Eisenguß-Pfanne, 4 Meter im Durchmesser

1 Telegraphenmast als Griff

24 Kanupaddel und ebensoviele starke Männer

12 Eimer

Zutaten:

5000 Eier

5 Liter Sonnenblumenöl

1 kg Salz, dieselbe Menge Pfeffer

Das Feuer eine Stunde vorher anfachen, bei Wind etwas später. Die Pfanne mit dem Gabelstapler über das Feuer heben. Die Eier wie gewohnt aufschlagen. Das Öl in die heiße Pfanne gießen, die Eier hineinkippen und würzen. Die Omelette braten, während die Helfer mit den Paddeln kräftig umrühren, sobald sich die Eier setzen. Mit einem Aufgebot aller Kräfte servieren!

BAYONNE

Oh, wie köstlich!

Es ist sieben Uhr morgens, Donnerstag vor Ostern. Ein klarer Himmel folgt auf eine Nacht, in der sogar etwas Frost aufkam. Fröstelnd wärmen die Händler am Quai ihre Hände an ihrem Atem oder beehren Monsieur Elissaldes Bar mit ihrem Besuch.

Es ist der erste Tag des *Foire aux Jambons de Bayonne*, des Schinkenmarkts von Bayonne, dessen Eröffnung große Wichtigkeit zukommt, da die ausgestellten Schinken erst die offizielle Prüfung bestehen müssen, um zum Verkauf angeboten werden zu können. Monsieur Denis Brillant, der örtliche Vertreter der Metzgervereinigung:

«Mit einem spitzen Werkzeug aus Pferdeknochen wird jeder Schinken an zwei Stellen angestochen: einmal am Hauptstück der Hachse und einmal nahe der Spitze des Oberschenkelknochens. Ist der Geruch des Teststücks sauber und zufriedenstellend und der Schinken bis zum Knochen süß duftend, dann ist die Qualität gut, und der Schinken erhält ein Warenzeichen, ein Qualitätszeugnis, ohne das er nicht verkauft werden darf!»

Warum nur sind alle so aufgeregt? Nun, der Schinken von Bayonne ist eben der feinste, der in Frankreich hergestellt wird, er ist dem spanischen Serrano-Schinken und dem Parma- oder Westfälischen Schinken ebenbürtig. Kein minderwertiger Schinken darf als echter Bayonne-Schinken auf den Markt kommen! Der Bayonne-Schinken genießt seit Jahrhunderten ein hohes Ansehen. Bereits im 15. Jahrhundert

Der Bayonne-Schinken ist der feinste Frankreichs, der dem Parma- und dem Serrano-Schinken nicht nachsteht. Auf dem österlichen Schinkenmarkt wird seine Qualität unter Beweis gestellt.

sandte man dem Gouverneur des Towers in London eine Ladung Schinken, um sich politisch erkenntlich zu erweisen. Der Gatte der Amme von Heinrich von Navarra, dem späteren Heinrich IV. von Frankreich, soll entsetzt gewesen sein, als er seinen König in Paris besuchte und feststellen mußte, daß kein Bayonne-Schinken in der königlichen Küche hing. In seiner Heimat hatte jeder Bauer, der auf sich hielt, ein paar Schinkenkeulen im Wohnzimmer hängen: An ihrer Anzahl ließ sich sein Wohlstand ermessen. Schinken galt in jenen Tagen als die schönste Zierde des Hauses.

Der Ruhm des Bayonne-Schinkens ist gut dokumentiert: Es gibt Aufzeichnungen über Dutzende von Exemplaren, die königlichen Bräuten und ihren Auserwählten überreicht wurden. Im Hause Grimods, eines Pariser Gourmets aus dem 19. Jahrhundert, hingen angeblich mindestens vier Dutzend

Diese Familie verkauft Fleisch- und Wurstwaren.

Schinkengirlanden von den Dachsparren. Premierminister und Präsidenten, von Carnot bis Poincaré, sangen ein Loblied auf den Bayonne-Schinken, dessen Ruhm sich bis in die frankophonen Außenstellen in Quebec und auf den Westindischen Inseln verbreitete.

Was ist das Besondere am Bayonne-Schinken, wo doch überall im Südwesten Frankreichs Landschinken auf die gleiche Weise hergestellt wird?

In erster Linie geht es um die Qualität des Schweinefleisches. Ein echter Bayonne-Schinken muß von Schweinen stammen, die in einem der drei Départements im äußersten Südwesten des Landes aufgezogen wurden: in den Pyrénées-Atlantiques, den Hautes-Pyrénées oder in Gers. Der Großteil der Produktion stammt aus der Nähe von Orthez, aus St.-Jean-Pied-de-Port und dem kleinen Dorf Lahontan. Der Name «Bayonne» rührt daher, daß der Hafen dieser Stadt das Verteilungszentrum war.

Die besten Tiere werden – zumindest während ihrer letzten Lebensmonate – mit Getreide gefüttert. Viele gehören einer speziellen baskischen Zuchtlinie an, die dunkle Köpfe und angeblich das saftigste Fleisch hat. Heute scheint Jean Chabagno aus St.-Jean-Pied-de-Port der angesehenste Züchter zu sein. Seine «Großen Weißen» gewinnen alle lokalen Auszeichnungen und erzielen bei wichtigen Händlern wie Montauzet und Ospital hohe Preise.

Eine weitere Ursache für den Ruhm des Bayonne-Schinkens beruht auf dem Geheimnis des Salzens. Der Schinkenhersteller erwirbt ein Spezialsalz in Salies-de-Béarn, wo riesige unterirdische Salzwasserquellen weißes und reines Felsensalz liefern, das weder verfeinert noch verfälscht wird. Dieses Salz wird drei Tage lang in die Oberfläche der Schinken eingerieben, ein Vorgang der unablässig wiederholt wird und sehr anstrengend ist. Die Menge des benötigten Salzes und das Ausmaß, in dem es vom Fleisch aufgenommen wird, sind bestimmend für das Endprodukt. Geschicklichkeit und Erfahrung des Schinkenherstellers sind in diesem Stadium ausschlaggebend. Es scheint kein Rezept und keine feste Regel für diesen Vorgang zu geben, den ein Hersteller mir einmal als «präzisen Empirismus» beschrieb.

Nach diesen Vorbereitungen kommen die Schinken in sogenannte *saloirs*, Salzpfannen, wo sie die folgenden Monate verbringen. Die Schinken werden auf grobem, grauem Salz aus dem Gebiet um Bayonne aufgelegt und für mindestens sechs Monate eingepökelt. Industrielle Produzenten verfügen über Mittel, um diesen Zeitraum zu verkürzen, was aber auf Kosten der Qualität geht. Die Schinkenhersteller von Bayonne verwenden, im Gegensatz zu anderen Herstellern im Südwesten, keinen Salpeter, der dem Fleisch zwar eine rötlichere Färbung verleiht, es aber auch härter macht.

Es ist wichtig, daß die gewaschenen Schinken während der Reifung nicht von Insekten befallen werden, weshalb sie mit grauem Pfeffer oder auch *piment fort d'Espelette*, einem Spezialpfeffer, (siehe Seite 164) eingerieben werden. Früher wurden die Schinken in Holzasche eingegraben und in hölzernen Schachteln oder Kisten, oft Weinkisten, aufbewahrt, heute werden sie in weißen Stoffsäcken aufgehängt. Die Trockenräume (*séchoirs*), deren Temperatur, Feuchtigkeit und

Luftdruck das Endprodukt mitbestimmen, werden streng kontrolliert. Übermäßige Feuchtigkeit etwa kann einen Schinken schneller als alles andere verfaulen lassen. Die Trocknung dauert, je nach Größe und Qualität, mindestens vier Monate. Große Schinken der besten Qualität, die Chabagno und seine Freunde «Ibaïona» nennen, reifen bis zu zwölf Monate oder länger und stammen von Schweinen, die mindestens neun Monate lang ausschließlich mit Getreide gefüttert wurden.

Obwohl in Frankreich jährlich mehr als zwei Millionen Schinken als Bayonne-Schinken verkauft werden, gibt es auf dem Schinkenmarkt nur 25 Aussteller, was belegt, daß viele Bayonne-Schinken auf dem Markt von Industriekonzernen stammen, deren Qualität respektabel sein mag, aber bei weitem nicht dem Standard der einheimischen Spezialisten entspricht. Diese gründeten einen Verband zum Schutz der Bezeichnung «Bayonne», und eine *Confrérie,* um die Qualität des Originalschinkens zu schützen. Die Schinken der Verbandsmitglieder sind gekennzeichnet mit: *Marque Déposée, Véritable Jambon de Bayonne, étiquette syndicale.*

Der Schinkenmarkt übersiedelte kürzlich neben die Markthalle von Bayonne am Ufer des Flusses Nive. Er findet in zwei langen, rechteckigen, grün-weiß gestreiften Zelten statt. Die Schinkenaussteller kommen alle aus Bayonne oder Umgebung, aber ich bemerkte auch einen aus der Normandie, der gekommen war, um seine schönen Schlack- und Blutwürste zu verkaufen.

Die Aussteller sind alle auch *charcutiers,* Fleisch- und Wurstwarenhändler, weshalb sie, neben dem Schinken, dessen roter Espelette-Pfeffer wie Paprika leuchtet, auch eine große Auswahl konservierter Waren anbieten. Sie zählen zum Feinsten, was in Frankreich angeboten wird: *confits* von Ente und Gans natürlich, aber auch vom Schwein, Lammzunge, Schweinsohren und -wangen; Schweinebauch, der wie Schinken entbeint, gerollt und gepökelt wurde, Ringeltauben, Wildschwein, Rindfleisch und Hase, Enten-, aber auch Schweinewürste. Monsieur Estreboou aus Monein bietet dazu ein Glas trockenen Jurançon aus seiner

Oh, wie köstlich ist der Schinken von Bayonne! – die Bruderschaft singt ein Ständchen.

schmilzt. In der überdachten Halle wird wunderbares Frühgemüse angeboten: frischer Spargel, winzige Jungerbsen und Saubohnen, die so klein sind, daß die Früchte in ihren gekräuselten Schoten kaum zu erkennen sind. Daneben befinden sich zahlreiche Fischstände, auf denen sich Prachtexemplare aus den Tiefen des atlantischen Ozeans stapeln: Oktopusse, Tintenfische und die berühmten *chipirons,* ebenso wie die bekannteren Langusten, Riesengarnelen, Thun- und Schwertfische.

Gibt es ein besseres Frühstück als eine dicke Scheibe gebratenen Schinkens, die in einen frisch zubereiteten Pfannkuchen gerollt und mit viel Pfeffer gewürzt ist? Die Basken bevorzugen den Schinken mit Eiern gebraten und einem Schuß Essig, ein Gericht, das sie *arroltz ta xingar* nennen.

Heimatstadt an. Es gibt auch Terrinen mit Fasan, Rebhuhn, geräucherten Enten- und Gänsebrüsten, *ttoro,* die baskische Fischsuppe (siehe Seite 169) in Konserven, und *axoa,* Pastete, die von baskischen Schafhirten hergestellt wird: aus mit Espelette-Pfeffer gewürztem Kalbfleisch.

Manche Stände bieten Käse an, den kleinen runden Kuhmilchkäse namens «Iparla» und Schafkäse aus Irat und Ossau. Manche Käsesorten aus den Pyrenäen werden aus beiden Milchsorten hergestellt. Schafkäse wird im Baskenland unter dem Oberbegriff «Ardi Gasna» gehandelt und wird oft mit Kirschen- oder Quittenmarmelade gegessen. Die Salzigkeit des Käses harmoniert vorzüglich mit der bittersüßen Fruchtigkeit der Marmelade.

Ein Vorteil des neuen Standortes des Marktes liegt darin, daß er mit dem allgemeinen Marktkomplex dahinter ver-

Durstige können auch Weine von der anderen Seite der Pyrenäen erwerben, oder den köstlichen lokalen Wein mit dem unaussprechlichen Namen *Irouléguy,* der heute in allen drei Farben erhältlich ist. Auch Cidre ist in diesem Teil Frankreichs beliebt.

Das Niveau der Produkte ist hier so hoch, daß es ungerecht wäre, einzelne Fleischer hervorzuheben. Ich kann jedoch nicht umhin, Yvan Lambure zu erwähnen, der uns viele interessante Informationen über den Bayonne-Schinken gab und uns an seinem überdachten Eßplatz neben den Zelten auf dem Markt mit einem *casse-croûte,* einem kleinen Imbiß, fürstlich bewirtete. Yvan besitzt einen Marktstand und führt auch ein florierendes Geschäft als *traiteur,* ein Ausdruck, für den es außerhalb Frankreichs kein Äquivalent gibt: Er bezeichnet eine Tätigkeit zwischen Caterer und Zustelldienst. An überdachten Tresen serviert Ivan mittags schnelle, kleine Imbisse

Er bat uns, ihm einen Vorwand zu geben, damit er seinen Stand ein wenig verlassen und mit uns Kaffee trinken könne. Der «Kaffee» erwies sich als köstliche Kabeljau-Omelette – ein Pendant zur Arnold-Bennett-Omelette, die wir mit dem rosafarbenen Wein von Iroulégouy hinunterspülten.

In der Zwischenzeit hatte er einige seiner Freunde aufgetrieben, die das Lied ihrer Bruderschaft anstimmten:

Ah! que c'est bon!
Le Jambon de Bayonne!
Hip! Hip! Hip! Hooray!
Le Jambon de Bayonne!

Nicht einmal ein kommerziell denkender baskischer Fleischer kann eine Gelegenheit auslassen, sich zu amüsieren.

Pipérade
Ragout aus Zwiebeln, Paprika und Tomaten

4 PORTIONEN

3 Teelöffel Olivenöl

2 Zwiebeln, gehackt

3 rote oder grüne Paprika, entkernt und in Ringe geschnitten

500 g reife Tomaten, geschält und gehackt

2 oder mehrere Knoblauchzehen, fein gehackt

1 Lorbeerblatt

1 Teelöffel frischer Thymian, fein gehackt

1 Stück frischer oder 1/2 Teelöffel getrockneter *piment d'Espelette*

Salz und Pfeffer

1 Teelöffel Zucker

4 dünne Scheiben Bayonne-Schinken

4 Eier, verquirlt

2 Teelöffel Öl in einer schweren Kasserolle erhitzen. Die Zwiebeln darin langsam weichdünsten. Die zugefügten Paprika zugedeckt 10 Minuten kochen. Gelegentlich umrühren. Die restlichen Zutaten bis auf den Schinken und die Eier hinzufügen und gut durchmischen. Langsam kochen, bis der Großteil der Flüssigkeit verdampft ist.

Das übrige Öl in einer Bratpfanne erhitzen und den Schinken braten, bis er weich ist.

In der Zwischenzeit die Eier in die Gemüsemischung gießen. 1–2 Minuten mit einem Holzlöffel unterrühren. Sie sollten weich bleiben und nicht körnig werden. Sofort mit den Schinkenschnitten und frischem Landbrot servieren.

Salade campagnarde
Bauernsalat

PRO PERSON

1 Teelöffel Gänse- oder Schweinefett

100 g Bayonne-Schinken (1–2 Scheiben)

Salatblätter der Saison

Walnußöl-Dressing

1 Ei

Pfeffer, frisch gemahlen

Das Fett in einer Bratpfanne erhitzen und den Schinken behutsam braten. Die Salatblätter in das Dressing geben, einige zur Dekoration auf dem Teller arrangieren. Den Schinken auf den Salat legen. Das übrige Fett in der Pfanne erhitzen und die Eier braten. Jeden Salat mit einem Spiegelei krönen und pfeffern, kein Salz verwenden.

AUBRAC

Die Woche der Kühe

Nur wenige große Viehzüchter im Süden Frankreichs besitzen genug Weideland auf ihren Höfen, um die Herden das ganze Jahr hindurch mit Futter zu versorgen. Jede Kuh braucht Gras von einem Hektar Land, aber die meisten Landwirtschaftsbetriebe in Südfrankreich sind relativ klein. Außerdem vertrocknet das Gras in der Sommersonne, während es in den Bergen von Oktober bis in den Spätfrühling unter einer Schneedecke liegt.

Für Viehzüchter ist es vorteilhaft, wenn sie zwei Grundstücke besitzen: Ein Bauernhaus in den Niederungen und Sommerweiden in den Bergen der Pyrenäen oder des Zentralmassivs, wo selbst in den heißesten Monaten genügend Regen fällt, um üppiges Gras zu garantieren. Dies bedeutet, daß das Vieh im Spätfrühling in sein Sommerquartier in die Berge und im Herbst zurück zum Bauernhof gebracht werden muß. Diese Wanderung wird «Transhumanz» genannt, was wörtlich «Wechsel des Territoriums» bedeutet.

Das Vieh braucht Weiden der besten Qualität, wie etwa jene auf den westlichen Ausläufern des Zentralmassivs. Im Cantal wächst das Gras auf den Hügeln erloschener Vulkane; es verleiht der Milch und dem Käse einen unvergleichlichen Geschmack. Weiter südlich in Aubrac besteht der Untergrund aus Basalt, was den lokalen Milchprodukten ein besonderes Aroma verleiht. Die Bauern von Cantal sind zu Recht stolz auf ihren berühmten Käse, insbesondere auf die Sorte Salers. Die Bauern von Aubrac bestehen jedoch darauf, daß ihr Käse, der Laguiole,

Der alte Brauch des Viehtriebs von und auf die Bergweiden wird «Transhumanz» genannt. Die Gemeinde Aubrac hält im Frühling ein Fest ab, um die Ankunf der Herden zu feiern.

der ausschließlich aus Milch von Kühen aus Aubrac hergestellt wird, diesen in den Schatten stellt.

Es gibt tatsächlich eine Rinderrasse namens «Aubrac», die sich von anderen Züchtungen im Zentralmassiv deutlich unterscheidet. Sie hat kurze, aber sehr kräftige und stämmige Beine und einen beinahe viereckigen Schädel mit einem kurzen Maul; die Brust ist breit, und der Rücken wirkt flachgedrückt; das Fell hat die Farbe von Milchkaffee, die Augen sind von dunklen und hellen Kreisen umrahmt. Die mittellangen Hörner sind mit schwarzen Punkten verziert und leicht gebogen. Der Schweif ist lang und dünn.

Die Zucht dieser Rinderrasse ist eine Spezialität der Bewohner von Aveyron und auf jene Bauernhöfe beschränkt, die nicht allzu weit von den Hügeln von Aubrac entfernt liegen. Wenn man sich vorstellt, wie schwierig es ist, 300 Stück Vieh zu Fuß

Mai

über Distanzen bis zu 200 Kilometer zu treiben (vor der Erfindung der Transportwagen), versteht man, daß die zweimal jährlich stattfindende Transhumanz rituellen Charakter erlangte. Man feierte den Wechsel der Jahreszeiten und der unterschiedlichen Bedingungen, denen Mensch und Tier in den kommenden Monaten ausgesetzt sein würden. Auch das Vieh weiß instinktiv, wann die Zeit des Almabtriebs näherrückt; wenn er verspätet einsetzt, werden die Tiere unruhig und geben keine Milch.

Das Dorf Aubrac ist so klein wie die Bergregion, der es den Namen verlieh, groß ist. Die Hügel von Aubrac erstrecken sich im Süden vom oberen Tal des Lot bis zu den Schluchten seines Nebenflusses Truyère im Norden. Im Westen schirmen sie die Stadt Laguiole – berühmt für ihr Besteck und ihren Käse – ab, und im Osten blicken sie auf die Autobahn Richtung Paris hinab. Sie erheben sich 1100 Meter über die Meereshöhe und 1000 Meter über die Flüsse, in die ihr Schmelzwasser abfließt. Selbst heute noch ist das Land karg besiedelt und liegt das ganze Jahr hindurch wild und verlassen da, besonders aber im Winter, wenn der *bise*, der bitterkalte Nordwind, bläst und die Temperatur unter minus 6 °C fällt. Früher war die Gegend Zuflucht von Straßenräubern und dunklen Gesellen. Sie war für Reisende so gefährlich, daß ein verdienter Ritter im Mittelalter ein Hospiz errichtete – La Dômerie – die heutige Pfarrkirche von Aubrac. Aubrac war auch eines der letzten Reviere der Wölfe in Frankreich, wenn-

DIE WOCHE DER KÜHE 25

gleich eine Viehherde mit einem einzelnen Wolf umzugehen wußte: Sie umringte ihn und tötete ihn mit den Hörnern. Auch heute noch sollte ein Spaziergänger in den Hügeln seinem Hund nicht erlauben, sich einer Herde von Aubrac-Kühen zu nähern.

Studenten im Südwesten lernen, daß Aubrac an der Pilgerstraße von Burgund nach St. Jacques de Compostelle liegt und ein Lager der Soldaten des Hofes von Aquitanien in Poitiers war, die nach St. Gilles reisten, einer Hafenstadt am Mittelmeer, von der aus man sich ins Heilige Land einschiffte. Im Hundertjährigen Krieg war Aubrac für die einfallenden Engländer ein so bedeutender Knotenpunkt, daß es einer ihrer Vorposten wurde. Der sogenannte *Tour des Anglais,* der sich neben der Kirche befindet, erinnert daran.

Mit Ende des Krieges und der Kreuzzüge und dem Verebben der Pilgerscharen nach St. Jaques wurde es ruhig um Aubrac; bis zum Ende des 18. Jahrhunderts wurden hier riesige Schafherden geweidet, die großen Anteil an der Abholzung des Gebietes hatten. Die Schafe wurden von Rindern abgelöst, und der Trupp, der sie von Mai bis Oktober beaufsichtigte, errichtete primitive Bergunterkünfte, die soge-

nannten *burons,* im regionalen Dialekt *mazucs* genannt, die als Sommerbehausung und als Molkerei dienten.

Eine solche Almhütte besaß einen kleinen Schlafbereich für die Männer, einen größeren Bereich für die Käseherstellung, einen Schweinestall mit einem oder mehreren Schweinen, die mit Molke gemästet wurden, und ein «Sanktuarium», in das kein Sonnenstrahl Einlaß fand, und in dem der Käse im Dunkeln reifte.

Auf etwa 300 Rinder kam eine Hütte. Wenn ein Bauer viele Tiere besaß, gab er die überzähligen einem Nachbarn in Pacht, der üblicherweise als Entgelt den Käse behalten durfte. Jene hingegen, die nicht genug Vieh besaßen, um das Land auszunützen, nahmen Kühe des Nachbarn auf. Die Qualität des Weidelandes in dieser Region variiert beträchtlich. Generell ist ein höhergelegenes Grundstück vorzuziehen, da trotz des hohen Anteils an nacktem Fels und des rascheren Abfließens des Schmelzwassers im Sommer, das Gras besser ist. In tieferen Lagen findet man oft Torfmoore, die wiederum den Vorteil haben, daß sich die Feuchtigkeit das ganze Jahr hindurch hält. Der Grundbesitz wird hier *montagne* (Berg) genannt, was oft Verwirrung stiftet.

Heute sind kaum noch Almhütten in Betrieb. Die extrem spartanische Lebensweise ist für moderne Landarbeiter unattraktiv. Darüber hinaus wurde die Arbeit im *buron* nur für die 140 Tage der Sommersaison garantiert. Gegen Ende jeder Saison pflegte man in Aubrac einen Markt abzuhalten, bei dem sich die in der Hütte Beschäftigten für die nächste Saison anbieten konnten: Wenn ein Bauer sie aufnahm, bezahlte er fünf Prozent der Saisoneinnahmen im voraus. Doch hatte man damit für den Winter nicht ausgesorgt, und die meisten Almhirten mußten in Paris Arbeit in den Bars und Cafés suchen, die oft von Leuten aus der Heimat betrieben wurden.

Der Besitzer kümmerte sich meist nicht persönlich um seine Almhütte. Häufig setzte er einen Angestellten seines Vertrauens als Leiter ein. Dieser Mann wurde *cantalès* genannt; gegen Ende der Saison kehrte er in das Stammhaus zurück, wo er andere Aufgaben übernahm. Er hatte die Verantwortung für die rotierende Nutzung des Weidelandes, damit das ganze Gebiet regelmäßig auf natürliche Weise gedüngt wurde. Vor allem aber war er für die Anreicherung der Milch mit Lab und für die Reifung und das Salzen des Käses zuständig. Dem *cantalès* unterstand der *bédélier*, dessen Aufgabe es war, sich

um die Kälber zu kümmern, deren Aufzucht dem abwesenden Besitzer ebenso wichtig war wie die Käsemenge, die produziert wurde. Der *bédélier* brauchte ein gutes Gedächtnis, denn obwohl Kuh und Kalb bei ihrer Ankunft das gleiche Brandzeichen erhielten, wurde dieses Erkennungsmal rasch durch das länger werdende Fell verdeckt. Der *bédélier* mußte wissen, welche Kälber zu welchen Kühen gehörten, damit Muttertier und Junges nach dem Melken wieder zusammenkamen.

Dann gab es noch den *berger*, den Hirten, der für das Melken und die Ablieferung der Milch in der Hütte zuständig war. Er half auch bei der Käseherstellung mit und beaufsichtigte die Schweine. Ein junger Bursche, der Lehrling und Laufjunge für alle war, vervollständigte das Viererteam.

Um eine ganze Saison auf der Alm zu überstehen, mußte man schon ein besonderes Temperament besitzen. Die Arbeit war relativ gut bezahlt, es wurde aber auch viel verlangt. Die Männer mußten einander selbst Gesellschaft genug sein. Sie schliefen auf Stroh, nach dem Melken am Morgen nahmen sie etwas Brot zu sich und Milch, die bestenfalls mit Zucker oder

Sie können dieses Ereignis filmen, ohne dabei zu sein.

Schokolade gesüßt war – Extras, für die sie selbst sorgen mußten. Ein Teller Suppe um zehn Uhr, manchmal gab es ein paar Kartoffeln oder ein kleines Stück Schinken. Um zwei Uhr, vor dem nachmittäglichen Melken, nahm man ein weiteres Glas Milch zu sich und vor dem Schlafengehen einen Teller Suppe. Weder die selbstgemachte Butter noch der Käse wurden konsumiert, weil dadurch die Produktionsmenge für den Verkauf gesunken wäre, die wiederum die Bezahlung des *cantalès* bestimmte. 25 Liter Wein standen den Männern zur Verfügung, diese Menge mußte für die ganze Saison ausreichen. Es gab nur ausnahmsweise einen Festtag, wie etwa die *Fête de St. Jean* zur Mittsommernachtswende oder Maria Himmelfahrt am 15. August, an dem der *cantalès* persönlich das Kochen übernahm und *aligot* zubereitete, eine köstliche Spezialität der Region, bei der zerdrückte Kartoffeln mit Sahne, viel Knoblauch und unfermentiertem Laguiole-Käse, dem sogenannten *tomme* (siehe Seite 31), verfeinert werden.

Die Abwanderung der Landbevölkerung in die Städte und die Technisierung der Landwirtschaft trugen zum Niedergang des *buron* bei. Eine bedeutende Rolle dabei spielte auch die Tatsache, daß man nicht über die Ressourcen verfügte, um die nationalen und internationalen hygienischen Auflagen erfüllen zu können, wenngleich man in dieser Hinsicht immer um höchstes Niveau bemüht war. Der modernen Gesetzgebung zufolge darf Käse, der traditionell hergestellt wird, nur an private Käufer abgegeben werden. Viele Bauern zogen es deshalb vor, sich zu einer Kooperative zusammenzuschließen, die mit der modernsten Technologie ausgerüstet ist. Die Milch wird täglich von der Kooperative eingesammelt, die auch den Käse herstellt und vermarktet. Man achtet jedoch darauf, die alten Techniken der *buronniers* so weit als möglich zu übernehmen, und der gesamte Laguiole-Käse der Kooperative wird nach wie vor aus unpasteurisierter Milch produziert.

Heute hat die Gemeinde Aubrac offiziell 40 Einwohner, trotzdem wurde Aubrac aufgrund seines Rufes und historischer Gegebenheiten von der Laguiole-Kooperative und den Sponsoren als Standort für das «Fest der Transhumanz» auserwählt. Es fand erstmals 1987 statt, und die Organisatoren waren erfreut und erstaunt, daß es ihnen gelang, 500 Besucher anzulocken. Heute, zehn Jahre später, rechnet man bei schönem Wetter mit 30 000 Personen.

Das Fest fällt zeitlich mit dem traditionellen Viehauftrieb zusammen, bei dem die Rinder um den 26. Mai in Aubrac eintreffen. Zu diesem Zeitpunkt ist der Schnee auf den Hügeln bereits geschmolzen und hat Teppichen aus wilden Narzissen, goldenen Butterblumen und Veilchen Platz gemacht. Warme Kleidung ist empfehlenswert, vor allem wenn der Nordwind pfeift. Um neun Uhr morgens winden sich bereits Schlangen von Autos und Reisebussen die Bergstraßen entlang. Kurz vor

Nach einer verdienten Rast setzen die Herden ihren Weg zu ihrer Sommerweide in den Bergen fort.

dem Dorf gibt es eine Parkmöglichkeit, um den Verkehr vom Hauptplatz fernzuhalten.

Die Programmabfolge ist einfach. Ab 10.30 Uhr werden mehrere Herden in halbstündigen Intervallen in das Dorf getrieben, wo sie rasten und trinken, und vom Bürgermeister und den Sponsoren begeistert empfangen werden. Danach laufen die Herden in Richtung der Hügel, unterwegs werden sie mit den in der Nähe wartenden Kälbern zusammengeführt.

Obwohl die Transhumanz heute in motorisierten Viehtransportern durchgeführt wird, werden alle Herden, die am Festtag durch Aubrac kommen, zu Fuß getrieben. Ihre Zahl variiert von 20 bis 70 und repräsentiert nur einen Teil der Herden, die auf die Almen getrieben werden.

Jede Gruppe wird von der sogenannten «Königin» angeführt, einem alten Muttertier, das liebevoll mit der Trikolore oder mit einem Pferdeschwanz, der an seiner Stirn befestigt ist, aufgeputzt wird. Irgendwo inmitten der Herde befindet sich ein prachtvoller Stier, der mit Blumen geschmückt ist oder auch die Fahne von Languedoc trägt – ein gelbes Malteserkreuz auf rotem Hintergrund. Den Abschluß bildet ein Pony, das von einem Paar in bäuerlicher Tracht angetrieben wird, und das Gepäck trägt, das die Hirten auf der Alm benötigen.

Zu den Höhepunkten des Festes zählt eine Tombola, bei der eine Aubrac-Kuh der Haupttreffer ist. Bescheidenere Preise sind Kuhschellen und Besteck aus Laguiole. Auf zwei Weiden am Rande des Dorfes stehen 200 Marktstände, an denen lokale Produkte angeboten werden. Hier erhält man Laguiole-Käse und auch *aligot*, Fleisch- und Wurstwaren aller Art, in Öl eingelegte Würstchen in Gläsern, Entenhälse, die mit *foie gras* ausgestopft sind und die salamiähnlichen Schweinewürste der Region. Man kann in einem Bottich nach Forellen fischen und alle erdenklichen Produkte erwerben, die aus Kuhhörnern hergestellt werden. Auch Kuhschellen sind ein Verkaufshit. Herrliche Erdbeeren und Kirschen erinnern daran, daß im Lot-Tal die feinsten Früchte Frankreichs wachsen.

Honig wird in den Bergen hochgeschätzt, weshalb die Bienenzüchter eine eigene Form der Transhumanz praktizieren, und ihre Bienenstöcke entsprechend der Jahreszeit von einem Blütenteppich zum nächsten tragen: von den Akazien zu den Lindenblüten, Kastanien usw. Dabei werden die Bienenstöcke bei laufendem Motor auf einen Lastwagen geladen. Dann läßt man den Motor aufheulen, wodurch die Bienen paralysiert werden und bei der Ankunft an ihrem nächsten Standort leichter zu behandeln sind. Honig stand früher in hohem Ansehen, weil er ein Ersatz für Zucker war, der kostspielig und hoch besteuert war. Heutige Honiglieferanten verkaufen auch Blütenpollen und einen Wein namens *Hydromel*, der sowohl trocken als auch süß erhältlich ist, und mit Zitrone gewürzt einen köstlichen Aperitif darstellt.

Das Wort «Aperitif» klingt wie eine Glocke, die zum Mittagessen läutet. Dieses wird auf Plastiktabletts in einem riesigen Zelt eingenommen. *À la carte* abseits der Stände trifft man es besser. Wie wäre es mit *farsou*, einem pikanten Pfannkuchen, der mit Frühlingszwiebeln, Mangold und allen möglichen Kräutern gefüllt ist? Oder mit heißen Würstchen aus Schweinefleisch? Es gibt auch viele Stände, die Wein anbieten. Philippe Teulier offeriert seinen köstlichen roten Marcillac, Monsieur Forveille einen roten Entraygues, eben-

Aligot – die Krönung von Kartoffeln mit Käse aus Laguiole

falls ein Lokalwein; des weiteren gibt es ein Sortiment von Gaillac-Weinen zu entdecken, die von einer Gruppe von Produzenten der Region angeboten werden oder sogar Weine aus der Gascogne, deren Händler eine weitere Anreise haben als die Kühe.

Bei Speis und Trank musiziert eine Gruppe namens «La Bourriou del Castel» aus Sévérac-le-Chateau. Sie haben einen Tanz für vier Männer, die geräuschvoll stampfen, im Programm. Ein Tanz, der angeblich auf den Feldern während der Erntezeit aufgeführt wurde, um die Wachteln aufzuscheuchen, damit sie nicht den Sensen zum Opfer fielen.

Mittlerweile herrscht in der Hauptstraße bereits großes Gedränge. Wie ein Zuschauer treffend bemerkte: *Il y a vachement beaucoup de monde ici.* Man sollte sich einen Platz hinter der Absperrung sichern, um die Ankunft von wenigstens einer Herde zu beobachten. Vielleicht haben Sie Glück und

Sie hören Monsieur Capou ein Mundartlied vortragen, das das Leben auf den Almen beschreibt. Als sich jemand bei ihm beschwerte, daß die Worte unverständlich wären, versprach er, sich bis zum nächsten Jahr neue Zähne zuzulegen.

Diesem Fest ist es zu verdanken, daß die Tradition der Transhumanz vor der Vergessenheit bewahrt werden konnte.

Es findet Anklang, weil nicht nur Folklore reproduziert wird, sondern lebendige Inhalte transportiert werden.

Zu einer Zeit, in der nur noch drei Almhütten in Aubrac in Betrieb sind, ist zu hoffen, daß wenigstens der eine oder andere durch dieses Fest motiviert wird, sein Glück als Viehhirte zu versuchen.

Lou Farsou
Frühlings-Pfannkuchen

«Sollte zubereitet werden, wenn der erste Löwenzahn auftaucht und die Hennen wieder zu legen beginnen.»
Marie Rouanet in *Appolonie* (Plon 1980)

4 PORTIONEN
150 g gesalzener Bauchspeck, klein gewürfelt
2 Teelöffel Gänse- oder Entenfett
Je 2 Teelöffel Petersilie, Mangold, Löwenzahnblätter
   und Spinat (gehackt)
2 Knoblauchzehen, fein gehackt
2 Kohlblätter, fein gehackt
150 ml Milch
3 Eier
50 g Mehl
2 Teelöffel Brotkrumen
Pfeffer und etwas Salz

Den Speck in einem Eßlöffel Fett goldbraun braten. Das Gemüse, den Knoblauch und den Kohl mit der Milch und den Eiern vermengen, mit «frühlingshaftem Schwung» gut durchschlagen, Mehl, Brotkrumen und Gewürze hinzugeben und gut durchmischen. Den Speck samt Bratensaft hinzufügen. Das restliche Gänsefett in einer Bratpfanne erhitzen, die Mischung hinzufügen und bei mittlerer Hitze etwa 4 Minuten kochen. Den Pfannkuchen mit einem Palettmesser lösen und auf den Teller gleiten lassen. Wenden, indem man ihn auf einem anderen Teller stürzt, dann zurück in die Bratpfanne geben und auf der anderen Seite braten.

Aligot
Püree aus Kartoffeln und Bergkäse

4 PORTIONEN
700 g mehlige Kartoffeln
60 g Butter
2 Eßlöffel Sahne
4 Eßlöffel Milch
2–3 Knoblauchzehen, gepreßt
Salz und Pfeffer
250 g *tomme fraîche de Laguiole* oder *Cantal*, dünn aufgeschnitten

Die Kartoffeln samt Schale kochen oder dämpfen und schälen. In der Pfanne zu einem glatten Püree zerdrücken.

Bei niedriger Temperatur erst die Butter, dann die Sahne und die Milch schlagen, bis die Mischung flaumig ist. Knoblauch und Gewürze dazugeben; sobald das Püree heiß ist, den ganzen Käse hinzufügen. Weiter schlagen und die Mischung lockern, als ob man einem Soufflé Eischnee unterheben würde. Der Käse muß schmelzen. Wenn das Püree klebrig und glänzend wird, eine fast flüssige Konsistenz hat und sich von den Seiten der Pfanne löst, ist das *aligot* fertig und sollte sofort serviert werden.

MARCILLAC

Gesegnet seien die Winzer

Alljährlich am Pfingstmontag wird das Fest des hl. Bourrou gefeiert. Sie meinen, das wäre nicht möglich? Schließlich sind die Festtage der Heiligen gleichbleibend, während Pfingsten jedes Jahr auf einen anderen Tag fällt. Nun, der Unterschied zwischen dem hl. Bourrou und anderen Heiligen besteht darin, daß er nie existierte. Er ist der fiktive Schirmherr der Winzer von Marcillac. Bourrou ist das okzitanische Wort für *bourgeon,* den jungen Weintrieb. In diesem Teil der Welt, dem hügeligen Land im Norden der Rouergue, nicht weit von der berühmten Abtei von Conques, können die Winter hart und lang sein, und das Wachstum der Weinstöcke im Frühling ruft Freude und Dankbarkeit hervor. Deshalb mußte der hl. Bourrou erfunden werden.

Dieses Fest ist in keinerlei Hinsicht pietätlos. Es ist stärker von Religiosität getragen als so manch andere Festivität, bei der die Messe lediglich Auftakt für ausgelassenes Treiben ist. Das Fest ist im wesentlichen geprägt von Einfachheit, tiefer Dankbarkeit für die jungen Weintriebe und einem fast archaischen Mangel an modernem Firlefanz bei den Bühnendarbietungen. Der hl. Bourrou ist eine Erfindung der Menschen von Marcillac für die Menschen von Marcillac. Hier wird kein Werbefeldzug veranstaltet. Keine einzige Flasche Wein wird verkauft. Es ist ein Fest für das Dorf.

Nur wenige kennen Marcillac, weder den Wein noch den Ort – selbst heute, wo Reisen und Kommunikation so einfach

Beim Fest des hl. Bourrou in Rouergue werden am Pfingstmontag die jungen Triebe der Weinstöcke von Marcillac gefeiert. Gleichzeitig werden die Kinder auf ihre Zukunft als Winzer vorbereitet.

geworden sind. Es ist das Zentrum einer Region in der Rouerge, genannt Le Vallon, ein miniaturhaftes Flußsystem, das auf den Kalkhochflächen hinter der Stadt Rodez entspringt und im Norden in den Fluß Lot mündet. Ob man sich nun von den staubigen Kalkhochflächen im Osten oder von der üppigen Landschaft im Westen nähert, der Anblick der schluchtartigen Täler von Le Vallon ist atemberaubend. So weit das Auge reicht, kontrastiert das Grün der steilen Hänge, aufgelockert durch terrassenförmig angelegte Weingärten, lebhaft mit der fruchtbaren purpurroten Erde, von der sich der Name «Rouergue» ableitet, der rote Erde bedeutet.

Die Stadt Marcillac liegt in einem Becken, das dem Wein der Region, der heute das Gütezeichen «aus kontrolliertem Anbau» trägt, den Namen verlieh. Der Wein überrascht in Charakter und Geschmack und erinnert wie kein anderer an

frisch zerstoßene Johannisbeeren. Er wird ausschließlich aus einer Traubensorte hergestellt, die nur im Südwesten Frankreichs zu finden ist. Diese Traube ist unter dem Namen *fer* oder *fer servadou* bekannt, in Marcillac wird sie jedoch *mansois* genannt – nach ihrer okzitanischen Bezeichnung *saumencès*. Zwar ist die Traube Bestandteil vieler verschnittener Weine des Südwestens, doch besteht nur der Marcillac zu 100 Prozent aus der Traubensorte *mansois*. Er ist der Stolz der Winzer von Marcillac und steht im Zentrum der «Zehn Gebote», die die örtliche Bruderschaft der Winzer formulierte, und die neue Mitglieder einzuhalten geloben, wenn sie beim Fest des hl. Bourrou feierlich vereidigt werden:

*Du sollst der Mansois-Traube und unserer lokalen
Gastronomie Treue schwören;
Du sollst dir am Sonntag und auch an allen anderen Tagen
Zeit nehmen, um unseren Wein zu kosten.*

Der Stolz auf den lokalen Wein ist umso bemerkenswerter, als dieser noch vor 30 Jahren fast vergessen war. Der Marcillac, durch den Reblausbefall, der alle Weinstöcke des Südens zerstört hatte, fast ausgestorben war, profitierte nicht vom Aufschwung der 50er Jahre, weil die traditionellen Abnehmer, das Industriegebiet um Decazeville und die nahegelegenen Kohleminen, in Schwierigkeiten waren und vor dem Zusperren standen. Der Marcillac erlebte sein Comeback erst viel später. Selbst heute ist die Produktionsmenge, gemessen an der Blütezeit im 19. Jahrhundert, als jeder Quadratmeter der Hänge mit Weinstöcken bepflanzt war, vergleichsweise gering. Doch ist der Wein die einzige Frucht, die auf dem schwierigen Terrain gedeiht, wodurch sich die fanatische Hingabe der örtlichen Bevölkerung an die kleine, aber um so wichtigere Weinindustrie erklärt. Für die Bewohner des Tales ist das Fest des hl. Bourrou gleichsam ein Akt des Glaubens an ihre Zukunft.

Aus diesem Grund werden auch die Söhne und Töchter der Weinbauern in den gesamten Ablauf des Festes miteinbezogen und sind vom frühen Morgen an, wenn sich die Prozession in den engen Gäßchen der Kleinstadt formiert, mit dabei. Ein Winzer führt symbolisch fünf Kinder an, die in traditionelle, regionale Trachten gekleidet sind, und die von zwei Musikern, einem Akkordeonspieler und einem *Cabrette*-Spieler, begleitet werden. Ihnen folgen etwa 40 weitere Kinder und Jugendliche, wobei die Teenager den Zug anführen, und die kleineren Buben und Mädchen in den letzten Reihen gehen. Die Knaben tragen die schwarzen Trachtenhüte der Auvergne und rote Halstücher, blaue Jacken, Blue Jeans und Turnschuhe, die Mädchen Strohhüte mit Blumen, die mit schwarzen Bändern unter dem Kinn festgebunden sind.

Der Prozession folgen mit Weinstöcken dekorierte Traktoren, die geschmückte Wagen ziehen, auf denen Winzer in alten Trachten sitzen. Damals wurden die Trauben noch mit den Füßen zerstampft, nachdem sie in riesigen Körben zu den Pressen transportiert worden waren. Die Weinleser trugen die Körbe auf den Schultern, da die steilen Terrassen der Weingärten das Befahren mit Wagen nicht gestatteten.

Weinbauern, die Weinranken in ihren Knopflöchern tragen, begleiten die Prozession, gefolgt von einem Karren, auf dem eine überdimensionale Flasche aus Papiermaché mit der Aufschrift MARCILLAC AOC aufgebaut ist. Auf dem

Wagen sitzt ein sechsjähriges Mädchen, das den Zaungästen lächelnd zuwinkt.

Den Abschluß bilden die Blechbläser, dies sind Jungen und Mädchen in schwarzen Jacken und grauen Flanellhosen, die recht respektabel musizieren.

Bevor man in die Hauptstraße von Marcillac einbiegt, wird in einer Seitenstraße eine Pause eingelegt. Ein Mädchen, das seinen Blütenkorb fallenließ, verläßt unter Tränen die Prozession. Zaungäste schließen sich dem Umzug an, bis an die 2000 Menschen der Parade den steilen Hügel hoch zu der kleinen Kirche Notre Dame de Fontcourieu folgen.

Die kleine, stilvolle Kirche wird von den Einheimischen auch Notre Dame des Bourgeons genannt. Sie ist aus dem für die Region typischen roten Sandstein erbaut und erhebt sich auf einem Hügel mit Walnuß- und Pfirsichbäumen. Das Portal zeigt in Richtung einer Waldlichtung. Im Schatten wurde ein Altar aufgebaut. Kirchenbänke werden aus der Kirche herausgetragen, damit die Menge in einer Freiluftmesse die Danksagung für die neue Traubensaison abhalten kann. Die Bläser und ein Chor stehen neben dem Kirchentor, während die Mitglieder der *Confrérie des Vins du Vallon* (der Weinbruderschaft von Vallon) sich am anderen Ende der Lichtung aufstellen. Die Polizei steht in Bereitschaft. Der mit

Ein Festwagenfahrer nutzt während der Prozession die Chance zu einer kleinen Erfrischung.

Weinreben geschmückte Altar wird von den Fahnen der Bruderschaft flankiert, daneben stehen zwei *fouaces*, eine lokale Kuchenspezialität, und Flaschen des regionalen Weines, die die Sakramente versinnbildlichen sollen. Den Kindern wird ein Platz neben dem Altar zugewiesen.

Die Band stimmt, verstärkt von einer großen Perkussionabteilung mit zwei Kesseltrommlern die Ouvertüre von 1812 an, die fehlende Unterstützung des Kanonendonners wird durch Begeisterung und vollen Einsatz wettgemacht.

Obwohl mindestens sieben Priester teilnehmen, verläuft der Gottesdienst ungezwungen. Der Prior der Kirche waltet charismatisch seines Amtes. Themen der Predigt sind die Parabel vom Feigenbaum oder das Wunder von Kanaan in Galliläa. «*Dieu labour le coeur, l'homme travailla la terre*», tönt es von der Kanzel. St. Bourrou bezeichnet er als «das Fest der neuen Früchte». «Mit Gott wird immer wieder neues Leben auferstehen!» Die Menge lauscht ehrfürchtig. Die Antworten werden von den Frauen freudig gesungen, die Männer bleiben teilweise lieber stumm. Nachdem der Prior sich an die Kinder gewandt hat, um sie auf ihre Bedeutung als zukünftige Winzer hinzuweisen, folgt die Kommunion.

Beim Verlassen der Kirche wird von den Saxophonen das Thema des Exodus intoniert. Danach begibt man sich auf den

Die Danksagung findet im Schatten von Walnuß- und Pfirsichbäumen vor der kleinen Kirche statt.

schmalen Feldweg hinter der Kirche, der von Holundersträuchern und Wiesen voll purpurfarbener Wicken gesäumt ist. Ziel ist eine hochgelegene Wiese, die Platz für alle bietet. Hier ist ein Podium für die Ansprachen der Würdenträger und die feierliche Vereidigung der neuen Mitglieder der Bruderschaft aufgestellt.

Die Menge wird vom Obmann der Bruderschaft begrüßt. Die Zeremonie kann beginnen. Der Obmann gibt den Trompetern das Zeichen zum Einsatz. Es sind Trompeten ohne Klappen, wie man sie von mittelalterlichen Gemälden kennt, die von zwei Mitgliedern der Bruderschaft bravourös gehandhabt werden. Danach ruft der Obmann die Trommeln auf, woraufhin zwei beleibte ältere Musiker leidenschaftlich ihre Trommeln schlagen.

Nun beginnt die eigentliche Vereidigung: Fünf Ehrenbürger des Ortes werden auf das Podium gebeten. Feierlich werden die Zehn Gebote der Bruderschaft vorgetragen, und die fünf Bürger geloben, über ihre Einhaltung zu wachen.

Damit sind die Formalitäten abgeschlossen. Die Mitglieder der Bruderschaft mischen sich unter ihre Freunde in der Menge. Sie sind leicht zu erkennen an ihrem leuchtendroten Umhang mit grünem Halsband und malvenfarbenen Aufschlägen und dem weichen roten Hut mit malvenfarbenem Besatz. Um den Hals tragen sie an einem Band das unvermeidliche Probierglas. Einer von ihnen ist André Metge, der die örtliche Winzerkooperative seit ihren Anfängen im Jahr 1968 leitet. Die Mitglieder sind für zwei Drittel der Gesamtproduktion des Marcillac verantwortlich und die Spender des Weines, der an alle Anwesenden ausgeschenkt wird. Auf dem Podium stehen Musik und Volkstänze am Programm; eine *bourrée,* ein alter französischer Volkstanz, wird von Kindern des Ortes vorgeführt. Die Mädchen, kaum älter als die Knaben, schleifen ihre kleinen Partner über das Parkett. Die Knaben halten nicht immer den Takt, doch ihre Begeisterung ist unübersehbar …

Da es nicht den Anschein hat, als ob der gute Wein von Monsieur Metge ausgehen würde, hat man Zeit, sich mit den unabhängigen Winzern zu unterhalten, mit Philippe Teulier etwa, der vielen als treibende Kraft der Winzer von Marcillac gilt. Zu seinen Innovationen gehört auch, daß er seine Weinstöcke vom Hubschrauber aus besprüht, eine zeit- und mühesparende Idee in einem Gebiet, in dem sogar Bergziegen ihre Schwierigkeiten haben. Dann ist da noch Philippes enger Freund, Kollege und Rivale, Jean-Luc Matha, der mit seinem Schnurrbart einen recht verwegenen Eindruck macht.

Diese beiden Männer sind neben Pierre Lacombe die einzigen unabhängigen Weinproduzenten von Marcillac, die ihren Wein in Monokultur anbauen. Das Dutzend der restlichen Produzenten kultiviert auch andere Früchte oder bezieht Einkünfte aus anderen Quellen. Jean-Marie Revel etwa besitzt Schafe, deren Milch er den Käseproduzenten von Roquefort verkauft, während Francis Costes ein erfolgreicher Töpfer ist, wenn er sich gerade nicht um seine Weinstöcke kümmert.

Die innere Uhr, die alle Franzosen zu haben scheinen, erinnert daran, daß die magische Stunde des Südens bereits begonnen hat, und da es hier nichts Solideres zu essen gibt als ein Stück *fouace,* wird es Zeit zurückzukehren. Die Prozession bewegt sich den Hügel hinab, unten verliert sich die Menge in den Häusern oder Bars und Restaurants der Stadt. Eine schwungvolle *bourrée,* die in der Hauptstraße von einer Volkstanzgruppe aufgeführt wird, zeigt das Ende der traditionellen Festlichkeiten an. Bald werden modernere Töne angeschlagen: künstlich, lärmig und seelenlos.

Doch schließlich gibt es im Oktober noch das Fest der Weinlese, auf das man sich freuen kann …

Lapin aux herbes
Kaninchen mit Kräuterfüllung

Füllen Sie das Kaninchen mit so vielen der aufgezählten Kräuter als möglich.

4 PORTIONEN
1 Kaninchen, etwa 1 kg schwer
Salz und Pfeffer
1 großer Bund frischer Kräuter: Thymian, Petersilie, Basilikum, Salbei, Minze, Estragon, Rosmarin, Kerbel, Majoran, Bohnenkraut
3 Zwiebeln, in Ringe geschnitten
3 Tomaten, geschält und in Scheiben geschnitten
3 dünne Scheiben Bauchspeck
2–4 Teelöffel Wasser oder Brühe
2 Teelöffel Sahne

Den Backofen auf 220 °C (Gas Stufe 7) vorheizen. Das Kaninchen innen und außen würzen und mit den Kräutern, den in Scheiben geschnittenen Zwiebeln und Tomaten füllen. Die Bauchspeckscheiben darauf legen. Erneut würzen.

Mit etwas Wasser oder Brühe aufgießen und 45 Minuten schmoren. Die Hitze auf 180 °C (Gas Stufe 4) reduzieren und weitere 45 Minuten schmoren. Von Zeit zu Zeit mit Bratensaft übergießen und wenn nötig mit etwas Wasser oder Brühe aufgießen.

Am Ende der Kochzeit die Kräuter entfernen und das Kaninchen auf den Speckscheiben servieren. Die Sahne in das Bratgefäß geben, die Bratenreste abkratzen und zu einer Soße verrühren. Über das Kaninchen gießen.

Mit golbraun sautierten Frühkartoffeln, auf die ein wenig feingehackter Knoblauch kommt, servieren.

Fricot des barques
Rindfleisch nach Bootsmannart

Dieses Rezept stammt von Erick Vedel. Das Gericht war im 19. Jahrhundert bei den Bootsmännern, die die Rhône befuhren, sehr beliebt.

4 PORTIONEN
1 große Zwiebel, fein gehackt
1 großer Bund Petersilie, fein gehackt
2 Teelöffel zerstoßene Kapern
2 Lorbeerblätter
900 g entbeintes *gîte de boeuf* (Beinscheibe)
3 Sardellen, in Salz eingelegt, gewaschen und gehackt
Salz und Pfeffer
2 Eßlöffel Olivenöl

Den Ofen auf 150 °C (Gas Stufe 2) vorheizen. Zwiebel, Petersilie, Sardellen und Kapern vermengen, mit den zerkleinerten Lorbeerblättern bestreuen.

Das Fleisch in 2 cm dicke Scheiben schneiden und leicht würzen. Den Boden der Kasserolle mit Öl ausfetten und mit einer Schicht Rindfleisch auslegen. Einen Teil der Zwiebel und Kräuter darüberstreuen, dann folgt eine weitere Schicht Rindfleisch, die wiederum mit der Zwiebelmischung bestreut wird. Die Zugabe von Flüssigkeit ist nicht nötig, da der Braten genug Eigensaft produziert.

Die Kasserolle zudecken rund 1 Stunde lang kochen. Die Hitze auf 140 °C (Gas Stufe 1) reduzieren und eine weitere Stunde kochen. Das Fleisch mit dem Bratensaft übergießen und langsam etwa eine weitere Stunde weich kochen.

ST. EMILION

Ein erlesener Wein

Halleluja! St. Emilion! HA-LLE-LUJA! ertönt die Stimme von Alain Querre durch die Lautsprecher über den sonnengebleichten Dächern der kleinen aber berühmten Stadt. Er steht neben seinen Kollegen von der Jurade von St. Emilion auf der Turmspitze des mittelalterlichen *Tour du Roy* und winkt der Menge zu. Seine bewegenden Worte hallen von den Befestigungsanlagen der Stadt zurück, die golden in der Spätnachmittagssonne leuchtet.

Dies ist der Höhepunkt des Frühlingsfestes, das jedes Jahr Mitte Juni abgehalten wird, um die Qualität der Weine des vergangenen Jahrgangs und das Gelingen der kommenden Ernte zu beschwören. Alain Querre ist *Procureur Syndic*, der Sprecher der Jurade von St. Emilion, eines Verbandes von Winzern, der sich der Erhaltung und Verbesserung der Qualität ihrer Weine und der Verbreitung ihres Ruhmes in der Welt der Weintrinker widmet.

Die Jurade ist besonders stolz auf ihr Alter. Die Gründung erfolgte vor 800 Jahren, als Eleanore von Aquitanien Henry Plantagenet heiratete, wodurch der Westen Frankreichs von der englischen Krone annektiert wurde und Eleanore zur mächtigsten englischen Königin seit Boadicea avancierte.

Ihr zweitgeborener Sohn John stand im Zentrum des Interesses der Historiker. Sein Vater wußte, wie Loyalität zu belohnen war, vor allem die Treue jener, die an dem von den Kriegswirren am stärksten betroffenen Schnittpunkt mit den Untertanen des französischen Königs lebten. Als Entgelt für

ihre Unterstützung hatte er den Bürgern von St. Emilion ein hohes Ausmaß an Autonomie versprochen. Im Jahre 1199 stiftete John Lackland St. Emilion die sogenannte «Falaise Charter», die den Bürgern von St. Emilion das «uneingeschränkte Gemeinderecht mit allen Freiheiten und freien Zöllen sowie die Macht, diese durch selbstgewählte Magistrate und Stadträte aus ihrem Kreis zu administrieren» zusprach. Dies war der Ursprung der Jurade, die mit den kommerziellen Interessen der Gemeinde betraut wurde.

Ihre Befugnisse wurden im Jahre 1289 von Edward I. erweitert. Bis auf die Tatsache, daß sie nicht ihr eigenes Geld prägen oder die Todesstrafe verhängen durfte, konnte die Jurade die kleine Stadt regieren, wie es ihr gefiel.

Beim jährlichen Frühlingsfest

feiert die 800 Jahre alte Jurade von

St. Emilion mit großem Prunk

die weltberühmten lokalen Weine.

Die Weine sind heute weltberühmt und zählen zu den feinsten Flaschen auf dem Markt. Selbst im Mittelalter produzierte St. Emilion im Gegensatz zum übrigen Bordelais hochgeschätzte Weine. Als Gesetzgeberin und Verwalterin widmete die Jurade natürlich einen Großteil ihrer Zeit ihrem wichtigsten Erntegut, dem Wein. Da sie beinahe ausschließlich aus Winzern zusammengesetzt war, förderte sie eine rigorose Politik der Qualitätskontrolle. Die Weinfässer mußten das Stadtwappen tragen, das ausschließlich mit Zustimmung der Jurade angebracht wurde; sie bestimmte, wann die Ernte begann, bremste den Verkauf von minderwertigem Wein und bestrafte Mißbrauch und Betrug. Alle Phasen der Produktion und der Reifung des Weines wurden von der Jurade überwacht; sie inspizierte Keller, prüfte die Fässer, und es war der oberste Winzer aus ihren Reihen, der persönlich das Brandzeichen mit dem Stadtwappen, eine Art Qualitätssiegel, auf den Fässern anbrachte. Jeder minderwertige Wein wurde vernichtet, und die Jurade gab Zertifikate aus, ohne die der Wein die Stadt nicht verlassen durfte. Diese Politik ermöglichte der Region, ihre Überlegenheit über die Weine des restlichen Bordelais bis in das 18. Jahrhundert zu bewahren.

Bedauerlicherweise gehörte die Jurade wie die Revolution von 1789 zu jenen Kindern, die mit dem Bade des *ancien régime* ausgeleert wurden. Das Schwinden ihrer Autorität half den neu auftauchenden Châteaux des Médoc sich die Vorherrschaft auf dem Markt zu sichern, die mehr als 100 Jahre anhalten sollte. Während der letzten großen Jahrgänge der Ära vor der Reblausplage um 1860 und 1870, erzielten die Weinstöcke über dem Fluß die höchsten Preise, und obwohl der Château Cheval Blanc in Paris Preise gewann, die St. Emilion wieder in das Bewußtsein rückten, drang die Region erst nach dem Zweiten Weltkrieg mit den hervorragenden Jahrgängen von 1947 und 1949 wieder ins Bewußtsein potentieller Käufer.

Es war kein Zufall, daß das Wiederaufleben von St. Emilion mit jenem der alten Jurade im Jahre 1948 zusammenfiel, die zwar nicht mehr als Körperschaft mit verfassungsgebender Macht fungierte, sondern eher ein Kontrollorgan und Marketinginstrument der Winzer war. Sie wurde von einer Gruppe dynamischer Winzer, die entschlossen war, St. Emilion zu rehabilitieren, wieder ins Leben gerufen. Zu ihnen gehörten Jean Capdemourlin und Daniel, der Vater von Alain Querre, Besitzer vornehmer Châteaux und ein bedeutender Weinhändler im nahen Libourne.

Alain erklärte mir, daß in jenen scheinbar fernen Tagen nach dem Zweiten Weltkrieg, als er noch ein Knabe war, das

Nach der Messe verläßt die Prozession der Jurade die Kirche ...

42 MÄRKTE UND FESTE IN SÜDFRANKREICH

Problem von St. Emilion darin bestand, daß es zwar ausgezeichnete Weine gab, daß aber auch viele schlechte und saure Weine produziert wurden. Dies verleitete zu Betrügereien. Alain schilderte den Fall eines Händlers, der für wenig Geld eine Kiste sauren Weins aus St. Emilion und gleichzeitig eine Kiste fruchtigen Weins aus dem Süden aufkaufte. Der Händler verkaufte den sauren St. Emilion um einen Pappenstiel an Essigproduzenten als Wein aus Südfrankreich, den Wein aus dem Süden hingegen verscherbelte er zum vollen Preis als St. Emilion. Der Betrug war ihm nicht nachzuweisen.

Alains Vater, Daniel Querre, kam zu dem Schluß, daß es nur eine Möglichkeit gäbe, um solche Vorfälle zu unter-

... und wandert zum Kloster, wo die Mitglieder angelobt werden.

binden: Man mußte die Produktion schlechter Weine in St. Emilion verhindern, damit jeder hier produzierte Wein sich dieses Namens als würdig erwiese. «Fleisch, das nicht faul ist, zieht auch keine Fliegen an», erklärte Alain.

Es war keine Frage, daß dies den Winzern Disziplin abverlangen würde, und man eine Kontrolle einführen mußte, wie sie früher die mittelalterliche Jurade ausgeübt hatte. Auch etablierte Winzer mußten ihre Weine einem Test unterziehen, bei dem sich erweisen konnte, daß ihre Weine nicht so gut waren, wie sie angepriesen wurden. Den Familien Querre und Capdemourlin gelang es nach und nach, Prominenz wie den Abbé Bergey, Priester und Mitglied des Parlaments und Monsieur Dubois-Challon, Mitbesitzer des Château Ausone, zu überreden, eine Art Verhaltenskodex für die Weinbauern aufzustellen. Es überrascht nicht, daß die alte Jurade auserkoren wurde, um die von Natur aus konservative Weinbruderschaft zu überzeugen, sich dem Vorhaben anzuschließen. Somit wurde die Jurade wieder ins Leben gerufen. Nach Erstellung des Kodex bat die Jurade, die keine rechtliche Vollmacht hatte, die Regierung, welche das System der *Appel-*

lation Contrôlée überwacht, den neuen Regeln Rechtskraft zu verleihen. Für die Finanzierung, und um jungen Winzern den Besuch der Weinschule in Talence in Bordeaux zu ermöglichen, wurde eine Steuer für die Weinbauern eingeführt.

Die Position der heutigen Jurade ist insofern seltsam, als sie keine gesetzliche Funktion hat. Alain Querre betont die Bedeutung ihrer Beziehung zur Winzergewerkschaft von St. Emilion. Die Jurade fungiert als technische Beraterin der Gewerkschaft und ihrer Mitglieder. Sie spielt eine bedeutende Rolle als Archivarin und fördernde Schaltstelle und verfügt über Zweigstellen in Großbritannien, Belgien und den USA – den drei Hauptexportmärkten.

Der Umzug anläßlich des Frühlingsfestes beginnt um 10.00 Uhr morgens vor dem *Maison Guadet* bei den Festungsanlagen der Stadt, wo die Stadträte ihre zeremoniellen Roben anlegen: schwere scharlachrote Umhänge mit weißen Capes, Aufschlägen und Handschuhen. Angeführt von einem Bläserorchester in mittelalterlicher Tracht ziehen sie zur *Eglise Collégiale*, wo bereits eine große Menge wartet, um das Spektakel zu bewundern und zur Messe zu gehen. Oft schließen sich Vertreter anderer Weinbruderschaften der Jurade an, etwa jene aus Ste-Croix-du-Mont, deren leuchtend gelbe Kostüme lebhaft mit dem Scharlach der örtlichen Abordnung kontrastieren; die Winzer aus Côtes de Blaye sind in düsteres Schwarz gekleidet, das von ein paar roten Farbflecken und einer goldenen Borte an ihren Hüten aufgelockert wird.

Der Gottesdienst wird in voller Länge mit schönem Gesang zelebriert. Nach der langen Predigt freuen sich die meisten Festbesucher, wieder in den Sonnenschein hinaus zu kommen, wo sie von Flöten und Trommeln begrüßt werden. Die Stadträte begeben sich zu den Klosteranlagen hinter der Kirche, wo die Angelobung (*intronisation*) stattfindet. Dieser Teil der Zeremonie wird traditionsgemäß in der berühmten unterirdischen, monolithischen Kirche abgehalten, die gänzlich aus dem Felsen gehauen ist. Die Kirche ist allerdings momentan wegen Renovierungsarbeiten geschlossen.

Der Stadt mangelt es nicht an anderen geeigneten Örtlichkeiten für den Umzug. Die Klöster eignen sich ideal für die Angelobung, sie sind vielleicht nicht so romantisch wie die von Kerzenlicht erhellte unterirdische Kirche, dafür haben die Zuschauer eine bessere Sicht. Die Besucher genießen den Schatten der Säulengänge, während die Jurade und die Ehrengäste unter einem Baldachin in der Gartenmitte schwitzen.

Mittlerweile haben 50 oder mehr Freiwillige ewige Unterstützung für die Weine von St. Emilion, die nun von allen verkostet werden, gelobt. Die Cafés und Bars sind nicht unvorbereitet, während die Stadträte, ihre Gäste aus der Umgebung und aus Übersee und die neu angelobten Mitglieder sich für das Mittagessen im kürzlich restaurierten *Salle des Dominicains*, einem vornehmen Bankettsaal, zusammenfinden. Der Aperitif wird in dem bezaubernden Garten eingenommen, der sich an die Weingärten des Château Villemaurine anschließt. Eine kurze Fanfare ruft schließlich zum Mittagessen, das aus mindestens fünf Gängen besteht, und bei dem man die Möglichkeit hat, etwa ein Dutzend

Die Weine von St. Emilion bedeuten harte Arbeit – bis man sie endlich im *Salle des Dominicains* verkosten kann.

erstklassiger Weine aus St. Emilion zu verkosten. Nach dem Festmahl zieht die Jurade zum *Tour du Roy* weiter, einem Burgturm an der Westseite der Stadt, von dem aus die Stadträte weithin gesehen werden. Wenn Alain Querre am Höhepunkt seiner Rede den Gründungsvätern von St. Emilion aus dem Jahre 1199 sowie deren Nachfolgern gedenkt, deren Bemühungen das Wiederaufleben des St. Emilion in den letzten Jahren zu verdanken ist, klatscht die Menge begeistert Beifall, während ein Schwarm freigelassene Tauben in den blauen Himmel aufsteigt und das Ende des Festes signalisiert.

Lotte au vin rouge de St. Emilion
Quappe in Rotweinsauce

4 PORTIONEN

2 Teelöffel Olivenöl

12 Zwiebeln, in Essig eingelegt

2 Teelöffel Zucker

150 g Bauchspeck, gewürfelt

2 große Zwiebeln, in Ringe geschnitten

4 Knoblauchzehen, fein gehackt

3 Schalotten, fein gehackt

Salz und Pfeffer

Eine Prise Cayenne-Pfeffer

1 Prise *quatre-épices*

1 *Bouquet-garni* mit Fenchelblättern

1 Flasche St. Emilion oder ein anderer guter Rotwein

4 Eßlöffel Mehl

25 g Butter

250 g Steinpilze oder andere Pilze, blättrig geschnitten

2 Quappenschwänze zu etwa 400 g, entgrätet und in 2,5 cm große Würfel geschnitten

Geröstete Weißbrotwürfel oder ungesüßte Blätterteigstückchen

Öl in einer Pfanne erhitzen, die eingelegten Zwiebeln hinzufügen und langsam etwa 20 Minuten kochen, mit Zucker bestreuen, damit sie Farbe annehmen. Dann Speck, Zwiebelringe, Knoblauch, Schalotten, Gewürze und *bouquet-garni* hinzufügen. In einer anderen Pfanne den Wein erhitzen. Aus Mehl und Butter eine Mehlschwitze bereiten, den Wein nach und nach hinzufügen und glattrühren. Die Mischung in die erste Pfanne geben und 20 Minuten kochen. Die Muscheln und die Quappe dazugeben, würzen, zudecken und bei schwacher Hitze etwa 25 Minuten kochen. Das *bouquet-garni* entfernen und mit den Croûtons oder Blätterteigstückchen servieren.

Macarons de St. Emilion
Mandelkekse

20–24 STÜCK

110 g Mandeln, gemahlen

200 g Vanillezucker und Kristallzucker

3 Eßlöffel süßer Weißwein

Eiweiß von 1 großem Ei

In einer beschichteten Pfanne die Mandeln und den Vanillezucker vermischen und den Wein einrühren. Die Masse unter ständigem Rühren erhitzen, bis der Zucker geschmolzen ist. Auskühlen lassen. Den Backofen auf 160 °C (Gas Stufe 3) vorheizen. Das Eiweiß steif schlagen und langsam in die Mandelpaste unterheben. Ein Backblech mit Backpapier auslegen. Teelöffelgroße Häufchen der Mischung in großzügigem Abstand verteilen. Glätten und in eine runde Form bringen und mit Kristallzucker bestreuen. 30 Minuten backen, bis sie knusprig sind, anschließend auskühlen lassen.

Schafe auf der Weide

Jedes Jahr laden Magali und Jean Lemercier ihre 2000 Merinoschafe auf Lastwagen und fahren von Le Crau in der Nähe von Arles zur Pont de la Griotte in Die. Dies ist eine Transhumanz, wie sie im 20. Jahrhundert abläuft, die Wanderung der Schafe zu den Sommerweiden, wie wir sie in Aubrac am Beispiel der Rinder kennenlernten. In der gesamten südlichen Hälfte Frankreichs werden die Schafe noch auf herkömmliche Weise in die Berge – die Pyrenäen, die Cevennen und die Alpen – getrieben.

Magali trägt überlange wasserdichte Gummistiefel, da die Regenfälle in den Bergen monsunartig sein können. Früher wurde die Reise zu Fuß unternommen und dauerte mehrere Tage, die Bauern mußten die Zwischenstationen, wo die Schafe rasten und fressen konnten, im vorhinein aushandeln. Heute dauert die Reise nach Die nur etwa vier Stunden, dazu kommt je eine Stunde Ver- und Entladung am Ausgangspunkt und am Ziel. Ohne Lastwagen wäre es Magali und Jean auch nicht möglich, ihre Tiere vor den Autobahnen und Schienen zu schützen oder davon abzuhalten, in die liebevoll gepflegten Gärten entlang des Weges einzufallen.

Die, diese bezaubernde alte Stadt im Tale der Drôme, ist jedoch nicht das Endziel der Reise. Dieses liegt in den Bergen von Vercors, deren Weiden sich eineinhalb Tagereisen und etwa 1000 Meter über der von Bergen eingeschlossenen Stadt befinden. Es gibt flußab- und aufwärts meilenweit keine andere Brücke über den Fluß, weshalb Die seit vielen Jahren

Die Schafe werden von den ausgedörrten Ebenen der Provence den Sommer über auf die Almen gebracht. Einige Herden werden durch die Straßen von Die getrieben, was Anlaß für ein einwöchiges Fest ist.

ein traditioneller Zwischenstopp der Transhumanz ist. Die historische Verbindung der Stadt mit der Schafwanderung wird in der dritten Juniwoche gefeiert.

Das einwöchige Fest versucht, verschiedene Aspekte der mediterranen Kultur zu verbinden, und die Beziehung von Die mit der Provence einerseits und den Bergen andererseits zu zeigen. Die Organisatoren nennen sich *drailles* nach der alten Bezeichnung für die Pfade, die die Schafe auf ihrer Wanderschaft benutzen. Geboten werden Dichterlesungen in provenzalischer Sprache, Ausstellungen und vor allem Musik. Man hat die Wahl zwischen Mussorgsky auf dem Klavier, einer Gruppe namens «Jazz Rock Trad» und einem Cross-over, genannt Rap-Provence, der von «Los Trobodors» in der Kathedrale geboten wird.

Doch erst müssen sich die Schafe von der langen, dichtgedrängten Reise auf den Lastwagen erholen, Futter und einen Ruheplatz für die Nacht bekommen. Man muß ihnen nicht sagen, was sie zu tun haben und wo sie hin sollen – die meisten Mutterschafe sind etwa vier Jahre alt und wissen Bescheid. Erfreut über die wiedergewonnene Freiheit springen sie von den Transportwagen und laufen auf die Brücke zu, springen übermütig über unsichtbare Hindernisse, wie in Vorfreude auf das üppige Leben, das sie auf den Bergen erwartet.

Die ist eine kompakte Stadt. Sie drängt sich umgeben von Schutzwällen um ihre im 11. Jahrhundert erbaute Kathedrale. Fahrzeuge werden durch eine Umfahrung ferngehalten, da die Straßen an manchen Stellen so eng sind, daß man dem Nachbarn vom Fenster vis-à-vis die Hände reichen könnte.

Früh versammelt sich die Menge, säumt die engen Straßen oder wartet auf den Balkonen. Die Türen der Läden sind fest verschlossen, um einer etwaigen Invasion der Schafe vorzubeugen. Nur die Cafés nehmen das Risiko auf sich, und ihr Geschäft floriert. Die Augen aller sind auf jenen Abschnitt der Straße gerichtet, der in die Stadt führt; ein Jongleur auf Stelzen unterhält die Menge. Hunde ziehen in Vorfreude auf ein gutes Stück von einer Lammkeule an den Leinen.

Die Menge verrenkt sich die Hälse, um einen ersten Blick auf die sich nähernden Herden zu erhaschen. Die Schafe sollen um 8.00 Uhr ankommen, aber um 8.45 Uhr ist noch immer nichts zu sehen. Plötzlich hat es den Anschein, als ob ein rehbrauner Teppich langsam in der schattigen Platanenallee ausgerollt würde. Die Schafe kommen! Im Näherrücken gleichen ihre geschorenen Köpfe und Schultern einem Kornfeld, durch das der Mistral fährt. Vorne ist die Gestalt von Jean Lemercier zu erkennen. Die Prozession, die von einer Volksmusikgruppe eskortiert wird, verlangsamt sich merklich, als sie sich dem enthusiastischen Applaus nähert.

Die Schafböcke tragen Glocken. Je größer die Glocke ist, um so älter ist der Bock. Das Alter wird auch durch ein, zwei oder drei Wollbüschel ausgewiesen, die auf dem Rücken ungeschoren bleiben. Die Herde wird von einigen Eseln begleitet, einem herrlichen Schimmel, der dem Schafhirten in den Bergen zur Verfügung steht, und ein paar Ziegen, die den Hirten den Sommer über mit Milch und Käse versorgen.

Nun erscheinen die Straßen wie ein Meer aus Schafen und Menschen. Die Menschen mischen sich unter die Herde, versuchen an die Spitze des Zuges zu kommen, andere folgen am Ende oder plaudern mit Magali, der mit drei Hütehunden den Abschluß bildet. Das Geläute der Schafglocken, das Japsen der frustrierten Hunde und der Applaus der Zaungäste hallen von den Wändern der alten Steinhäuser, während sich die Schlange aus Mutterschafen, Ziegen und Schafböcken zum alten Westtor bewegt. Nun zieht sich die Prozession fast über die gesamte Länge der Straße – etwa 500 Meter. An deren Ende führt eine schwierige Linkskurve, fast eine Kehrtwendung, die Gruppe zurück zum Marktplatz, wo die Straße

«Nicht mehr weit zu gehen.»

breiter wird und vielen Besuchern eine gute Sicht gestattet. Die Schafe trotten zum Nordtor der Kathedrale, wo sich die Menschen in den Cafés drängen. Die Straße verengt sich erneut, und die alte rue de l'Armillière führt zurück Richtung Osten, wo die Tiere die Stadt betraten. Sie nehmen nicht den gleichen Weg zurück, sondern eine steile Seitenstraße durch das alte Osttor. Die ist eine massive mittelalterliche Festung, die von zwei runden Steintürmen flankiert und von einem schmalen Bogengang durchbrochen wird.

Die Prozession bewegt sich nun auf das offene Land zu. Die Vorstadt im Norden von Die breitet sich nicht weit in Richtung der Berge aus. Ein Glück für die Bewohner, da nur durch die permanente Wachsamkeit der Hunde verhindert werden kann, daß die Schafe innerhalb von fünf Minuten die Arbeit eines Rosenfreundes zerstören, der seine Gartentür offenließ. Die Hunde sind so eifrig darauf bedacht, auf die Schafe aufzupassen, daß ihnen ein Esel entgeht, der kurzen Prozeß mit den Artischocken eines Bauern macht.

Eine Schotterstraße führt von Die in das Dorf Romeyer, vorbei an zahlreichen Walnußbäumen, die hier eine wichtige Frucht liefern. Es gibt viele Obstgärten, vorbildlich gepflegte Gemüsegärten und auch Zitronenbäume, deren schwerer Duft an Hochsommerabenden so angenehm ist. Als die Schafe einen Felspfad beschreiten, bilden die Ziegen eine eigene Gruppe und halten sich snobistisch von den Schafen fern. Die Glocken der Schafböcke werden plötzlich durch

Auf einer gut ausgebauten Straße bewegt sich die Herde durch die zerklüftete Berglandschaft.

einen Nachhall verstärkt, das Echo der Rufe der Hirten hallt von den Felsen zurück – die Almweiden dürften nicht mehr weit entfernt sein.

Der Eindruck täuscht, und die Gruppe muß zum Mittagessen auf einem Feld, das zu diesem Zweck beim Dörfchen Les Planeau gebucht wurde, eine Pause einlegen. Viele begeisterte Besucher sind den Herden gefolgt, manche haben Picknickkörbe dabei. Von hier ab wird am Weg zu den Bergalmen noch einmal zur Übernachtung Halt gemacht. Die Walnußbäume weichen Buchen und Eschen, landwirtschaftlich genutztes Land geht in Wälder über. Die Hügel sind steil, verkümmerte Bäume klammern sich an fast senkrechte Geröllhalden, auf den Bergen wachsen Pinien, die wie Kirchtürme in den Himmel ragen. Himmel und Erde kommen einander immer näher. Bis auf die gelegentlichen Schreie eines Bussards ist das einzige Geräusch, das zu hören ist, das Bimmeln der Glocken.

Am letzten Morgen erreicht die Herde ihr Ziel, die Weiden auf den Bergen des Nationalparks von Vercors hinter dem Paß Chabrinel. Hier werden die Schafe bis zum ersten Schnee im Oktober mit dem Schafhirten bleiben. Magali versicherte mir, daß er in seiner Einsamkeit ganz glücklich sei. Ich fragte sie, ob er Familie hätte. Magali meinte, daß er überzeugter Junggeselle sei, und als ich sie fragte, wie er sich im Winter die Zeit vertreibe, anwortete sie mit der Andeutung eines Lächelns: «Ich vermute, er holt die verlorene Zeit auf!» Ist es das, was Proust mit *temps perdu* meinte?

Carbonade de mouton
Lamm-Bohnen-Eintopf

Dieses Rezept stammt von Erick Vedel.

6 PORTIONEN

1 kg Lamm von der Schulter oder vom Schenkel

Salz und Pfeffer

3 Eßlöffel Olivenöl

110 g Bauchspeck, gewürfelt

2 Zwiebeln, geviertelt

1 Tomate, geschält und geviertelt

4 Möhren, der Länge nach halbiert

1 kleine Rübe, in Stücke geschnitten

1 Sellerieherz, in Streifen geschnitten

300 g weiße Gartenbohnen, über Nacht in Wasser eingeweicht

2 Knoblauchzehen, gepreßt

3 Lorberblätter, gerieben

2 Gewürznelken

2 Prisen frisch geriebene Muskatnuß

200 g schwarze Oliven

250 ml trockener Weißwein

Den Ofen auf 180 °C (Gas Stufe 4) vorheizen. Das Lamm mit Salz und Pfeffer würzen. Das Öl in einer großen, ofenfesten Kasserolle erhitzen und die Speckwürfel anbraten. Die Zwiebeln weichdünsten, dann das Lamm hineingeben. Nach etwa 5 Minuten das Gemüse dazugeben und gelegentlich umrühren.

Die Bohnen waschen und abtropfen lassen und mit dem Knoblauch in die Pfanne geben. Lorbeerblätter, Gewürznelken, Muskat und Oliven dazugeben. Mit Wein und Wasser aufgießen, bis das Fleisch bedeckt ist. Zugedeckt etwa 20 Minuten köcheln lassen, abschmecken und die Hitze auf 140 °C (Gas Stufe 1) reduzieren. Das Fleisch etwa 2 Stunden lang zart und weich kochen. Versuchen Sie das Gericht mit einem Artischocken-Eintopf (siehe Seite 116).

Daube de mouton Issaly
Lammeintopf

Dieses Rezept stammt von Madame Issaly, einer der besten Köchinnen des Südwestens, die auch Wein herstellt. Beginnen Sie mit den Vorbereitungen 1 1/2 Tage vorher.

4 PORTIONEN

110 g Bauchpeck, würfelig geschnitten

Eine schöne Speckschwarte (optional)

1 Paar Schweinsfüße, halbiert (optional)

1 kg Lamm- oder Hammelfleischschulter, würfelig geschnitten

1 Zwiebel, gehackt

2 Möhren, gehackt

2 Tomaten, gehackt

3 große Knoblauchzehen, gehackt

1/2 Flasche Rotwein (von Mme Issaly)

2 Eßlöffel Walnußöl

1 *bouquet-garni*, 1 Prise *quatre-épices*

25 g Mehl

Salz und Pfeffer

Bauchspeck, Speckschwarte und Schweinsfüße in einen Topf mit kaltem Wasser geben. Langsam zum Kochen bringen und etwa 30 Minuten köcheln lassen. Das Wasser abseihen. Das Lamm mit dem Speck, der Speckschwarte, den Schweinsfüßen und den sonstigen Zutaten in ein großes flaches Gefäß geben. Mindestens 6 Stunden an einem kühlen Ort in der Marinade ruhen lassen.

Den Ofen auf 180 °C (Gas Stufe 4) vorheizen. Lamm, Schweinefleisch, Gemüse und Marinade in eine große Kasserolle geben. Der Topf sollte einen hohlen Deckel haben, den man mit Wasser füllen kann. Darauf achten, daß die Zutaten von der Flüssigkeit bedeckt sind. Langsam zum Kochen bringen, dann die Kasserolle in den Ofen schieben und zudecken, wobei der Deckel mit kaltem Wasser gefüllt wird. Nach 10 Minuten die Temperatur auf die niedrigste Stufe reduzieren und 3 Stunden braten, wobei das Wasser im Deckel von Zeit zu Zeit nachgefüllt wird. Herausnehmen und abkühlen lassen.

Am nächsten Tag das Fett sowie die Speckschwarte und die Schweinsfüße entfernen. Den Ofen auf 180 °C (Gas Stufe 4) vorheizen. Die Kasserolle in den Backofen schieben und etwa 10–15 Minuten erhitzen, dann die Temperatur auf die niedrigste Stufe reduzieren und weitere 3 Stunden kochen.

BOULBON

Coupo Santo

Während der schlimmsten Zeiten der Christenverfolgung im alten Rom gab es einen Papst namens Marcellus, der von Kaiser Diokletian zu Tode gefoltert wurde. Und es gab einen demütigen Priester, der ebenfalls Marcellus hieß. Er wurde wie sein Namensvetter heiliggesprochen, und in dem kleinen Dorf Boulbon in der Provence wird er mehr verehrt als sein berühmter Vorgesetzter. Es heißt, daß er in einen tiefen Kerker geworfen wurde, wo er auf zerbrochene Tonscherben fiel. Ein Engel erschien und hob ihn vom Boden auf, während er sich am Bruchstück einer mit Blut befleckten Amphore festhielt. Er nahm die Scherbe in den Himmel mit und überreichte sie Gott in frommer Dankbarkeit. Da geschah ein Wunder, und das Bruchstück verwandelte sich in eine mit Wein gefüllte Amphore.

Nördlich des Dorfes Boulbon, das im Abschnitt des Rhône-Tals zwischen Tarascon und Avignon liegt, befindet sich eine kleine Kapelle, deren Ursprung sich bis in das 11. Jahrhundert zurückverfolgen läßt, und die den beiden Heiligen geweiht ist. Die westliche Fassade ziert eine alte Steinplatte aus jener Periode, in die auf einfache Weise die zum Himmel erhobenen Hände Christi und ein Opferlamm graviert sind. Das Eingangsportal liegt an der Südseite, die 1174 neu erbaut wurde. Sechs Stufen führen in das Innere der Kapelle, der Altar befindet sich rechts vom Eingang. Die Kirche ist stolze Eignerin eines berühmten Altaraufsatzes aus dem 14. Jahrhundert, der im Louvre ausgestellt ist. Im Nordtrakt befindet sich das Grab von Archimbaud, des früheren Herrn von Boulbon. Der Rest der Kapelle ist in romanischem Stil gehalten, das einfache Portal erinnert an jenes von St.-Guilhem-le-Desert.

Die Verbindung des hl. Marcellus mit diversen Flüssigkeiten hat eine Bedeutung für ihre Gemeinde, glauben die Bewohner von Boulbon. Er kann, wie aus den Annalen von Tarascon hervorgeht, die Fluten der Rhône zurückhalten. Er kann Regen bringen oder verhindern, und das Wohlwollen des Heiligen soll zumindest teilweise für die gute Qualität der Weine von Boulbon verantwortlich sein. Es gibt ein örtliches Sprichwort, in dem es heißt: «Der hl. Marcellus ist gut für das Wasser und gut für den Wein.» Wenngleich Boulbon nicht Chambertin ist, und der Name in den Regalen der Supermärkte nicht aufscheint, wird hier guter Wein produziert, von dem das Einkommen der Bewohner abhängt.

Niemand weiß, wann die Einwohner des Dorfes erstmals den Priester baten, ihren Wein im Namen des hl. Marcellus zu segnen. Manche meinen, dies ginge auf eine alte heidnische Tradition zurück. Jedenfalls feiern die Bürger von Boulbon den Namenstag des Heiligen seit Hunderten von Jahren, wobei sie um seinen Segen für eine Flasche ihres besten Weines bitten, die sie zu diesem Zweck in die Kirche bringen. Danach bekommt die gesegnete Weinflasche einen Ehrenplatz im Haus und wird nur zu einem besonderen Anlaß oder in schwierigen Zeiten konsumiert, wenn die Hilfe des Heiligen benötigt wird. Meist ist der Wein dann längst verdorben.

Diese Zeremonie hat sich stark gewandelt, seit die Pfarre Boulbon einige vorgebliche Reliquien des Heiligen erworben hat. Zuerst kaufte man einen Zahn, der in einer geschnitzten Büste des Heiligen in der Pfarrkirche St. Anneder aufbewahrt wird. Diese Reliquie wurde 1730 unter Umständen erworben, an die sich niemand mehr erinnert, und für die Authentizität kann nicht gebürgt werden. Die Büste wird «Der kleine hl. Marcellus» genannt und unterscheidet sich von der großen, restaurierten Statue, die sich in der Kapelle des Heiligen befindet. Die zweite Reliquie wird in einer vergoldeten Kupfertruhe

Am 1. Juli gedenkt das Dorf Boulbon

seines Schutzheiligen bei einer

Weinsegnung in der kleinen Pfarrkirche,

bei der die Versammelten eine Flasche

hochhalten, um sie segnen zu lassen.

aufbewahrt. Sie wurde 1882 um eine beträchtliche Summe in der Heiligen Stadt erworben, wodurch ihre Echtheit außer Frage steht.

Der Feiertag des hl. Marcellus ist am 2. Juni, aber um seinen Segen für den Wein wird bereits am Tag davor gebeten. Aus irgendeinem unersichtlichen Grund wird es seit jeher so gehalten. Der Segen findet um 7.00 Uhr abends statt und ist allein den Männern zugänglich. Ob dies ebenfalls ein Relikt vergangener Zeiten ist, oder ob die Ortsbewohner ihren besten Wein nicht mit den Damen teilen wollen, ist nicht klar. Traditionell ist das Ereignis jedoch ein den Männern vorbehaltenes und wird es wohl auch bleiben, bis jemand vom Europäischen Gerichtshof einschreitet.

Keine Gleichberechtigung – die Frauen, die am Gottesdienst nicht teilnehmen dürfen, spähen durch das Fenster.

Bis um 18.00 Uhr sind die Straßen von Boulbon leergefegt wie immer. Im Dorfladen ist der eine oder andere Kunde, in der Dorfkirche der eine oder andere Gläubige, doch vorwiegend sind es Hunde und Katzen des Dorfes, die um die Gebäude streichen. Dann kommt plötzlich eine Gruppe von Männern aus der Kirche, jeder trägt eine Flasche Rotwein. Manche der Flaschen ziert ein spezielles Etikett, auf dem *Bourboun* zu lesen ist, die provenzalische Variante des Dorfnamens. Einige Flaschen stammen aus dem Laden, andere aus den Weinkellern ihrer Besitzer, wo sie vom Faß abgefüllt und für den Anlaß zugekorkt wurden. Knaben aller Altersstufen, vom Kleinkind aufwärts, sind zu sehen, viele tragen eine Plastikflasche mit Rotwein. Im Gegensatz zu den Frauen sind sie bei der Zeremonie zugelassen.

Alsbald ist der kleine Marktplatz vor der Pfarrkirche St. Anne mit Menschen übersät. Man kennt einander. Es handelt sich hier um ein sehr familiäres Fest. Es wird viel geküßt bei der Begrüßung (drei Küsse in diesem Bezirk) und geplaudert. Die Kleidung ist zwanglos, man sieht weder Krägen noch Krawatten. Allein die vielen Kappen und Baskenmützen verleihen dem Fest eine gewisse Würde.

Dann treffen die Geistlichen ein. Man stellt sich einen Gemeindepfarrer gerne als fröhlichen Gesellen mit rosigen Wangen vor, klein, faßrund und voller Lebensfreude. Der Pfarrer von Boulbon ist das genaue Gegenteil: Er ist zwar klein, doch dünn wie ein Rechen, weißhaarig und wirkt etwas unglücklich. Aber er leitet die Zeremonie gar nicht, neben ihm steht ein großer, stattlicher Mann mit fließenden weißen Locken und einem buschigen Bart.

Während die Menge erwartungsvoll draußen wartet, betreten die Geistlichen die Kirche. Wenn die Kirchturmuhr sieben Mal schlägt, erscheinen sie. Sie tragen die kostbaren Reliquien des Heiligen, während ein Meßgehilfe die reich bestickte Fahne des hl. Marcellus hochhält. Sie schlagen die Straße Richtung Kapelle ein, die etwa einen Kilometer entfernt liegt. Die Menge schließt sich ihnen an, die kleineren Kinder werden von ihren Vätern auf den Schultern getragen. Die Prozession bewegt sich schweigend und respektvoll. Alsbald verläßt der Zug die Straße und nimmt den Weg, der zur Kapelle hinaufführt, die diskret unter Bäumen am Fuß eines felsigen Abhanges liegt.

Es stellt sich die Frage, wie alle in der winzigen Kapelle Platz finden sollen. Sind die Frauen deshalb ausgeschlossen? Durch das enge Portal und über die steilen Stufen hinab schreitet die Menge in den Innenraum. Dann verteilt man sich auf alle verfügbaren Plätze: rund um den Alter, in den Seitengängen und im Mittelschiff. Die Priester befinden sich mit dem Bürgermeister des Dorfes neben dem Altar, umgeben von den Kameras und Scheinwerfern des Fernsehteams, die ganze Kirche wird von kräftigen Bogenlampen beleuchtet, die die Hitze alsbald unerträglich werden lassen.

Dann setzt der Gesang ein. Die Hymne an den hl. Marcellus hat 13 Strophen. Die ersten ein oder zwei werden von einigen wenigen Stimmen vorgetragen, in die restlichen stimmt die ganze Gemeinde ein, wobei sich der Charakter des Gesanges mehr und mehr von einem Gregorianischen Choral in das Gejohle eines Fußballpublikums verwandelt. Die Musik wird auch immer langsamer, und bei der 13. Strophe gleicht sie mehr und mehr einem Klagelied. Man möchte meinen, daß alle bereits ihre Weinflaschen geöffnet und gekostet haben, so betrunken klingt dieser Gesang.

Gerade als die Stimmen heiser zu werden drohen, ergreift der Priester das Wort. Erst erfolgt ein Zwiegespräch mit dem Bürgermeister, dann eine Ansprache in provenzalischer Sprache, die von der göttlichen Natur der Traube handelt. Obwohl der Priester seine Rede eher kurz hält, beginnen die Schultern der Väter, die ihre Söhne tragen, um ihnen eine bessere Sicht zu ermöglichen, zu schmerzen, die Versammelten, die wie Sardinen zusammengepreßt sind, sind schweißüberströmt, die Kameras stellen langsam ihr Blitzlichtgewitter ein. Vielleicht sind die Frauen besser dran als die anderen: Durch die Fenster können sie die seltsamen Vorgänge im Inneren problemlos verfolgen. Schließlich nähert sich die Predigt ihrem Ende, nach ein paar weiteren Strophen der alten Hymne kommt der Höhepunkt: Der Priester bittet alle, ihre Weinflaschen zu erheben, um sie zu segnen; Männer und Knaben korken ihren Wein auf, nehmen einen großen Schluck und verschließen die Flasche wieder. Die Tore der Kapelle öffnen sich, und zu den Klängen der Hymne strömen die Menschen in die abendliche Kühle. Das Abendbrot wartet zu Hause.

Vin cuit
Süßes Rotweinkonzentrat

Unvergorener Saft von frisch gepflückten Trauben und Quitten (optional)

Was heute als *vin cuit* verkauft wird, hat nur noch wenig mit dem traditionellen Getränk der Provence zu tun, das nur reinen Traubensaft und eventuell ein paar Quitten enthält.

Der Traubensaft wird den Fässern entnommen, bevor er zu gären beginnt und im Freien in einem riesigen Faß über Holzfeuer erhitzt und regelmäßig abgeschäumt. Auf Wunsch werden auch Quitten hinzugefügt. Nun gibt man Asche in den Kessel, um einen rauchigen Geschmack zu erzeugen. Die Flüssigkeit läßt man köcheln, bis sie auf ein Drittel reduziert ist; nach Erlöschen des Feuers läßt man den Kessel zugedeckt über Nacht abkühlen.

Am nächsten Tag wird der Saft in ein Faß filtert, das im Keller gelagert wird, wo die übrigen Weine des Winzers reifen. Most von diesen Weinen wird dazugegeben, damit die Säfte von der Hefe aktiviert werden. Der *vin cuit* wird etwa einen Monat lang mehrere Male abgezogen, bis die Gärung abgeschlossen ist. Man läßt ihn weitere zwei, drei Monate ruhen, bevor er in Flaschen abgefüllt wird.

MARSEILLE

Im alten Hafen von Marseille

Der Geist von César, Marius und Fanny, den unsterblichen Charakteren aus der Feder von Marcel Pagnol, lebt im alten Hafen von Marseille fort. Die *Bar de la Marine* und ähnliche Lokale, die die Uferstraße säumen, haben sich zweifelsohne geändert; die Zahl der nur noch teilweise authentischen Fischrestaurants hat sich vervielfacht, und der Japaner mit Camcorder und die Zigarren schmauchenden Yachtbesitzer hätten in dem einst vorwiegend von der Arbeiterklasse bewohnten Viertel so manches Stirnrunzeln hervorgerufen. Doch die Fische, die aus dem Mittelmeer hereingebracht werden, haben sich nicht verändert, ebenso wenig wie die Fischer.

Das ganze Jahr über werden jeden Morgen die Marktstände am Quai des Belges aufgestellt, um den Fang der Nacht aufzu-

Obwohl er nicht der größte Fischmarkt in Marseille ist, floriert der alte Hafen, weil die Produkte und die Verkäufer bunter und pulsierender sind als sonstwo in der Provence.

nehmen. Ab neun Uhr morgens kommen die Fischerboote herein, schlängeln sich vorbei an den luxuriösen Yachten und Segelbooten, die heute den Hafen beherrschen. Der Hafen ist viereckig angelegt. Die lange Nordseite wurde in den 50er Jahren vollkommen neu erbaut – sie wurde während des Krieges von den Deutschen in die Luft gesprengt, weil man sie für ein Versteck der Widerstandskämpfer hielt. Die Südseite ist größtenteils unverändert, die teilweise jahrhundertealten Gebäude sind in zarten Pastelltönen gehalten. Die kurze Ostseite, an welcher der Markt abgehalten wird, ist unscheinbar bis auf die Tatsache, daß sie in die berühmte Hauptstraße von Marseille, *La Canebière,* einmündet, die heute eher langweilig ist. Mit ihren zahllosen Schuhgeschäften erinnert sie an die Oxford Street in London. Der alte Hafen selbst hat Charakter bewahrt. Die Kirche *Notre Dame de la Garde* steht auf einem

steilen Hügel und blickt über das Wasser hinweg auf ein anderes hügeliges Viertel, in dem die Gassen größtenteils mit Treppen versehen und daher für den Verkehr unzugänglich sind. Unten am Quay herrscht internationales Flair: Man hört Neapolitanisch und sogar Sizilianisch, was die lange Geschichte von Marseille als phönikisch-griechische und später römische Niederlassung widerspiegelt. Die Römer waren es auch, die die ersten Oliven und Weine nach Frankreich brachten.

Zu dieser transalpinen Note kommt der Ruf der Gesetzlosigkeit und Korruption, der der Stadt anhaftet. Dem Touristen mag dies aufregend erscheinen, die Einheimischen sind realistischer und erinnern einen ständig daran, daß man auf Uhr, Tasche oder Geldbörse achten soll. Ein Kellner erklärte mir, daß die schockierendsten Missetäter die Kinder wären; je jünger, umso schlimmer seien sie, meinte er. Der Polizei mißtraut man ebenso wie den Kriminellen. Ein Budenbesitzer, der mich und mein Notizbuch scheel beobachtete, fragte mich frei heraus, ob ich ein *flic* sei, und als ich verneinte und mich als Schriftsteller zu erkennen gab, meinte er scherzend: «Das ist das gleiche.»

Es ist schwer zu glauben, daß dies die gleiche Provence ist, wie sie auf den Bauernmärkten im Landesinneren zu finden ist, obwohl der Hafenmarkt von derselben Art ist. Er ist bei weitem nicht der wichtigste Fischmarkt der Stadt, geschweige denn der Mittelmeerküste, wie man es von einem Markt im Zentrum der drittgrößten Stadt Fankreichs erwarten könnte. Die größten Umschlagplätze befinden sich in Sète und Martigue, und auch in Marseille gibt es auf der Straße nach l'Estaque einen größeren Markt. Diese Märkte sind jedoch vorwiegend für den Großhandel gedacht, für kommerzielle Fischereiflotten und Händler. Im Hafen sieht man eher Schleppkähne als Boote, und die Käufer kommen in flotten, gekühlten Container-Lastwagen und nicht in zerbeulten Lieferwagen an.

Hier laufen die Geschäfte in eher familiärem Rahmen, wie es zu Zeiten Pagnols gewesen sein muß, ab. Die kleinen Boote sind Familienbesitz. Um zwei Uhr morgens fahren sie zu den Fischereigründen hinaus. Sie werfen nicht einfach die Netze aus und hoffen das Beste: Jeder der 146 registrierten Fischer kennt die besten Plätze für jede Art und entscheidet im voraus, wonach er fischt, was wiederum die Ausrüstung und die Techniken bestimmt, mit denen die Fische gelandet werden. Dies erklärt, warum die Boote mit einem sehr beschränkten Sortiment an Fischen zurückkommen.

Normalerweise bleibt die Frau indessen zu Hause oder sie beaufsichtigt auch den Marktstand, während die Männer das Boot für den nächsten Tag bereitmachen, die Netze flicken und das Wasser aus dem Boot schöpfen. Eine Fischersfrau

Das Fischen im alten Hafen ist Familiensache.

Die Männer ziehen mit den Netzen hinaus,

die Frauen betreuen indessen die Marktstände.

Der Fangertrag ist klein, aber die Qualität herrlich.

bietet nur ein halbes Dutzend Langusten an, doch welch herrliche Exemplare, mit Fühlern so dick wie Schilfrohr. Ein älterer Händler hat nur Aale und ein paar Miesmuscheln zu verkaufen, und eine geradezu archetypische Händlerin mit lautem Mundwerk preist Meeräschen an und versucht nebenbei Touristen ihre *yeux de Ste. Lucie* anzudrehen. Diese kleinen, roten Steine vom Meeresboden sollen Glück bringen und das Augenlicht erhalten. Die Hl. Lucia sei die Schutzpatronin der Sehkraft, wurde mir versichert.

Am beeindruckendsten auf diesem Markt ist die nie zuvor gesehene Auswahl an Fischen. Was es da nicht alles gibt: kleine Fische in allen Formen und Farben für die Suppe oder für das Herausbraten in Öl. Ein Fischer bietet einen großen orangefarbenen Fisch namens *linette* mit einem klaffenden Maul an und schneidet dicke Steaks für seine Kunden ab. Des weiteren sind zu bewundern: die sogenannten *girelles*, winzige Fische mit grünen und orangefarbenen Streifen, die nicht gerade billig sind, riesige Meeraale, die in der Provence *fiélas* genannt werden, ein flacher, ovaler und sehr grätenreicher Fisch namens *sar*, der zwei bis drei Kilogramm wiegt, und sein kleiner Verwandter, der *pageot*, der perlmuttfarben schimmert und eine Spezialität der Hafenrestaurants ist; Knurrhähne, die hier *galinettes* genannt werden und größer sind als im Norden; daneben kleine makerelenähnliche Fische, die *sévérou*s heißen, und der teure *marbré* mit seinen vertikalen Streifen, die den Eindruck erwecken, als hätte er schon auf dem Grill gelegen; der *vive* mit den diagonalen Streifen und seinem häßlichen Maul ist für eine echte Bouillabaisse unerläßlich, ebenso wie der Heringskönig, der im Süden *St. Pierre* genannt wird, und zu guter Letzt der ängstliche kleine, zinnoberrote *rascasse*, der mit größter Vorsicht behandelt werden muß, aber ohne den eine Bouillabaisse einfach keine Bouillabaisse ist.

Neben Langusten findet man Krabben und kleine Spinnenkrabben, die *favouilles,* die eine köstliche Suppe ergeben, stachelige Meeresrochen, Seeschnecken, die bestens mit *aïoli*, einer Knoblauch-Mayonnaise, harmonieren und die unerreichten *violets*, die zu den häßlichsten Bewohnern des Meeres gehören müssen – aufgeschnitten enthüllen sie ein Innenleben, das cremiggelb ist wie Rührei und von Gourmets hochgeschätzt wird. Daneben gibt es selbstverständlich Muscheln, aber auch winzige *tellines,* Krustentiere von der Größe eines Fingernagels aus der Mündung der Rhône, die sich öffnen, wenn man sie erhitzt, und mit Knoblauch, Öl, Zitronensaft-Dressing und etwas frischer Petersilie köstlich schmecken.

Es gibt auch bekanntere Ware. Zwar bekommt man keine Süßwasserfische, weder Scholle, noch Heil- oder Steinbutt, aber jede Menge Brassen (*daurades*). Die Quappe, hier *baudroie* genannt, ist für die Suppe ebenso begehrt wie die berühmten Schwanzflossen für die gehobene Kochkunst. Die kleineren Exemplare der Seebarbe, einer Mittelmeerspezialität, werden *rougets de roche* genannt, die großen *rougets barbus*.

Die Fischer und ihre Frauen wirken ebenso farbenfroh wie die Produkte, die sie anbieten. Nicht einmal Windstärke zehn könnte sie umwerfen. Ein sonnengebräunter, muskulöser etwa 60 Jahre alter Mann erzählte mir, daß er nicht viel Hoffnung für die Zukunft hätte. Wie in so vielen anderen Branchen, die von den Großunternehmen beherrscht würden, gäbe es nur noch wenige junge Leute, die den Familienbetrieb ihrer Eltern übernehmen wollten.

Auch ein anderer alter Fischer, dessen Gesicht so zerklüftet war wie die Felsbuchten, in denen er angelt, meinte, daß das Leben hart wäre, weil sich die Quotenregelung gegen das Geschäft der Kleinen wendet, während die Großen ungestraft wegkämen. Auch würden die Fischgründe dezimiert, da sogar die winzigsten Fischchen zur Fischmehlbereitung herausgeholt würden.

Die Fischer erzählen gerne, auch wenn man keine Kaufabsicht hegt. Vier ältere Männer sitzen auf einer Bank als ob sie nie wieder aufstehen wollten. Sie scheinen nichts zu vermissen und malen sich die gebratenen Fische aus, die es nicht zum Mittagessen gibt. Frauen aus dem alten Viertel neben dem

Hafen genießen plaudernd die Morgensonne. Und so sehr die Fischer auch jammern mögen – um die Mittagszeit haben sie alle ihren Fang verkauft. Dieser Markt zieht Käufer an, die wissen, was sie wollen. Die Produkte sind teuer, aber frischer als auf der Straße nach Estaque. Die Fische leben noch, mit angsterfüllten Augen und gekrümmten Leibern zeigen sie ihre Qual.

Hier kauft auch Jean-Michel Minguella, der Besitzer des Restaurants *Miramar* seine Zutaten ein. Sein Restaurant bietet neben vielen anderen Köstlichkeiten die vielleicht beste und sicher auch teuerste Bouillabaisse im Hafenviertel an. Wenn die Nachfrage nach Qualität bestehen bleibt, haben auch jene, die sie liefern, eine Chance.

Thon à la Chartreuse
Thunfisch mit Tomaten und Zitrone

Beide Rezepte stammen von Erick Vedel.

4 PORTIONEN

700 g frischer Thunfisch

3 Teelöffel Olivenöl

200 g Zwiebeln, halbiert und in Scheiben geschnitten

500 g Tomaten, jeweils in 8 Segmente geschnitten

1/2 Zitrone, in dünne Scheiben geschnitten

2 Lorbeerblätter, zerrieben

1 kleine Chilischote, halbiert und entkernt

200 ml trockener Weißwein

Den Backofen auf 180 °C (Gas Stufe 4) vorheizen.

Den Fisch von der Haut lösen, entgräten und in 2,5 cm dicke Scheiben schneiden. Öl in eine Kasserolle geben und mit einem Drittel der Zwiebeln, dem Thunfisch und einigen Tomaten, wieder Zwiebeln, einigen Zitronenscheiben und Lorbeerblättern belegen. Es folgt eine weitere Schicht Thunfisch und die restlichen Zutaten. Mit Weißwein aufgießen und mit Wasser ergänzen, bis der Fisch bedeckt ist.

Zudecken und bei mittlerer Hitze zum Kochen bringen, dann die Hitze reduzieren und köcheln lassen oder die Kasserolle etwa eine Stunde in den Backofen stellen. Wenn nötig, etwas nachsalzen. Das Gericht kann warm oder kalt serviert werden.

La Quinquebine
Kabeljau mit Lauch

Morue (Kabeljau), ein Freitagsgericht aus der Camargue, wurde in der Region sehr populär, da es eines der wichtigsten Zahlungsmittel war, das die Salzhändler der Camargue von den Fischern am Atlantik erhielten.

4 PORTIONEN

450 g Kabeljau, über Nacht eingeweicht

4 Eßlöffel Olivenöl

2 Zwiebeln, in Ringe geschnitten

4 Stangen Porree mit etwas Grün, der Länge nach gespalten und in 2,5 cm lange Stücke geschnitten

2 Knoblauchzehen, gepreßt

3 Lorbeerblätter

1 Zweig Thymian (optional)

Frisch gemahlener schwarzer Pfeffer

Den Fisch waschen, abtropfen lassen und in einen Topf mit kaltem Wasser geben. Bis kurz vor dem Siedepunkt erhitzen, dann 5 Minuten pochieren. Den Fisch abtropfen lassen, enthäuten und entgräten und in dünne Scheiben schneiden.

Öl in einer Kasserolle erhitzen, Zwiebeln und Porree hinzufügen, und zugedeckt 10 Minuten weichdünsten. Kabeljau, Knoblauch und Kräuter dazugeben und weitere 5 Minuten dünsten. Vor dem Servieren mit schwarzem Pfeffer würzen.

BORDEAUX & TOULOUSE

Einkauf in zwei Städten

Frankreich ohne seine Märkte ist schwer vorstellbar. In diesen beiden unterschiedlichen Städten bieten bunte Straßenmärkte und Markthallen hohe Qualität und Auswahl.

Die Straßen französischer Städte werden von unzähligen Läden gesäumt, die alles mögliche, nur keine Nahrungsmittel anbieten. Wo kauft man eigentlich ein? Die riesigen Supermärkte vor der Stadt sind nur mit einem Privatfahrzeug zu erreichen. Bordeaux ist von Vorstadtmärkten umringt. Im Stadtzentrum hingegen bieten die Markthallen eine reiche Auswahl frischer Lebensmittel an, und da Bordeaux das Handelszentrum von Aquitanien ist, ist die Auswahl riesig und von höchster Qualität. Der Großteil der Waren stammt vom *Marché de Brenne,* einem Großhandelsmarkt, der unübersehbar die triste Gegend hinter dem Hauptbahnhof beherrscht, aber schwierig zu erreichen ist. Drei niedrige, jeweils etwa 500 Meter lange Schuppen beherbergen etwa 200 Obst- und Gemüsegroßhändler. Der Markt findet in den frühen Morgenstunden statt. Um acht Uhr ist alles bereits aufgeräumt und leer, nur eine handvoll Händler räumt noch die unverkauften Produkte für den nächsten Tag ein. Hier kaufen die Restaurantbesitzer der Region und Einzelhändler aller Art ihre Ware oder auch Blumen für die Tischdekoration ein. Händler, die ein paar Minuten die Hände frei haben, packen Suppengemüse für die Supermärkte ab.

Ganz in der Nähe befindet sich der sogenannte *Complexe de Viande* – der Fleischmarkt. Hier erhält man das feinste Fleisch und Geflügel Frankreichs: Milchlamm aus Pauillac, das von spezialisierten Züchtern von Hand aufgezogen wird, erlesenes Rindfleisch aus Bazas an der Grenze zur Gascogne. Unübertroffen sind auch die Freilandhühner von den Bauernhöfen in Landes und Chalosse.

Brenne ist nicht für den Privatkonsumenten gedacht. Zwar gibt es in Bordeaux einige kleine Straßenmärkte, aber die meisten Einheimischen kaufen in den Markthallen, etwa in *Les Capucins* am südlichen Stadtrand, in der Nähe der Kirchen St. Croix und St. Michel, ein. Mit drei Gebäudetrakten ist dies die weitaus größte Markthalle, die überdies ein bequemes Parkhaus besitzt. In der kleinsten Halle befindet sich ein Cash-and-Carry-Markt für Großeinkäufer. Hier bekommt man alle Arten von Kochutensilien, Tischdecken und Servietten, aber auch Nahrungsmittel: Konserven mit *confits de canard,* die zwölf eingemachte Fleischstücke der Ente enthalten, Tomaten-Konserven zu fünf Kilogramm, riesige Säcke mit Brotwürfeln, Säcke mit Gartenbohnen und Edelkastanien, mit denen man

ein Leben lang auskommt, Essigsorten, Fischsuppen, mit denen man die ganze Fastenzeit das Auslangen findet, Saucen aller Art: hollandaise, béarnaise, Teufelssauce, Jägersauce, Weine, Fisch- und Fleischwaren, Halbgefrorenes, getrocknete Steinpilze in Säcken zu einem halben Kilogramm, Oliven und Essiggurken und grüne *sarments de vigne (*Weinranken) für das Barbecue.

Für den täglichen Einkauf interessanter sind die Gebäude gegenüber. Eines ist hauptsächlich auf Geflügel und Fleisch spezialisiert, bietet aber auch Blumen und Gemüse an. Im anderen herrscht mehr Betrieb, hier liegt der Schwerpunkt auf Fisch. Die Auswahl ist unglaublich: glänzende schwarze Miesmuscheln jeder Größe, Krabben, jene Venusmuscheln, die *palourdes* genannt werden; *amandes* und *bulots*, die auch Meerohren heißen; des weiteren Riesengarnelen, Kalmare, Herzmuscheln und Shrimps – diese Auswahl an Schalentieren würde die meisten Fischhändler beschämen. Es gibt Stände, die ausschließlich Austern aus der Umgebung von Arcachon anbieten. Je nach Jahreszeit findet man auch Marktstände, die frische Pilze verkaufen.

Die Gemüsehändler offerieren ein farbenprächtiges Sortiment an Saisongemüse, das preislich etwas über dem Angebot eines Wochenmarktes in einer typischen Kleinstadt liegt. Im Juni macht einem die Auswahl an Früchten den Mund wässrig: gelbe oder weiße Pfirsische zu Dumpingpreisen,

winzige, duftende Walderdbeeren, feste, saftige Kirschen – die dunkelroten, herzförmigen werden *burlats* genannt – und Charentais-Melonen mit orangefarbenem Fruchtfleisch aus Roussillon.

Am *Place de la Victoire* geht der Markt ins Freie über. Hier kauft man am preisgünstigsten ein, wenngleich man vielleicht größere Mengen erwirbt als man braucht. In der warmen Junisonne kommt zwischen den Budenbesitzern rascher eine freundschaftliche Atmosphäre auf als in den überdachten Markthallen.

Sehen wir uns zum Vergleich den *Marché Victor Hugo* an, der weiter nördlich, näher dem Stadtzentrum liegt. Hier ist, wie ein Händler formulierte «jeder Marktstand individuell, jeder Händler versucht, sich von den anderen zu unterscheiden». Atmosphäre und auch Preise sind Welten von *Les Capucins* entfernt. Dies ist ein gehobenes Einkaufszentrum für die Reichen, die im Stadtzentrum leben und arbeiten. Die Fischstände stehen nicht auf nassem Beton, sondern auf

Bordeaux: *links:* **Brenne;** *oben:* **Capucins;** *rechts:* **Victor Hugo**

66 MÄRKTE UND FESTE IN SÜDFRANKREICH

klinisch weißem Marmorboden, Abfälle scheint es nicht zu geben. Die Konkurrenz ist groß: vier Obst- und Gemüsestände, die Produkte höchster Qualität anbieten, vier Fleischhändler, die zum Teil von auswärts kommen. Georges Millepied ist auf Delikatessen aus dem Baskenland spezialisiert, Paul Berdeu hat herrliches Geflügel aus Chalosse und Béarne im Angebot. Monsieur Borgiovanni verkauft Kalbfleisch aus der Gascogne sowie Lamm aus Pauillac, Jean-Pierre Dumartin ist auf Bayonne- und Serrano-Schinken spezialisiert.

Einer der beiden Fischstände wird von Régine und Jocelyne geführt, die weiße Spitzenschürzen in ländlichem Stil tragen (siehe Foto unten). Die eine lockt die Besucher mit einer bemerkenswerten Edith-Piaf-Imitation an und singt sehnsüchtig vom Pariser Leben, während die andere dem Geschäft nachgeht und eine Scholle filetiert. Auch hier gibt es einen köstlichen Austernstand, einen Blumenverkäufer, der farbenprächtige Gladiolen und Lilien verkauft, die unvermeidliche *viennoiserie* und zum Glück auch eine Bar, um die müden Füße auszuruhen und sich ein kühles Glas *Stella* zu genehmigen. Der *Marché Victor Hugo* mit Aircondition und unterirdischem Parkplatz deckt zwar Bedürfnisse ab, ist aber keinesfalls ein Ort, um günstig einzukaufen.

Ähnliches gilt für den *Marché Grands Hommes* mit seinen Rolltreppen und gläsernen Liften. Er präsentiert sich als Miniaturausgabe eines Einkaufsviertels in der Nähe der Oper und erstreckt sich über drei Stockwerke. In den beiden oberen befinden sich Boutiquen: ein Laden mit Orientteppichen, ein Architekturstudio, ein Schönheitssalon sowie die üblichen

Designer-Shops. Es gibt Cafés, in denen die feine Gesellschaft verkehrt, aber keine Toiletten. Das unterste Stockwerk, eine Art Tiefgeschoß, ist für Nahrungsmittel reserviert und ebenso durchgestylt wie das restliche Gebäude. Bei den Fleischständen entdeckt man auch Filialen von Bizac aus Périgueux und Les Ducs de Gascogne aus Gimont; die Fleischer bieten verschiedene verführerische Köstlichkeiten zu Preisen an, neben denen der *Marché Victor Hugo* günstig erscheint. Ein exklusives Kaffeegeschäft verkauft auch Gewürze, wenngleich man sicher Schwierigkeiten hätte, in diesem Gebäude etwas so Gewöhnliches oder Notwendiges wie Salz zu finden.

Während Bordeaux von einer Aura vergangenen Ruhmes umgeben ist, strahlt Toulouse Vitalität und Wachstum aus. Sogar während der Krise hatte man das Gefühl von Expansion und Prosperität. Der vibrierende Kosmopolitismus der Stadt spiegelt sich in den Eßgewohnheiten wider. Durch die günstige Lange zwischen dem Languedoc und der Gascogne genießt Toulouse das Beste beider Regionen. Östlich an der *Autoroute des Deux Mers* macht Toulouse Castelnaudary und Carcassone mit seiner Version des *cassoulet*, des berühmten französischen Bohneneintopfes, Konkurrenz, im Westen hingegen, in der Nähe der Gascogne, profitiert die Stadt von den herrlichen Gänsen und Enten. Da es Zentrum der Schweinefleischproduktion im Südwesten ist, wurde auch eine Wurst nach Toulouse benannt. Obst und Gemüse werden von den fruchtbaren Plantagen und Gärten des Garonne-Beckens bezogen, wo sämtliche Sorten für Märkte der ganzen Welt *en primeur* angebaut werden. Die besten Fische aus dem Atlantik und dem Mittelmeer stehen zur Verfügung.

Oben: **Grands Hommes, Bordeaux**

Die große Vielfalt der in Toulouse erhältlichen Nahrungsmittel findet man, außer in der Vorstadt und in einigen Feinkostläden, im Zentrum, nicht in den Geschäften. Die Nahrungsmittel für den Alltag werden in den Straßen ge- und verkauft und auch in den ausgezeichneten Markthallen *Victor Hugo* und *Les Carmes*. Am linken Flußufer, am Beginn der Avenue Etienne Billières, unmittelbar neben der Metrostation St. Cyprien-République, befindet sich ein attraktiver Freiluftmarkt. Das bei weitem größte Angebot von Produkten findet sich jedoch am anderen Flußufer, entlang des Boulevards de Strasbourg, nördlich des Place Jeanne d'Arc. Dieser Markt erstreckt sich etwa 750 Meter nach Norden und bietet fast ausschließlich Obst und Gemüse an; daneben gibt es vereinzelte Fleisch- und Gewürzbuden sowie Stände mit Milchprodukten. Die Verkäufer sind professionelle Straßen-

---

Während sich Bordeaux auf seinen historischen Verdiensten auszuruhen scheint,

vibriert Toulouse (siehe gegenüber) vor Energie. Durch die perfekte Lage bekommen

die Bewohner die besten Produkte des Südwestens.

händler, die mehrmals die Woche hier ihre Waren anbieten, die sie im Großhandel oder direkt bei den Bauern einkaufen. Es heißt zwar, daß die Zahl der Straßenhändler in Frankreich sinkt, auf dem Boulevard de Strasbourg hat man jedoch nicht diesen Eindruck.

Toulouse ist die Heimatstadt von einem der drei berühmten *cassoulets*, weshalb man hier natürlich getrocknete weiße Gartenbohnen, Kokosnüsse, *soissons*, *vendée*, rote Bohnen und Michelet-Bohnen findet sowie die cremefarbenen Bohnen aus Tarbes, die die höchsten Preise erzielen. Man findet auch weißen, malvenfarbigen und den hübschen rosafarbenen Knoblauch aus Lautrec. Die Küche mit Produkten der Saison genießt einen hohen Stellenwert, das beweisen Paprika aller Farben, grüne und rote Chilischoten und die rote Espelette-Chilischote (siehe Seite 164). Es gibt Kartoffeln für jeden Zweck: die Sorten Nicola und Bea aus Großbritannien, Binte und Mona Lisa aus dem Norden sowie Roseval- und Charlotte-Salatkartoffeln aus Noirmoutier an der Atlantikküste; des weiteren findet man Eiertomaten, die höckrigen Marmande-Tomaten, die üblichen runden Tomaten und solche, die einfach nur nach dem Herkunftsland benannt sind. Am Olivenstand werden etwa zwei Durzend verschiedener Sorten angeboten, mit Füllungen und Gewürzen in jeder erdenklichen Geschmacksnote.

Ab dem Spätfrühling bieten Pilzhändler Pfifferlinge und Morcheln an, im Herbst gibt es Steinpilze jeder Größe und Qualität oder auch exotischere Sorten, wie die grauen *tricholomes* aus dem Loiretal, die sogenannten *equestres* mit gelben Lamellen und die Totentrompeten, jene Sorte, die von unverschämten Händlern oft als Trüffeln ausgegeben werden.

Fleisch und Fisch besorgt man am besten in den Markthallen an der *Place des Carmes* oder auf dem *Marché Victor Hugo*. Letzterer, seinem Namensvetter in Bordeaux nicht unähnlich, ist allerdings viel größer und wartet im ersten Stock auch mit einigen Restaurants auf, wo sich müde Einkäufer mit preisgünstigen, frisch zubereiteten Gerichten stärken können.

Bettys Käsestand in Toulouse

Auf dem *Marché Victor Hugo* gibt es nicht weniger als zwölf Fischhändler. Einer von ihnen, Bellocq, ist auch der Besitzer des *Attila*, des besten Restaurants im ersten Stock, wo man spätestens Viertel vor zwölf auftauchen muß, um einen Tisch zu bekommen. In diesem Teil des Marktes erhält man sämtliche Meeresfrüchte: Kraken, Tintenfische und *chipiron*s, um nur einige zu nennen, alles was man für eine mediterrane Bouillabaisse oder eine baskische *ttoro* (siehe Seite 169) benötigt sowie Berge von Scampi, Riesengarnelen, Seespinnen, riesige Einsiedlerkrebse, Langusten und Hummer. Die Frische der Produkte ist noch erstaunlicher als die Vielfalt.

Es gibt nicht weniger als 21 Fleischer, von denen zwei ausschließlich auf Lamm spezialisiert sind, Kaldaunenhändler und Geflügelspezialisten, Wildhändler, bei denen man frische Fasane und Rebhühner bekommt (die in Frankreich selten sind) oder Tauben, aus denen sich mit Rotwein und Armagnac ein köstliches *salmis* (Ragout) zubereiten läßt.

Es gibt Spezialläden für Pasta und Blumen und einen portugiesischen Einzelhändler, der nur Produkte aus seinem

Heimatland anbietet, und der an die vielen Familien erinnert, die von der Iberischen Halbinsel nach Frankreich emigrierten, um Arbeit zu finden. Man findet auch einen seriösen Weinhändler, der Weine aus dem nahen Fronton und der Côtes de Gascogne verkauft sowie etliche Bars.

Unwiderstehlich sind auch die Käsestände, vor allem jener von Betty. Betty, blond und immer in makelloses Weiß gekleidet, ist eine der originellsten Persönlichkeiten auf dem Markt. Sie hat zwei- bis dreihundert Käsesorten lagernd, die alle von den besten Produzenten des Landes kommen. Ihr Roquefort wird von Carles extra für sie gereift. Sie importiert auch aus anderen europäischen Ländern: Stilton aus England, Mozarella und Ricotta aus Italien. Sie meint, daß sie gerne mehr davon hätte, aber die Produzenten würden durch den Bürokratismus aus Brüssel abgeschreckt. Ihre ganze Familie beschäftigt sich mit kulinarischen Genüssen, und Betty ist stolz, daß ihre Tochter in Montpellier Önologie studiert.

Wenn Ihnen noch eine Zutat für den Sonntagsbraten fehlt: Die Fleischhändler auf dem *Victor Hugo* werden Sie sicherlich zu köstlichen Exravaganzen verführen, da der Markt auch am Sonntagvormittag geöffnet hat.

Hier kann man ohne Schwierigkeiten für ein mehrgängiges Gourmetmenü einkaufen. Wenn Ihre Ambitionen und Geldmittel bescheidener sind oder Ihnen eher nach einem Picknick vor der Stadt zumute ist, sollten Sie den großen Platz vor der Kathedrale von St. Sernin aufsuchen, wo jeden Sonntagvormittag ein Markt stattfindet. Auch wenn Sie nicht in Kauflaune sind, ist ein Besuch ein Muß, wenn Sie romanische Kirchenarchitektur mögen.

Der schönste Platz der Stadt ist der *Place du Capitole*, das Zentrum von Toulouse, von wo aus man den besten Blick auf die rosafarbenen Ziegelhäuser der Altstadt hat. Hier gibt es zahlreiche Cafés, in denen man nach dem Einkaufen eine vergnügliche Stunde verbringen kann, indem man die Passanten beobachtet.

An manchen Tagen verkaufen auch Bauern die vom Land anreisen Käse oder andere selbstgemachte Produkte auf der *Place du Capitole*. Sollte Ihnen Ariège-Käse aus Bethmale oder Moulis angeboten werden, lassen Sie sich die Chance nicht entgehen! Die echten Produkte vom Bauernhof sind gar nicht leicht zu bekommen.

Ragoût d'asperges
Spargelragout

4 PORTIONEN
32 dünne grüne Spargelspitzen
500 ml Hühnerfond
1 große Zwiebel, feingehackt
2 Teelöffel Gänse- oder Schweinefett
150 g Bauchspeck, in Würfel geschnitten
2 Teelöffel Mehl
Salz und Pfeffer
1 Prise Muskat

Den Spargel reinigen und schälen, die Spitzen abkappen und beiseitelegen. Die Stiele im Fond etwa 30 Minuten köcheln lassen, dann abseihen und die Brühe beiseitestellen.

In einer weiten Pfanne die Zwiebel im Fett weichdünsten. Den Speck dazugeben und weitere 15 Minuten dünsten. Das Mehl untermischen, dann für die Sauce nach und nach die Brühe einrühren. Die Spargelspitzen hinzufügen und in der Sauce etwa 12 Minuten pochieren, bis sie gar, aber noch fest sind. Würzen, den Muskat darüberreiben und das Ragoût entweder als Hauptgericht oder zu gebratenem Geflügel servieren.

Huîtres au gratin
Austern mit Käse überbacken

4 PORTIONEN

24 geöffnete Austern, in der tieferen Schalenhälfte liegend

110 g frische Brotkrumen

4 Teelöffel Milch

5 Schalotten, fein gehackt

Salz und Pfeffer

200 g geriebener Käse, *Cantal* oder *Cheddar*

Den Backofen auf 230 °C (Gas Stufe 8) vorheizen.

Die Austern samt den Schalen in eine flache Gratin-Pfanne, in der alle nebeneinander Platz finden, setzen. Die Brotkrumen in Milch einweichen und die Schalotten hinzufügen. Diese Mischung über die Austern geben. Beim Würzen die Salzigkeit des Käses berücksichtigen. Mit dem Käse bestreuen und etwa 7 Minuten backen, bis der Käse knusprig ist. Heiß mit Landbrot und einem herben Weißwein servieren.

Moules à la bordelaise
Muscheln auf Bordeaux-Art

4 PORTIONEN

2 kg Miesmuscheln

60 g Butter

75 g Schalotten, gehackt

4 Tomaten, geschält, entkernt und fein gehackt

300 ml trockener Weißwein

3 Teelöffel frische Brotkrumen

1/2 TL *piment d'Espelette* oder eine Paprika-Cayenne-Mischung

2 Teelöffel gehackte Petersilie

Die Muscheln unter fließendem Wasser säubern und entbarten, alle leicht geöffneten entfernen.

Die Hälfte der Butter in einer Pfanne erhitzen, die Schalotten dazugeben und bei geringer Wärmezufuhr weichdünsten. Die Tomaten hinzufügen und beiseitestellen.

Die Muscheln mit dem Wein in einen großen Topf geben. Zugedeckt bei hoher Hitze ein paar Minuten auf den Herd stellen, gelegentlich gut durchschütteln. Sobald sich die Muscheln zu öffnen beginnen, den Topf vom Herd nehmen, die leeren Schalenhälften entfernen, die vollen auf einer Platte servieren.

Für die Sauce die Garflüssigkeit der Muscheln in die Schalotten-Tomaten Mischung abseihen und die Brotkrumen, den *piment d'Espelette* und die restliche Butter einrühren.

Langsam erneut erhitzen, die Sauce über die Muscheln gießen und mit Petersilie bestreut sofort servieren.

Lotte à la gasconne
Quappe auf Gascon-Art

4 PORTIONEN

2 Quappenschwänze, im Ganzen etwa 450 g oder filetiert 350 g

2 Teelöffel Mehl

50 g Butter

2 Teelöffel Speiseöl

100 g Champignons, halbiert oder geviertelt

1 große Knoblauchzehe, zerdrückt

1 Teelöffel Tomatenmark

120 ml mitteltrockener Weißwein

1/2 Teelöffel Armagnac

Salz und Pfeffer

1 Eßlöffel gehackte Petersilie

Den Fisch enthäuten und filetieren. In 5 cm große Stücke schneiden und im Mehl wenden.

Butter und Öl in einer Bratpfanne bei mittlerer Wärmezufuhr erhitzen. Dann den Fisch, die Champignons und den Knoblauch hinzufügen. Den Fisch gelegentlich wenden, dann Tomatenmark, Wein und Armagnac hinzufügen. Die Hitze reduzieren, umrühren und abschmecken.

Langsam weitere 5 Minuten kochen – nicht zu lange, damit der Fisch nicht zäh wird. Mit gehackter Petersilie bestreuen und mit Reis servieren.

Poulet en cocotte Tzouano
Hühner-Kasserolle Languedoc

4 PORTIONEN

1 Junghuhn, etwa 1,3 kg schwer

Salz und Pfeffer

5 große Knoblauchzehen

1 *bouquet-garni*

1 Eßlöffel Gänsefett

5–6 Scheiben Bauchspeck oder durchwachsenen Rohschinken

12 Jungzwiebeln, geschält

125 g Wildpilze

1 Eßlöffel gehackter Schnittlauch

1 Glas trockener Weißwein

55 ml Hühnerfond

12 kleine, gesäuberte Frühkartoffeln (nußgroße Stücke)

1 Eßlöffel Butter

1 Eßlöffel Mehl

Den Backofen auf 170 °C (Gas Stufe 3) vorheizen.

Das Huhn innen und außen würzen. Mit ungeschälten Knoblauchzehen und *bouquet-garni* füllen und dressieren.

Das Gänsefett in einer großen Kasserolle erhitzen und das Huhn von allen Seiten anbraten. Das Geflügel herausnehmen und den gewürfelten Bauchspeck hineingeben. Wenn er Farbe angenommen hat, Jungzwiebeln und Pilze hinzufügen. Ein paar Minuten dünsten, den Schnittlauch dazugeben, mit Weißwein und Fond aufgießen und das Huhn darauflegen. Zugedeckt etwa 40 Minuten im Backofen braten.

Die Kartoffeln dazugeben und weitere 10 Minuten braten, dann Huhn, Knoblauch und *bouqet-garni* entfernen. Den Knoblauch schälen und mit Butter und Mehl zu einem Püree zerstoßen. In den Bratensaft der Kasserolle geben, umrühren und das Hühnchen wieder hineingeben. Die Sauce extra servieren.

Selle d'agneau de Pauillac
Lammrücken à la Pauillac

8 PORTIONEN

1 Lammrücken von einem Pauillac-Lamm

Pflanzenöl

Salz und Pfeffer

150 g Butter

1 kg Kartoffeln, geschält und in dünne Scheiben geschnitten

250 g Stein- oder Wildpilze, in dünne Scheiben geschnitten oder 75 g getrocknete, eingeweichte Steinpilze

150 g Brotkrumen

4 Eßlöffel gehackte Petersilie

4 Knoblauchzehen, gehackt

Den Backofen auf 220 °C (Gas Stufe 7) vorheizen.

Das Lamm mit Öl einreiben und kräftig würzen. Eine große Gratin-Pfanne mit Butter ausfetten und abwechselnd mit einer gewürzten Schicht Kartoffeln und Pilzen belegen.

Den Lammrücken auf das oberste Einschubgitter des Ofens legen, die Gratin-Pfanne unmittelbar darunter, damit der Bratensaft auf das Gemüse tropft. 30 Minuten braten.

Die restliche Butter schmelzen und mit Brotkrumen, Petersilie, Knoblauch und Salz vermischen. Das Lamm mit dieser Mischung einreiben und weitere 20 Minuten in den Backofen schieben.

Das Lamm aus dem Backofen nehmen und an einer geeigneten Stelle warmhalten. Die Kartoffeln im Backofen noch etwa 15 Minuten bräunen.

UZÈS & LAUTREC

Die göttliche Knolle

Es gibt kaum einen Dorfladen in Südfrankreich, der keinen Knoblauch lagernd hat, und auch auf allen Märkten gibt es ein reichhaltiges Angebot der wichtigsten Anbausorten: den milden, weißen, saftigen, meist preisgünstigsten Jungknoblauch, den Knoblauch mit violetter Haut, der am verbreitetsten, scharf im Geschmack und lange haltbar ist, und schließlich die dritte und teuerste Sorte, den rosaroten Knoblauch aus Lautrec. Wildknoblauch, der winzig klein und erstaunlich scharf ist und in der bäuerlichen Küche bevorzugt wird, ist schwer erhältlich und nur an den Ständen mancher Kleinhändler zu bekommen.

Knoblauch ist das charakteristischste Gewürz der südfranzösischen Küche, wobei er nicht immer in großen Mengen verwendet wird, sondern manchmal auch nur andeutungsweise – indem man etwa eine Salatschüssel mit einer Zehe ausreibt, bevor man den Salat hineingibt. Doch wer kann sich eine saftige Lammkeule vorstellen, die vor dem Braten nicht mit Knoblauch gespickt wird, oder ein *cassoulet* ohne ein paar Knoblauchzehen, die das üppige Gericht bekömmlicher machen? Und wäre *aïoli* ohne Knoblauch nicht nur eine einfache Mayonnaise?

Knoblauch sollte allerdings mit Vorsicht verwendet werden. In einer südländischen Küche werden Sie nie eine Knoblauchpresse finden. Die durch das Pressen freigesetzten Öle oxidieren und beeinträchtigen den Geschmack des Knoblauchs und des Gerichtes. Geben Sie statt dessen, wie es Erick Vedel, der provenzalische Koch aus Arles empfiehlt, einen Teelöffel Zitronensaft mit einer Prise Salz auf ein Brett und zerdrücken Sie die Knoblauchzehen mit den Zinken einer Gabel oder mit dem Messerrücken. Der Zitronensaft verhindert, daß der Knoblauch oxidiert oder bei Rohgenuß eine Magenverstimmung hervorruft. Erick empfiehlt auf diese Weise pürierten Knoblauch auch als Füllung für Avocados.

In den Hauptanbaugebieten gibt es eigene Märkte für Großhändler und Restaurants, aber auch für private Käufer. In Uzès trifft man bisweilen auf einen Käufer, der von einem ganzen Dorf beauftragt wird, Knoblauch für alle Bewohner einzukaufen. In Uzès gibt es eine fröhliche Veranstaltung, die am letzten Tag der traditionellen Hochsommerfestlichkeiten Ende Juni stattfindet. Im kreisförmig angelegten, mittelalterlichen Zentrum der Stadt läßt sich unter den Platanenbäumen wunderbar verweilen und in Gesellschaft von Knoblauchhändlern ein Glas kühlen Weines genießen. Der Großteil der Aktivitäten findet am Westrand der Stadt, unmittelbar vor dem Fremdenverkehrsbüro statt. Wer dort nach dem Knob-

«Das Glück ist dort zu Hause,

wo man mit Knoblauch kocht.»

Marcel Boulestin

Juni/August

lauchmarkt fragt, erhält vermutlich in der typisch *gut* informierten Art derartiger Organisationen eine Antwort wie: «Welcher Knoblauchmarkt?»

Es gibt meist etwa 20 Stände, welche sich unter unglaublichen Bergen von Knoblauch biegen, die, an den Stielen lose zu einem Zopf zusammengebunden, angeboten werden.

Guy Champetier, ein Winzer und Knoblauchpflanzer, stammt aus Beaulieu im benachbarten Département Ardèche. Sein Marktstand befindet sich auf dem von Bäumen be-

schatteten Platz zwischen den beiden Hauptadern der Avenue de la Libération. Er präsentiert seine Produkte halbkreisförmig angeordnet auf einem Gerüst, das nicht weniger als 2 000 Kilogramm Knoblauch trägt. Die Händler kennen ihn alle und tragen Unmengen von Knoblauch in schwarzen Säcken, die Müllsäcken gleichen, von seinem Stand weg.

Weitere Knoblauchmärkte (siehe Anhang Seite 180) gibt es in Piolenc, nicht weit von Uzès, wo man auf Zwillingszöpfe spezialisiert ist. Ein anderer großer Markt findet im östlichen

DIE GÖTTLICHE KNOLLE   75

Beim Knoblauch sind zwei Köpfe besser als einer.

Hügelland der Gascogne, wo die Hänge allmählich in das Garonne-Tal abfallen, in Cadours statt. Der attraktivste aller Märkte ist jedoch im Département Tarn zu finden.

Jeden ersten Freitag im August hält das Dorf Lautrec seinen Knoblauchmarkt ab, ein Ereignis, das Hunderte Besucher – Einwohner, Bauern und Urlauber – anzieht. Lautrec liegt 15 Kilometer von Castres entfernt, spektakulär im Vorgebirge mit einem weiten Blick über die Ebene. Von Westen kommend genießt man am frühen Morgen die romantische Aussicht über die Windmühlen der Stadt, deren Silhouetten sich im Nebel gegen die Sonne abheben.

Der Markt ist eine Werbeveranstaltung, bei welcher der in dieser Region kultivierte rosafarbene Knoblauch propagiert und verkauft wird. Seine Qualitäten liegen, abgesehen von seinem anziehenden Äußeren – die Schale ist von rosaroten Streifen durchzogen – im Geschmack und in der langen Haltbarkeit. Er läßt sich länger als weiße oder violette Sorten einlagern. Dies beruht, wie Dr. François Delga, Bürgermeister von Lautrec und Senator von Tarn erklärt, auf dem höheren Zucker- und niedrigeren Wassergehalt, was wiederum auf die lokalen Anbaubedingungen zurückzuführen ist. Rosafarbener Knoblauch hält bis zu einem Jahr, nach einer guten Saison auch länger. Es gibt beim Knoblauch also offensichtlich ebenfalls Jahrgänge wie beim Wein.

Docteur Delga ist ein hartnäckiger Verteidiger der medizinischen Qualitäten des Knoblauchs. Die Kinder von Lautrec lernen in der Schule, daß er ein Stimulans ist. Angeblich wurde schon beim Bau der Pyramiden Knoblauch gekaut. Unsere Vorfahren verwendeten ihn als Insektizid und hängten ihren Kindern Ketten aus Knoblauchzehen um den Hals, um Fliegen fernzuhalten. Die verdauungsfördernden Eigenschaften sind seit jeher bekannt, neuerdings gilt er aufgrund seiner die Durchblutung anregenden Eigenschaften als vorbeugend für Herz-und Gefäßerkrankungen.

Rosafarbener Knoblauch wird auch industriell in der Papier- und Klebstoffherstellung verwertet, was aber einer Verschwendung seiner wertvollen kulinarischen Eigenschaften gleichkommt. Er mag geringfügig teurer sein als andere Sorten, ist den Preis aber wert, da die Zehen, wenn sie an einem kühlen Ort gelagert werden, den ganzen Winter über halten und vor allem, weil man damit die köstliche *soupe à l'ail rose de Lautrec* (siehe Seite 78) zubereiten kann.

4000 Tonnen Knoblauch werden pro Jahr von 300 Produzenten auf 1000 Hektar von den zehn Gemeinden des Bezirks Lautrec und den acht Nachbargemeinden produziert, das sind zehn Prozent der französischen Gesamtproduktion. 200 dieser Produzenten gehören einem Konsortium zum

Schutz der regionalen, rosafarbenen Knoblauchsorte an, die, wie die Legende erzählt, spanische Handelsreisende im 17. Jahrhundert als Bezahlung für Kost und Logis in Lautrec verwendeten.

Eine ähnliche Gruppierung – SICAIL – wurde gegründet, um aus dem rosaroten Knoblauch neue Sorten zu züchten. Die Forscher produzierten zwei neue Klons, *goulurose* und *iberose*, wobei letzterer sich aufgrund seiner kräftigen Blütenstengel sehr gut für das Flechten von Zöpfen, die hier *manouilles* genannt werden, eignet.

Lautrec gilt heute als IGP (*Indication Géographique Protégée*) und darf das sogenannte *Label Rouge de Qualité*, eine Qualitätsgarantie, verwenden. Die Bauern sind bei der Werbung für ihr Produkt nicht zimperlich; die Besucher bekommen zum Beispiel einen Aufkleber mit der Aufforderung «*Nein zu Knoblauch aus China*» angeboten.

Obwohl Knoblauch auch auf dem wöchentlichen Freitagsmarkt in Lautrec angeboten wird (von der letzten Juliwoche bis Ende März ab acht Uhr morgens – früh hingehen!), ist der Markt Anfang August etwas Besonderes. Dort findet auch der jährliche Wettbewerb der Knoblauchzüchter statt. Jeder Teilnehmer muß 30 seiner 1-Kilogramm-Zöpfe abgeben, die nach Knollengröße, Farbe, Einheitlichkeit und Erscheinungsbild beurteilt werden. Das Binden ist eine Kunst für sich und wird von der Familie Carayol mit großer Begeisterung demonstriert. Der Großvater bearbeitet die Knollen, Geneviève flicht die Zöpfe, und ihr Ehemann Michel sammelt Geld von den Zuschauern ein.

Am zweiten Wettbewerb können theoretisch alle Personen teilnehmen. Prämiert wird die schönste künstlerisch gestaltete Skulptur aus rosafarbenem Knoblauch. Es gibt meist nicht allzu viele Einreichungen. Gezeigt wurde etwa das Modell eines zwei Meter hohen Leuchtturms aus Knoblauchknollen oder eine Skulptur von Marie Antoinette in Originalgröße, deren rotes Kleid am Dekolleté mit Knoblauchknollen besetzt war.

Die Prämierung der Einreichungen findet morgens auf den Festungsanlagen statt, wo die Objekte ausgestellt sind. Nach der Beurteilung werden die Knoblauchsäcke oder -ketten zum Verkauf angeboten. Es werden auch Knoblauchsamen oder Landwirtschaftsmaschinen für begüterte Bauern angeboten.

Allzu bald ist es Mittag, und die Menge strömt zurück zum Marktplatz im Zentrum von Lautrec, wo Bänke im Schatten der Arkaden warten. Durch die Tore des überdachten Marktplatzes, der aus dem 15. Jahrhundert stammt, treten Männer, die riesige Suppenkessel tragen (Rezept siehe Seite 78). Die Besucher erhalten kostenlos von den Bauern einen Teller mit der köstlichen Lokalspezialität *soupe à l'ail rose de Lautrec* sowie ein Gläschen Rosé.

Nach der Mittagspause empfiehlt sich ein Spaziergang durch das hübsche Dorf oder ein Ausflug zur wunderbar restaurierten Windmühle hoch über dem Dorf. Auf jene, die auch den Abend in Lautrec verbringen, wartet ein gigantisches *cassoulet* und der übliche Ball.

Rugby-Spieler schwören auf Knoblauch.

L'aïoli
Pochierter Fisch mit Gemüse und Knoblauchmayonnaise

Es gibt zwei Versionen dieses Gerichtes. Die eine ist eine gewöhnliche Freitagsspeise, die andere ein traditionelles Festessen.

8 PORTIONEN
Knoblauchmayonnaise:
6–8 Knoblauchzehen
1 kräftige Prise Salz
4 Eigelb
600 ml Olivenöl
Zitronensaft (optional)

für das «gewöhnliche» aïoli:
1 kg Kabeljau, 24 Stunden eingeweicht
1 kg Frühkartoffeln, ungeschält, weich
750 g junge Möhren

für das «festliche» aïoli zusätzlich zu oben genannten Zutaten:
1 Dose präparierter Schnecken (etwa 24 Stück)
4–6 Eier, hartgekocht
450 g grüne Schnittbohnen
1 Blumenkohl
8 kleine Artischocken
450 g Rote Bete

Zuerst wird die Mayonnaise zubereitet – alle Zutaten müssen Zimmertemperatur haben. Die Knoblauchzehen mit etwas Salz zerdrücken, das Eigelb unterheben, dann unter ständigem Schlagen langsam nach und nach das Öl einrühren. Erst wenn sich das *aïoli* verdickt, darf das Öl rascher eingerührt werden. Die Masse sollte sehr dickflüssig werden. Nach Wunsch etwas Zitronsensaft dazugeben. Wenn die Mayonnaise gerinnt, in einer sauberen Schüssel mit einem anderen Eigelb neu beginnen und die geronnene Sauce Tropfen für Tropfen unter ständigem Schlagen einfließen lassen.

Den Kabeljau 5 Minuten pochieren. Die Schnecken in der Konservenflüssigkeit erhitzen und abseihen. Das Gemüse dämpfen und die Kartoffeln samt Schale, die Möhren der Länge nach geschnitten, den Blumenkohl im Ganzen, servieren. Fisch und Gemüse einzeln und die *aïoli*-Schale extra auftragen. Meist wird ein gekühlter Rosé aus der Provence dazu getrunken.

Soupe à l'ail rose de Lautrec
Suppe aus rosafarbenem Knoblauch

4 PORTIONEN
1 Liter Wasser oder Fond
4–8 Knoblauchzehen
55 g Fadennudeln
2 Eßlöffel Senf
2 große oder 4 kleine Eier, getrennt
Salz und Pfeffer
200 ml Sonnenblumenöl

Das Wasser oder den Fond zum Kochen bringen, den gepreßten Knoblauch und die Nudeln hineingeben und etwa 7–10 Minuten köcheln lassen.
Inzwischen Senf, Eigelb, Salz und Pfeffer mixen und nach und nach das Sonnenblumenöl hineinschlagen, bis sich die Mischung verdickt.

Die Knoblauchbrühe etwas abkühlen lassen, dann das Eiweiß hineinschlagen. Die Mayonnaise mit einer Schöpfkelle Brühe verdünnen, dann langsam in die Suppe einrühren.

Abschmecken und mit frischem Landbrot servieren.

BUIS-LES-BARONNIES

Himmlische Düfte

Lindenbäume verschiedener Art wachsen in ganz Europa, aber nur das Klima der nördlichen Provence ist ideal für die stark duftende Sorte *tilia platyphllos*. Vor allem in dem kleinen Landstrich Les Baronnies, zwischen dem Fluß Eygues und dem Mont Ventoux, hat sich die Ernte der Lindenblüten zu etwas ganz Spieziellem entwickelt. Die hier wachsende Sorte wird nach einem der Dörfer der Gegend *bénivay* genannt.

Die erste Frage der Uneingeweihten lautet: «Was tut man mit Lindenblüten?» In alten Rezepten ist nachzulesen, wie man sie zum Süßen von Teigen, Konfekt und Eis verwendet. Sie sind auch Bestandteil mancher Parfums. In erster Linie werden die Blüten aber heute für Lindenblütentee, der in Frankreich *tilleul* genannt wird, verwendet. Wenn man die getrockneten Blüten samt den blaßgrünen Tragblättern mit kochendem Wasser aufgießt, ist das Ergebnis ein köstlich duftender Tee von lindgrüner Farbe. Der Aufguß wird auch in speziellen zweiteiligen Porzellangefäßen, den sogenannten *tisaniers*, zubereitet.

Ein guter Lindenblütentee ist ein wunderbar entspannendes und beruhigendes Getränk nach dem Essen und eignet sich auch als Getränk vor dem Schlafen. Er wirkt eher beruhigend als stimulierend, hilft angeblich bei Migräne, Magenverstimmung und Schwindelgefühlen und fördert die Blutzirkulation.

Tilleul wird in ganz Frankreich getrunken, wenn auch nicht mehr so häufig wie früher: Die meisten Bauernhöfe haben

Tilleul, ein Aufguß aus Lindenblüten, wird in ganz Frankreich getrunken, doch in dem Dorf Buis-Les-Baronnies machte man daraus eine Spezialität, die auf dem jährlichen Markt angeboten wird.

einen Baum für den Eigenbedarf. Wer keinen Lindenbaum besitzt, kann Lindenblütentee auch in der Apotheke oder auf lokalen Märkten erwerben. Für letztere ist die Ernte von Les Baronnies bestimmt. In diesem Gebiet werden 90 Prozent der Gesamtproduktion Frankreichs kultiviert.

Inmitten dieser kleinen Region befindet sich das friedliche, malerische Dorf Buis-les-Baronnies an dem kleinen Fluß Ouvèze. Um das Dorf führt eine breite *avenue*, die in den schattigen *Place des Quinconces* mündet, auf dem Napoleon 1811 zu Ehren seines neugeborenen Sohn Platanen pflanzen ließ. Die Straße verläuft am Fluß entlang, von dem sie durch einen Damm getrennt ist. Am ersten Mittwoch im Juli findet hier im Rahmen des alljährlichen Stadtfestes der Lindenblütenmarkt statt; zu dieser Zeit sind die ersten Blüten bereits geerntet und für den Verkauf getrocknet. Höher oben im Tal

werden die Blüten später geerntet, und die kleineren Märkte in La Charce und Villefranche-le-Château finden entsprechend später statt.

In Buis beginnt der Markt sehr früh, die Landwirte treffen bereits ab sieben Uhr morgens ein. Eine Stunde später drängen sich die Lieferwagen entlang des Dammes, manche kommen mit Wohnwagen, andere mit Dachträgern, die voll bepackt sind mit *tilleul*. Um neun Uhr herrscht bereits geschäftiges Treiben.

Der exotische Duft der Blüten hängt berauschend in der Luft. Die Bauern haben ihre Lindenblüten in Bündel, die sogenannen *bourras* oder *trousses*, gepackt – große, an den Ecken verschnürte Säcke, die 15 bis 20 Kilogramm wiegen. Man erklärte mir, daß die Blüten samt der Tragblätter gepflückt werden müssen, sobald sie ganz geöffnet sind, aber noch bevor die Blüten abfallen, und sich die sogenannten *boules* (Samenschalen) ausbilden. Die Blüten halten sich nur etwa zehn Tage, weshalb der richtige Zeitpunkt der Ernte sehr

wichtig ist. Einer der Händler erzählte mir, daß er 50 Bäume besitzt, aber nur zwei beerntet, weil die Marktpreise es nicht erlaubten, Hilfe für die Ernte anzuheuern. Die Ernte ist auch vom Wetter abhängig und davon, wieviel Zeit die andere Arbeit auf dem Bauernhof in Anspruch nimmt. Viele Landwirte kultivieren auch Kirschgärten, die einträglicher sind, und wenn die Kirschen zur gleichen Zeit reifen wie die Linden blühen, bleiben die Lindenblüten auf den Bäumen.

Ein Baum beginnt erst nach sechs Jahren zu blühen, eine gute Ernte erzielt man aber erst nach 20 Jahren. Der Ertrag eines Baumes liegt zwischen 40 bis 60 Kilogramm Blüten, aber das Pflücken ist eine anstrengende und komplizierte Arbeit. Die Pflücker haben mit unzähligen Insekten zu kämpfen. Für ein Kilogramm getrockneter Lindenblüten benötigt man vier Kilogramm frische Blüten. Die Trocknung dauert gewöhnlich fünf bis sechs Tage. Unzureichend getrocknete Blüten werden auf dem Markt abgelehnt, da sie nicht haltbar sind.

Hier kann zwar jeder ein Bündel Lindenblüten erstehen, doch die wenigen Käufer sind in der Praxis meist Händler. Sie parken ihre Lastwagen unter den Platanen und breiten große Tücher auf dem Boden aus. Neben jedem Lastwagen steht eine altmodische Waage. Ein Lastwagenfahrer erklärte mir, daß seine Firma die Lindenblüten nach Deutschland, in die Schweiz und nach Belgien exportiert und an Apotheken verkauft, und daß der Durchschnittspreis in den letzten Jahren bei 50 bis 60 Francs pro Kilogramm lag. Der Preis wird eher durch Größe und Erscheinungsbild der Blätter als der Blüten bestimmt. Die Sorte Bénivay wird aufgrund ihrer überlangen Blätter bewertet, was die Nachfrage nach Blüten aus der Gegend um Baronnies erklärt. Seiner Ansicht nach ergeben die kleineren, um bis zu zehn Prozent billigeren Blätter einen viel besseren Tee.

Der eigentliche Kaufabschluß wird vom *courtier*, dem Vertreter der Firma, getätigt, den man herumgehen, die Produkte prüfen und Preise aushandeln sieht. Sobald ein Handel perfekt ist, übergibt er dem Verkäufer eine Kaufabrechnung, und dieser muß den Einkauf über die Abzäunung auf die Waage des

Käufers laden. Danach wird der Inhalt der Bündel zu den *bourras* der Käufer gebracht, und der endgültige Preis festgesetzt. Der Verkäufer erhält eine Quittung, die er in der Firma des Käufers gegen einen Scheck eintauscht. Eine der Firmen stammt aus der Nähe von Vaison-la-Romaine, und die blonde Dame, die die Firma vertritt, lädt mich ein, das Werk zu besichtigen, sobald die Geschäfte hier abgewickelt sind.

Inzwischen laufen in den Gärten der Gemeinde die Vorbereitungen für die feierliche Angelobung der Ritter der Lindenblüten von Baronnies. Die Ritter sind in lindgrüne Roben mit Umhängen in dunklem Olivgrün gekleidet und tragen dazu schwarze Hüte mit Lindenblütenbesatz. Die neuen Ordensmitglieder erhalten mit einem Zitronenzweig einen Schlag auf die Schulter, dazu wird ein Glas *Le Castillou* gereicht – ein Getränk aus Lindenblüten. Auf Seite 87 finden Sie das Rezept, das ich von Etienne Albert aus Beauvoisin erhielt, die dieses erfrischende Getränk aus großen Plastikkannen an die Anwesenden ausschenkt. Nach der Zeremonie lädt eine Animateurin alle Gäste zu einem *Coupo-Santo*-Vortrag mit Versen des provenzalischen Dichters Frédéric Mistral ein.

Da die Veranstaltung als Lindenblüten- und Lavendelmarkt angekündigt wurde, erkundige ich mich beim Bürgermeister von Buis bezüglich des Lavendels, da weit und breit

keiner zu sehen war, obwohl die Provence berühmt ist für ihre Lavendelfelder. Er antwortete mir, daß Lavendel hier zwar nicht mehr verkauft würde, daß man aber die traditionelle Bezeichnung des Marktes, der bereits 1808 gegründet wurde, beibehalten habe; in mehreren anderen Dörfern würden aber Lavendelfeste abgehalten. Einige Tage später, als ich wegen der Olivenernte in der Nähe von Nyons war, besuchte ich eine Lavendeldestillerie, wo ich erfuhr, daß die Ernte oft erst gegen Ende Juli beginnt.

Der Bürgermeister stellte mich Jean-Verlaine Delaye vor, der die Landwirtschaft aufgegeben hat und im *Comité de Promotion des Plantes à Parfums Aromatiques et Médicinales de la Drôme Provençale* mitwirkt. Ein kleines Museum in Buis, *La Maison des Arômes*, wurde 1989 eröffnet, um Parfüms und Düfte aus regionalen Pflanzen zu bewerben. Er bestätigte mir, daß die Lindenblütensorte aus Bénivay die größten Blätter hat, welche wiederum die beruhigenden Wirkstoffe des Tees enthalten. Manche Käufer verwenden *tilleul* aus Baronnies, um den Geschmack minderwertiger Importware aufzubessern, indem sie sie in kleinen Kräutersäckchen vermischen.

In Baronnies erfahre ich von Jean-Verlaine, daß Heinrich IV. auf Anraten seines klugen Ministers Sully viele Lindenbäume pflanzen ließ. Sie haben eine Lebensdauer von bis zu 400 Jahren, verkümmern aber, wenn sie nicht geschnitten und gepflegt werden. Der Baumschnitt erfolgt während der Erntezeit. Die Ernte ist, ähnlich wie die traditionelle Weinlese, ein Fest für sich, an dem die ganze Familie mit Freunden und Nachbarn teilnimmt.

Jeder Einwohner von Baronnies hat zumindest einen Baum von seinen Vorfahren geerbt. Heute gibt es etwa 36 000 Bäume, die durchschnittlich 70 bis 80 Jahre alt sind. Neu ausgepflanzt wird nicht. Die Gründe hierfür sind die ausländische Konkurrenz, die hohen Kosten, die bedingen, daß nur Familienarbeit lohnend ist sowie die Tendenz, lukrativere Früchte wie Kirschen und Aprikosen zu kultivieren.

In Baronnies werden Lindenbäume niemals gefällt, aber in Roussillon zum Beispiel wird die zweite Rinde, die unter der äußeren liegt, das Splintholz, in Streifen geschnitten und als Diuretikum verwendet. Lindenbaumholz wird auch zur Herstellung von Seilen verwendet. Es ist leicht zu verarbeiten, weshalb es bei Handwerkern für Intarsien, bei Bildhauern und Bleistiftherstellern, auch bei Bootsbauern und den Produzenten von Hutschablonen und bei Lautenmachern sehr begehrt ist. Es wäre vermutlich auch möglich, Öl aus den Samenschalen zu gewinnen und zu kommerzialisieren.

Ich befrage Jean-Berlaine über das Lied, das bei der Angelobung gesungen wurde, weil ich mich erinnerte, es bei der Segnung der Flaschen in Boulbon (siehe Seite 48) gehört zu haben. Er erzählt mir, daß die Melodie ursprünglich aus Katalanien stammt, aber jetzt bei jeder Gelegenheit in der Provence gesungen wird und eine Art okzitanische Solidaritätsbekundung ist.

Am Nachmittag besuche ich mit der blonden Dame das Werk in Vaison. Die Firma nennt sich *Herbissima* und handelt mit allen möglichen Pflanzenprodukten. Ich sehe Maschinen, um Pflanzen zu reinigen, zu zerkleinern und zu *herbes de Provence* zu vermischen und abzupacken. Sie erzählt mir beiläufig, daß Lavendel in dieser Mischung nichts verloren hat, obwohl er von manchen Firmen mitverwendet wird. Ich sehe unverkaufte Lindenblüten vom Vorjahr, die nun in Säckchen abgepackt werden. Dies scheint eine verbreitete Praxis zu sein, weshalb es sich empfiehlt, unverpackte Produkte in Apotheken oder bei den Markthändlern zu kaufen.

Dieser Markt ist so vergnüglich, da er sich von allen anderen unterscheidet und vor der schönen Kulisse von Buis ein unvergeßliches Schauspiel ist. Obwohl Lindenblüten im kulinarischen Repertoire nur eine Nebenrolle spielen, stellen sie ein wichtiges traditionelles Erntegut dar – und weisen besonders in Les Baronnies eine Qualität auf, die weltweit unübertroffen ist.

Juli

Le Castillou
Lindenblüten-Likör

4 PORTIONEN

1 Liter Wasser

25 g getrocknete Lindenblüten (Blüten und Tragblätter)

40 ml Cassis

40 g Puderzucker

Saft von 2 Zitronen

Das Wasser zum Kochen bringen, die Lindenblüten dazugeben und 5 Minuten ziehen lassen. Abseihen und die Flüssigkeit abkühlen lassen. Die übrigen Zutaten einrühren und absetzen lassen. Gut gekühlt trinken.

Pavé romain d'Orange
Orangen-Mandel-Gâteau

Dieses Rezept wurde mir großzügigerweise von Gérard Blaise, dem bekannten Meisterkonditor, überlassen.

8 PORTIONEN

180 g Butter

3 Teelöffel Lavendelhonig

2 große Eier

35 ml Milch

110 g Puderzucker

250 g Mehl, vermischt mit 1 Teelöffel Backpulver

100 g kandierte Orangenschalen, gehackt und in Mehl gewendet

2 Teelöffel Grand Marnier

2 Teelöffel Quittenmarmelade oder ein Fruchtgelee

Zucker

50 g Mandeln, gehackt

Den Backofen auf 180 °C (Gas Stufe 4) vorheizen. Butter und Honig verrühren und die Eier hineinschlagen. Milch, Zucker, Mehl und Backpulver hinzufügen (die Zutaten können auch in einer Küchenmaschine gemixt werden). Die Mischung glattrühren und vorsichtig die gehackten Orangenschalen einrühren.

Eine Brotbackform mit Backpapier auslegen und die Mischung hineingeben. Etwa 1 1/4 Stunden backen, bis der Kuchen an der Oberseite leicht gebräunt ist und sich von der Form löst. Aus dem Backofen nehmen und noch heiß mit Grand Marnier beträufeln. Etwa 10 Minuten auskühlen lassen, dann das Papier entfernen.

Eine Glasur zubereiten, indem man Marmelade oder Gelee mit etwas Zucker und einem Teelöffel Wasser erhitzt. Den abgekühlten Kuchen mit der Glasur bestreichen und die gehackten Mandeln in den Kuchen drücken. In dünnen Schnitten mit Himbeersaft und Crème fraîche servieren.

HIMMLISCHE DÜFTE

NYONS

Die Krönung der Öle

Oliven stehen im Zentrum der provenzalischen Küche. Sie werden in unzähligen Gerichten verwendet. Das duftende Öl ist das Grundelement der Küche im ganzen Mittelmeerraum.

Die Geschichte der Oliven ist so alt wie die der Menschheit selbst. Die seefahrenden Phönizier brachten sie nach Marseille, von dort wurden die Oliven durch die Griechen und Römer weiter verbreitet. Die Olivenbäume überlebten, weil sie zäh sind und unglaublich alt werden können. Wie der Walnußbaum braucht auch der Olivenbaum mehrere Jahre, bevor er Ertrag abwirft. Es gibt Bäume in der Provence, die noch aus der Zeit der Römer stammen. Baumschnitt und liebevolle Pflege können wahre Wunder bewirken.

Olivenbäume überstehen lange Dürreperioden, sind aber sehr kälteempfindlich. Bei Temperaturen unter minus 8 °C gehen sie wahrscheinlich ein, da ihre Wurzeln nicht sehr tief in den Boden reichen. Sie gedeihen natürlich prächtig an den Küsten des Mittelmeeres, aber daß sie auch in Drôme in der Provence wachsen, das doch sehr nördlich liegt, verwundert. Man muß wissen, daß Teile dieser schönen Region vor dem Mistral geschützt sind und besonders heiße und trockene Sommer haben. Die kleine Stadt Nyons ist nicht nur ein blühendes Produktionszentrum, es wurde ihr auch die *Appellation Contrôlée*, ein Markenschutz, für ihre ausgezeichneten Früchte zuerkannt.

Nyons hat eine eigene Bruderschaft der Olivenbauern, die zwei Feste pro Jahr abhält: eines im Januar oder Februar, um das neue Öl der Saison zu feiern, das andere mit dem Titel *Les Olivades*, das Sommerfest der Früchte.

Jeder weiß, daß es grüne und schwarze Oliven gibt, aber nur wenige wissen, daß die grüne Olive, die im Herbst geerntet wird, einfach eine unreife schwarze Olive ist. In Nyons wird eine Sorte namens *Tanche* kultiviert, die sehr winterhart ist und in diesen Breitengraden eher überdauert. Nur diese Sorte darf für AOC-Qualitätsöl aus Nyons verwendet werden. Sie reift zu einem tiefen braunschwarzen Farbton heran, ist leicht gerunzelt und mittelgroß. Der Kern ist klein und die Frucht fest. Sie wird etwa um Neujahr geerntet. Die kleineren Exemplare werden in einem seit Jahrhunderten unveränderten Verfahren zu Öl verarbeitet. Die besten Früchte werden für die Konservierung in Salzwasser aufbewahrt. Das Öl wird hergestellt, indem die Früchte zwischen Platten gepreßt werden, die an alte Grammophonplatten erinnern. Es wird durch dicke Strohmatten gefiltert, dann werden Öl- und Wasseranteile in Zentrifugen getrennt.

Man benötigt 14 Kilogramm Früchte, um einen Liter Olivenöl herzustellen, es ist also kein Wunder, daß Olivenöl so teuer ist.

Der Preis wird auch durch die Säure bestimmt: Öl, das am wenigsten Säure enthält, wird *Olivenöl extra* (weniger als ein Prozent) genannt; die nächsten Qualitätsstufen werden als fein (maximal eineinhalb Prozent) und mittelfein (drei Prozent) bezeichnet.

Kein Fest wäre vollständig ohne die feierliche Angelobung neuer Mitglieder. In Nyons hört man bei diesem Anlaß die ausgelassensten Stadtkapellen, die man sich vorstellen kann. Den Höhepunkt eines Besuches von Nyons stellt die Besichtigung der permanenten Ausstellung der *Co-opération du Nyonsais* dar, die alles Erdenkliche rund um die Olive anbietet. Es gibt in dieser Region auch einige Mühlen zu besichtigen, eine beispielsweise direkt neben der Brücke in der Altstadt. Hier wurde mir der Prozeß der Konservierung der Oliven erklärt. Die Techniken sind für grüne und schwarze Oliven unterschiedlich.

Grüne Oliven werden einzeln angestochen und unter Luftausschluß etwa eine Stunde in eine alkalische Lösung aus Kalium und Natrium eingelegt. Die Oliven werden dann drei bis fünf Tage lang wiederholt abgespült, wobei das Wasser täglich gewechselt wird. Manchmal werden sie zum Abschluß in einer fünfprozentigen Salzlösung eingeweicht. Eine frische Salzlösung wird hergestellt, indem man Wasser aufkocht und zehn Prozent der Menge in Form von Salz hinzufügt und Fenchel, Thymian und Lorbeerblätter darin ziehen läßt, bis die Flüssigkeit abgekühlt ist. Danach werden die Oliven in Gefäße abgefüllt, mit Salzlösung bedeckt und versiegelt.

Schwarze Oliven werden mit Kräutern in ein großes Gefäß gegeben und mit Salz bedeckt. Das Gefäß wird täglich geschüttelt, und die abgesonderte Flüssigkeit abgeseiht. Dann werden die Oliven in luftdichten Behältern an einem kühlen Ort gelagert. Serviert werden die Oliven mit Pfeffer und Olivenöl.

Oliven sind das Symbol des Mittelmeerraums. Man findet sie auf jedem Markt: in Salz eingelegt, gefüllt, mit allen möglichen Gewürzen und Kräutern aromatisiert. Französische Olivenöle sind meist heller und milder als Öle aus Italien und Spanien.

Olivade de fromage blanc
Olivenpüree und Rahmkäse

4 PORTIONEN
110 g schwarze Oliven, entsteint
1 kleine Zwiebel
250 g Rahmkäse
6 Teelöffel Olivenöl
1 Eßlöffel gehackter Schnittlauch
Salz

Die Oliven mit einem Mixer pürieren. Die kleine Zwiebel fein hacken. Die Oliven mit dem Käse verrühren und nach und nach die Hälfte des Öls einrühren. Die gehackte Zwiebel und den Schnittlauch dazugeben. In einer Schüssel mit einem Holzlöffel schlagen, dabei langsam das restliche Öl einrühren, bis die Masse streichfähig ist. Abschmecken. Mit Zwiebelringen und etwas Öl bedecken. 24 Stunden kühl stellen. Die Zwiebelringe entfernen und mit Schnittlauch bestreut auf Croûtons servieren.

MADIRAN

Begegnung mit den Winzern

Das Dorf Madiran ist ein verkleinertes Abbild der Gascogne. Mitte August findet hier das jährliche Sommerfest statt. Der Höhepunkt vieler Dorffeste ist der 15. August, an dem gleichzeitig Maria Himmelfahrt und der letzte Tag der Sommerferien gefeiert wird.

Sowohl Madiran als auch dieses Fest haben Besonderes zu bieten. Das Dorf ist das Zentrum eines kleinen Weinbergs und einer innovativen Genossenschaft, die ihre Weine bewirbt. Das Fest ermöglicht Besuchern und Personen aus der Weinbranche, die Weine von etwa 30 lokalen Produzenten in einer fröhlichen, festlichen Atmosphäre zu verkosten. Gäste und Weinhändler haben dabei die Chance, die besten Winzer der Region zu treffen, während viele Touristen erstmals die Weine von Madiran kennenlernen.

Alljährlich am letzten Montag im Juni organisiert das *Syndicat de Vins de Madiran et Pacherenc-vic-Bilh* einen Wettbewerb, zu dem Weinkritiker, Gastronomen und Journalisten geladen werden. Die Ehrengäste nehmen an einer Blindverkostung teil, um den besten zweijährigen und fünfjährigen Rotwein sowie den besten trockenen und süßen Weißwein, der *Pacherenc* genannt wird, auszuwählen. Es gibt demnach vier verschiedene Kategorien. Die fünf Besten jeder Kategorie werden öffentlich präsentiert, den Gewinnern wird auch große Aufmerksamkeit von seiten der Presse und der Branche zuteil. Sachpreise gibt es nicht. Es ist Bedingung, daß alle Bewerber am *Fête des Vins*, dem Weinfest im August, teilnehmen. Wer sich nicht beteiligt, wird automatisch disqualifiziert und darf im folgenden

Während des jährlichen Dorffestes im Hochsommer in Madiran lädt die Winzervereinigung Connoisseurs und Urlauber zur Verkostung der lokalen Weine ein.

Jahr beim Wettbewerb seine Weine nicht einreichen. Kaum jemand kennt die Madiran- und Pacherenc-Weine oder weiß, wo sie hergestellt werden, da sie außerhalb des Erzeugergebietes wenig bekannt sind. Es handelt sich nicht nur um lokale Landweine, manche haben sogar in internationalen Wettbewerben gegen Weine aus Bordeaux erfolgreich bestanden. Es sind neue Weine, da die Weingärten größtenteils in den frühen 70er Jahren (nach ihrer Zerstörung durch die Reblaus Ende des letzten Jahrhunderts) neu bepflanzt wurden. Die Anbaugebiete sind flächenmäßig beschränkt und umfassen nur etwa 1500 Hektar. Diese Weine liegen im aktuellen Trend fruchtiger Weine, die jung getrunken werden können. Die Rotweine, die nahezu 90 Prozent der Gesamtproduktion ausmachen, sind groß, von harmonischer Ausgewogenheit und vollmundig und müssen einige Jahre gelagert werden, bevor sie sich von ihrer besten Seite zeigen.

Geographisch liegen die Weingärten von Madiran zwischen dem Bezirk Armagnac und den Pyrenäen in einer sanften Hügellandschaft, in der hauptsächlich Mais und Sonnenblumen angebaut werden. Das Dorf beherbergt etwa 500 Einwohner, aber das Fest ist jeder Kleinstadt würdig und zieht unzählige Besucher an. Die Winzer sind darauf bedacht, daß das Ereignis mehr ist als eine Gelegenheit, sich zu betrinken, und bemühen sich, den Festcharakter zu bewahren. Natürlich möchten sie auch ihre Produkte bewerben, das aber in festlicher Atmosphäre. In den letzten Jahren wurde den Winzern ein eigenes Areal, etwas abseits vom eigentlichen Festplatz, zugewiesen. Hinter der früheren Abtei, die jetzt ein Hotel ist, befindet sich ein großer Park, in dem die Stände der Winzer, bestens ausgerüstet mit Kühlgeräten und Beleuchtung, aufgebaut sind. Das Areal ist für alle zugänglich, aber man bezahlt 15 Francs Eintrittsgeld, für die man auch ein graviertes Verkostungsglas erhält. Dieses Glas ist die Eintrittskarte, mit der man so viele Weine verkosten kann wie man will.

1995 führten die Organisatoren erstmals eine Verkostungsrunde am Vorabend des Festtages ein. Das Glas berechtigt zur Teilnahme an beiden Tagen. Man benötigt tatsächlich zwei Tage, um die Weine so vieler Winzer zu beurteilen, und etwas Planung von seiten der Verkoster ist angebracht. Die Verkostung begann um 20.30 Uhr, gerade als die Finsternis einbrach. Eine ländliche Kapelle spielte begeistert Evergreens, jedoch ohne Verstärker, weshalb man die Unterhaltung mit den Winzern ungestört fortsetzen konnte. Lange Tresen für ein Barbecue (50 Francs) waren bereitgestellt, und um etwa 22.00 Uhr begann sich eine Schlange zu bilden, die sich um den ersten Gang – Schinken mit Melone – anstellte. Es folgten das unvermeidliche Steak mit Pommes frites und Eis zum Dessert.

Nach Beendigung des Abendprogramms, kurz nach Mitternacht, waren die Festlichkeiten im Dorf noch voll in Gang. Bereits seit zwei Tagen trugen Sportler Wettbewerbe in Tennis und *pétanque* (südfranzösisches Kugelspiel) aus, während die Weinfanatiker nach wie vor beim Verkosten waren, und die übrigen Besucher sich an einem großen, bäuerlichen Büffet auf dem Hauptplatz erfreuten. Um 22.00 Uhr begann der Tanz, der bis in die frühen Morgenstunden dauerte.

Der 15. August ist natürlich der große Festtag. Er beginnt mit einer Messe in der Dorfkirche um zehn Uhr. Bereits eine Stunde davor versammelt sich eine Gruppe Jugendlicher, die sich *Die Dandys von Armagnac* nennt, um die eintreffenden Honoratioren zu begrüßen.

Die örtliche Reitschule präsentierte eine Kindergruppe in blauweißen Reitdressen auf Pferden. Als die Kirchturmuhr die Gläubigen zusammenrief, versammelten sich die Mitglieder der *Viguerie Royale* – angesehene Winzer, die, wie bei Weinfesten üblich, farbenprächtig gekleidet sind. Sie tragen Roben in leuchtendem Scharlachrot mit grünen Aufschlägen und Halstüchern. Des weiteren präsentierte sich eine recht wohlgenährte Gruppe, die sich *Les Gourmands du Queyran* nannte. Die für ein so kleines Dorf recht große Kirche war überfüllt,

Die prämierten Rotweine von Madiran sind vollmundig und von harmonischer Ausgewogenheit.

vielen wurde der Eintritt verwehrt, so auch einem Winzer in rotem Festgewand, der sich verspätet hatte und gezwungen war, während der Messe im Freien zu warten und sich mit Touristen zu unterhalten. Inzwischen hatten diverse Händler in den Straßen des Dorfes ihre Stände aufgebaut. Es gab Bauern, die unpasteurisierten Käse aus den Pyrenäen anboten – die Besucher sind gut beraten, etwas Käse zu kaufen und zur Verkostung mitzunehmen. Auch interessante *charcuterie*-Stände mit regionalen Würsten und Schinken waren zu finden, auch *confit* (Eingemachtes), Teigwaren oder Marmelade und Honig wurden anboten.

Nach Beendigung der Messe um elf Uhr begann der Umzug durch die engen Dorfstraßen. Angeführt von der Reitgruppe, bewegte er sich langsam durch die Gassen zum Areal der Weinverkostung, wo die Winzer begrüßt wurden, die natürlich alle Freunde oder Verwandte waren. Das war das Signal für den Beginn der morgendlichen Verkostung, und hunderte Besucher, jeder mit einem Weinglas für 15 Francs in der Hand, strömten durch den Eingang.

Das Publikum war natürlich neugierig auf die Weine der Wettbewerbsgewinner. Im Jahre 1995 gewann Jean-Marc Laffitte sowohl in der Kategorie trockene als auch in der Klasse der süßen Weine zwei Preise für seinen weißen *Pacherenc*, und viele Besucher wollten nun Genaueres über den Winzer erfahren. Während er ihre Gläser füllte, erklärte der Winzer, daß ein *Pacherenc* ein traditioneller Weißwein der Region sei, der Mitte dieses Jahrhunderts fast gänzlich verschwunden war. Er wird gewöhnlich aus der lokalen Traubensorte *arrufiac* erzeugt, die nur in dieser Region Frankreichs zu finden ist. Heute verwenden die Winzer auch andere Trauben, wodurch sie den Stil des Weins kontrollieren können und weniger vom Wetter abhängig sind. Die meisten sind daher, außer in den schlechtesten Jahren, in der Lage, nach Wunsch einen trockenen oder einen süßen *Pacherenc* zu produzieren. Er ist

Martine Dupuy, eine junge aufstrebende Winzerin

nach wie vor ein seltener Wein, da nur wenige Winzer mehr als ein oder zwei Hektar geeigneter Weingärten besitzen.

Jean-Marcs trockenen *Pacherenc* gab es in zwei Versionen: geeicht und ungeeicht. Die Qualität seines süßen *Pacherenc*, der zu den besten Weinen des Tages zählte, ist unbestritten. Jean-Marc ist einer der bekannteren Winzer in Madiran, ebenso wie André Béheity, der attraktive, grünäugige Werbemanager des *Syndicat*. Er hatte den Preis für den besten fünfjährigen Rotwein gewonnen und schenkte hocherfreut seinen nach traditioneller Methode produzierten Jahrgang 1990 aus, in dem noch einiges an Potential schlummerte.

Aber der Star des Abends war zweifelsohne (nicht nur der Qualität ihres Weines wegen) Martine Dupuy, eine junge Winzerin, die erst vor zwei Jahren das College in Toulouse verließ, wo sie einen akademischen Grad in Önologie erwarb. Ihr Vater, und nach dessen Tod ihre Mutter, hatten in der Domaine Labranche-Laffont viele Jahre lang Wein hergestellt, Mutter Yvonne kümmert sich nach wie vor um die Weingärten, während Martine die Produktion und das Marketing leitet. Ihre Pacherencs gewannen keine Preise, obwohl sie sehr gut waren. Sie produziert zwei Rotweine. Der Wein von ihren alten Weinstöcken, die teilweise noch aus der Zeit vor der Reblausepidemie stammen, kam bei den Juroren am besten an. Martine weiß sich zweifelsohne in der Männerwelt dieser Weinbaugegend zu behaupten.

Zum Mittagessen wurde ein festliches Menü angeboten. Wer es günstiger haben wollte, begab sich mit einer guten Flasche Madiran zur *halle* im Dorf, wo köstliche Bratspieße, Würstchen und Koteletts zur Auswahl standen, und man sich am Nebenprogramm des Weinfestes erfreuen konnte. Dort traf man auch den umschwärmten Tenor an, der zuletzt beim Schweinequieken in Trie (siehe Seite 96) aufgetreten war, und dessen Vortrag sich seither nicht verbessert hatte.

Manche Besucher zogen es vor, mit ihrem kostbaren Glas in der Hand zu den Winzern zurückzukehren, da es nun Zeit für die *intronisations* war, die Angelobung neuer Mitglieder. Von den Verkostern, die mittlerweile lautstark ihre Geschäfte aushandelten, wurde dieses Ereignis ignoriert. Mittlerweile hatten die Professionisten die Verkostung und die Einkäufe abgeschlossen, und das Publikum war nun an der Reihe, nach stundenlangem Probieren und Erörtern seine Einkäufe zu tätigen. Nur wenige gingen mit leeren Händen nach Hause.

Auffallend an diesem Fest ist die Solidarität und Freundschaft unter den Winzern. Es gibt keine aggressive Konkurrenz, man vernimmt keine negative Äußerung über die Weine der anderen. Vielleicht ist die Stimmung deshalb so gut, weil es keine Absatzprobleme gibt. Der Weinberg ist so klein, daß die meisten Weine im Bezirk bleiben. Jedenfalls ist es schön, den Winzern zuzusehen, wie sie von einem Stand zum anderen gehen und miteinander scherzen. Vielleicht sind Sie nun des Weinkostens müde. Oder Sie haben Lose für die Tombola, deren Ziehung in Kürze beginnt. Im Dorf wird noch moderne Tanzmusik gespielt, und ein Feuerwerk um Mitternacht bildet den krönenden Abschluß des Festes.

Jarret de boeuf en estouffade
Rinderhachse

8 PORTIONEN

1 Rinderhachse mit Knochen, etwa 3 kg schwer

5–6 Eßlöffel Mehl

4 Teelöffel Gänsefett

2 große Zwiebeln, grob gehackt

3 große Möhren, grob gehackt

2 Stück Stangensellerie, grob gehackt

3 Teelöffel Armagnac

1 Flasche Madiran oder ein anderer kräftiger Rotwein

1 *bouquet-garni*

Salz und Pfeffer

1 Eßlöffel Dijon-Senf

350 g Wildpilze

Den Backofen auf 180 °C (Gas Stufe 4) vorheizen.

Das Rindfleisch in Mehl wenden. Das Fett in einer großen Bratpfanne zerlassen, und das Rindfleisch von allen Seiten anbraten. Dann das Rindfleisch in eine Kasserolle geben, die breit genug für den Knochen ist. Zwiebeln, Möhren und Sellerie in der Bratpfanne anrösten. Mit Armagnac flambieren, und sobald die Flammen gelöscht sind, den Wein hinzufügen und die Bratreste vom Boden der Pfanne kratzen. 5 Minuten aufkochen, dann den Inhalt der Bratpfanne in die Kasserolle geben. Das *bouquet-garni*, Gewürze und Senf dazugeben und mit Wasser aufgießen, bis das Fleisch bedeckt ist. Alles zum Kochen bringen, dann zugedeckt in den vorgeheizten Backofen schieben. Nach 10 Minuten auf der niedrigsten Temperaturstufe 4 Stunden weiterköcheln lassen.

Das Rindfleisch herausnehmen, das Fleisch vom Knochen lösen und in Scheiben schneiden. Knochenmark über den Fleischstücken verteilen und das *bouquet-garni* entfernen. Den Bratensaft und das Gemüse in einem Mixer pürieren und mit den Fleischstücken in die Kasserolle zurückgeben. Die Flüssigkeit sollte die Konsistenz einer Bratensauce haben. Erneut zum Kochen bringen, zudecken und weitere 4 Stunden bei geringer Hitze im Backofen schmoren lassen.

Vor dem Servieren für weitere 30 Minuten die blättrig geschnittenen Pilze hinzufügen. Mit Pellkartoffeln servieren.

Granité au vin de Madiran
Rotwein-Granita

6 PORTIONEN

150 g Zucker

110 ml Wasser

1/2 Flasche Madiran

Saft einer halben Zitrone

Saft einer halben Orange

Den Zucker im Wasser auflösen und 5 Minuten zu einem Sirup verkochen, dann abkühlen lassen.

Den Sirup in eine Plastikschüssel geben, den Wein und den Fruchtsaft dazugeben und gut durchrühren. Im Gefrierfach auf niedrigster Stufe einfrieren. Nach einer Stunde den angefrorenen Rand in die Mitte rühren. Erneut einfrieren, von Zeit zu Zeit schütteln, bis man einen Brei mit der Konsistenz von Schneekristallen erhält. Dieser Vorgang dauert länger als üblich, da der Alkohol erst bei sehr niederen Temperaturen gefriert, ganz im Gegensatz zu nichtalkoholischen Flüssigkeiten. In einem gekühlten Weinglas servieren.

TRIE-SUR-BAISE

Ein «Schweineleben»

Stellt man sich vier erwachsene Männer vor, die auf allen vieren die Geräusche einer Sau beim Werfen, eines Ferkels beim Fressen, von kopulierenden Schweinen oder von solchen, die geschlachtet werden, nachahmen, denkt man unwillkürlich an ein Narrenhaus.

Falsch. Sie befinden sich am zweiten Sonntag im August in einer kleinen Stadt namens Triesur-Baïse beim Wettbewerb der besten Schweineimitatoren der Welt. Man muß wissen, daß an diesem einzigartigen Ereignis keine Schweine beteiligt sind, nur Menschen, die sie nachahmen. Gewinner ist jene Person oder Gruppe, der von einer qualifizierten Expertenrunde (Bauern, Fleischer, Gastronomen) zugesprochen wird, die Geräusche des Schweines in den wichtigsten Lebenssituationen besonders realistisch wiederzugeben.

Trie ist eine kleine, abgelegene Tausend-Seelen-Gemeinde in einem vergessenen Winkel im Süden der Gascogne. Dienstag ist Markttag, doch ein ganz besonderer, denn an diesem Tag wird mit Schweinen gehandelt. Der Wettstreit im Schweinequieken hat Tradition und Hintergrund. Wie auch der Schweinemarkt, findet er auf einem überdachten, etwa 200 Meter langen und 30 Meter breiten Platz statt, der einem Güterbahnhof ohne Schienen gleicht. Dieser Platz heißt, wie originell, *Place des Porcs*, Platz der Schweine, und auch der vom Betonboden aufsteigende Geruch verweist auf die Stammgäste, die hier verkehren. Das sollte den Touristen jedoch nicht abschrecken, die Einheimischen stoßen sich ohnedies nicht

Am zweiten Sonntag im August organisiert die Stadt Trie-sur-Baïse einen verrückten Wettbewerb: Wer am besten das Quieken und Grunzen der Schweine imitiert.

daran, da das Schwein bei den Kleinbauern und im Kalender jeder Bauernfamilie einen Ehrenplatz hat. Das Schwein ist das wichtigste Nutztier im Südwesten. Im Unterschied zu Kühen und Schafen sind Schweine kaum für etwas anderes geeignet als für die Tafel, und die verschiedenen Konservierungsmethoden garantieren eine gute Proteinversorgung im Winter. Die besten Stücke können in Schweinefett als *confit* eingelegt werden, die Hachsen werden zu Schinken geräuchert, der Bauch wird entweder gepökelt oder in Salzlauge eingelegt, um Suppen und Eintöpfen Substanz zu verleihen. Reststücke werden für Saucen verwendet, oft konserviert wie *confit*, oder zu salamiähnlichen Würsten oder Trockenwürsten verarbeitet. Füße und Ohren kommen in den Salzlaugenbottich, das Blut wird zu Blutwurst und einem merkwürdigen, mit Knoblauch gewürzten Pfannkuchen, der *sanguette*, verarbeitet.

August

Es ist also kein Wunder, daß die Schlachtung des Familienschweines sich im Laufe der Jahre zu einem Ritual entwickelte. Der glückliche Bauer, der zwei Schweine besaß, schlachtete eines zu Winterbeginn, das andere zu Frühlingsbeginn. Ärmere Haushalte wählten den früheren Termin, damit die Speisekammer in den kalten Wintermonaten gefüllt war. Am Akt des Schlachtens selbst ergötzte man sich nicht. Um das Leiden des unglücklichen Tieres und den Verlust eines Hausgenossen erträglicher zu machen, wurde ein Außenstehender für die Schlachtung engagiert. Zur Erleichterung, eine drohende Hungerperiode abgewendet zu haben, gesellte sich das Gefühl eines Verlustes.

Die Zuschauer erfreuen sich an den Darbietungen der Wettkämpfer, **die sich um die authentische Imitation** eines Schweines beim Ferkeln oder **bei der Nahrungsaufnahme bemühen.**

Ein Veteran unter den Teilnehmern ist dieser 75 Jahre alte Mann **aus Lot-et-Garonne, der eine** der überzeugendsten und **berührendsten Vorstellungen gab.**

Kenner und Experten von den Bauern- höfen der Gascogne legen Wert darauf, **unter den Ersten zu sein und die** vordersten Reihen zu belegen. Sie haben **ein feineres Gehör für diese seltsamen** Töne als die Italiener für den *bel canto*.

Die Erheiterung, die die Nachahmung der Tiergeräusche hervorruft, ist weniger grotesk, wenn man bedenkt, wie sehr die Bevölkerung mit diesen Lauten vertraut ist. Dieses Fest verbindet eine größtenteils ländliche Bevölkerung auf eine Art wie es eine kultiviertere Darbietung gar nicht könnte. Die Menschen identifizieren sich leicht mit den Themen Verlust und Stillen des Hungers.

Zumindest gewinnt man diesen Eindruck, wenn man die Zuschauermenge betrachtet. Im Unterschied zu vielen Festen, für die bereits Tage zuvor Vorbereitungen getroffen werden, Möchtegernschweine verstärkt werden. An einem Ende der Halle befindet sich die Bühne für die Darsteller, am anderen Ende stehen lange Tresen und Bänke für geschätzte 800 Gäste bereit. Dazwischen wird an einer Bar Pastis, Bier und *floc* (der lokale Aperitif aus Traubensaft mit Armagnac) verkauft. Ein paar kleine Verkaufsbuden, die in der einen oder anderen Form dem Schweinekult gewidmet sind, runden das Angebot ab: ein Fleischer, der auch in Holzasche konservierte Knochen ausstellt, oder eine Bude voll alter Postkarten mit Schweinemotiven ...

  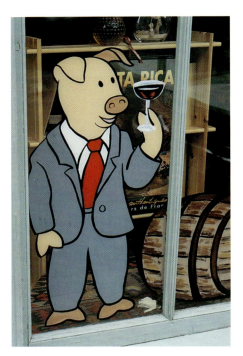

kann man sich in Trie-sur-Baïse bis zum späten Vormittag kaum ein ungewöhnliches Spektakel erwarten. Der einzige Hinweis auf den bevorstehenden Spaß ist die Dekoration der Ladenportale, auf denen kleine Schweinchen das jeweilige Handwerk darstellen. Man sieht kein Karussell, kein Autodrom, keine Schießbuden, Tombolastände oder sonstigen Schnickschnack, nur die allgegenwärtigen Lautsprecher, die lauter sind als sonstwo, vor allem, wenn die Schreie der

Bis vor kurzem wurde das Vormittagsprogramm von einem örtlichen Fleischer bestritten, der alljährlich versuchte, seinen eigenen Weltrekord für die längste Wurst zu brechen. Er hat seine Versuche aber mittlerweile eingestellt. Heute beginnen die Festlichkeiten mit dem Mittagessen. Eine immer länger werdende Schlange wartet geduldig auf ihr Tablett, das mit Rohschinken, Blutwurst, anderen Würsten und natürlich Schweinebraten beladen ist, Köstlichkeiten, die nur von den exzellenten Bratkartoffeln mit Knoblauch in den Schatten gestellt werden. Das Menü wird mit Unmengen von rotem Landwein hinuntergespült. Die Zusammensetzung dieser Mahlzeit demonstriert, daß ein Mittagessen auf dem Land eine geballte Ladung von Proteinen beinhaltet.

Während des Desserts tritt bereits der Animateur auf, ohne den kein Fest auskommt. Er spricht ohne Unterlaß, und sein Wortschwall wird nur dann unterbrochen, wenn ihm gerade nichts einfällt, wenn Ehrengäste begrüßt oder Zuschauer auf die Bühne gebeten werden, um sich lächerlich zu machen.

Bald kann das große Ereignis beginnen. Erst geht eine Vorrunde über die Bühne. Meist gibt es etwa 15 Teilnehmer, aber nicht alle haben den Mut, hinter das Mikrophon auf dem Podium zu treten und scheiden deshalb aus. Die Teilnehmer kommen oft von weit her, aus der Schweiz, aus Marseille, aus Aix-en-Provence, manche haben auch nie zuvor ein Schwein gesehen, was den unerschrockenen Leser, der eine Teilnahme in Erwägung zieht, ermutigen sollte.

Der Vorjahrsgewinner muß seinen Titel verteidigen, und dafür gibt es viele würdige Herausforderer: ehemalige Sieger,

Beispielsweise beim Wettbewerb der Zungenbrecher, der meistens von Ausländern gewonnen wird, deren Unkenntnis über die Abgründe der französischen Aussprache sie zu Gewinnern prädestiniert. Am Bewerb, bei dem der Träger des «schweinischsten» T-Shirts prämiert wird, nehmen Kinder ebenso wie Erwachsene teil. Die Bewerber werden in zwei Gruppen geteilt, damit zumindest einer der Preise an die Kleinen geht.

ein junges Talent, das in dem Jahr, als ich zusah, alle übertrumpfte, und Josef, einen 75 Jahre alten Veteranen aus Lot-et-Garonne, der eine der witzigsten und gleichzeitig berührendsten Vorstellungen bot. Diese Männer erinnern daran, daß es bei dem Wettbewerb nicht nur um die Imitation der «Schweinesprache» geht, sondern auch um den Schmerz, den die Tiere empfinden, und um die Trauer der Bauern, die sich für immer von ihnen verabschieden.

Etwa 35 Schweine treten beim Rennen an, als Hauptpreis winkt eine saftige Schinkenkeule.

Der große Augenblick naht, und der Animateur stellt den Star des Abends vor: die Antwort des Südens auf Delia Smith, eine bekannte Nahrungsmittelexpertin namens Maité. Unruhe entsteht, denn Maité wurde aufgehalten und kommt zu spät. Es erscheinen daher die Hauptkandidaten des Finales im Schweinequieken, vier Männer aus Grenoble, die in der ersten Runde gemeinsam aufgetreten waren und mit einer Darbietung überzeugten, die im besten Theater aufgeführt werden könnte.

Schließlich sind alle auf ihren Plätzen für das atemberaubende Finale. Sechs Kandidaten, die originelle Beiträge zum Thema «Aus dem Leben des Schweines» darbieten.

Dies ist jedoch bloß die erste Runde. Um die Spannung zu steigern, und um mehr Abwechslung zu bieten, sind andere Programmpunkte eingeplant, wie zum Beispiel die Prämierung jener Person, die die größte Menge Blutwurst verzehren kann, wenngleich erwähnt werden muß, daß 1995 dieser Bewerb wegen Mangel an Teilnehmern ausfiel. Für den Schweinewettlauf wurden jedoch an die 30 Kandidaten ins Rennen geschickt. Es gab drei Durchgänge, bei denen das Publikum die Gewinner bestimmte. Den Siegern winkten schöne Preise: große Schinkenkeulen und saftige Schweinefleischstücke oder Wein aus der Gascogne. Im letzten Abschnitt des Rennens, kurz vor dem Ziel, mußten die Schweine eine scharfe Linkskurve nehmen. Die meisten beschlossen aber umzukehren und wieder zurückzulaufen, was ein ziemliches Durcheinander und einen Überraschungssieger hervorbrachte ...

Das Quartett aus Grenoble bringt eine unglaubliche, noch realistischere Darbietung als in der ersten Runde und demonstriert Episoden aus dem Geschlechtsleben und der Schlachtung. Der Vorjahreschampion ist der stärkste Konkurrent des jungen Teams. Schließlich entscheidet sich die Jury unter Vorsitz von Maité doch für das Quartett, welches einen schönen Preis erhält, der die Bedeutung des Schweines als das wichtigste Tier auf dem Bauernhof hervorhebt.

Die Festivitäten dauern bis lange nach Mitternacht. Nach einer kurzen Pause versammeln sich alle zu einem riesigen Bohneneintopf, anschließend wird getanzt. Wieder einmal wundere ich mich, welche Menschenmassen durch ein so bizarres Ereignis angezogen werden. Ist es das Bedürfnis, ein Ereignis, das eigentlich ein schmerzlicher Abschied ist, satirisch darzustellen? Oder geht es einfach um den Versuch, durch ein Fest verlorene Traditionen wieder zu entdecken?

Rôti de porc froid glacé
Kalter, glasierter Schweinebraten

Der Vorteil dieser Zubereitung ist, daß das Schweinefleisch beim Kochen nicht einschrumpft und saftig bleibt. Lassen Sie sich vom Fleischer auch Knochen und Schwarte geben.

6 PORTIONEN

1,25 kg Schweinelende, entbeint und gerollt

2–3 Knoblauchzehen

Salz und Pfeffer

1 Zwiebel, mit zwei Gewürznelken gespickt

2 Möhren, blättrig geschnitten

2 Lauchstangen, in Ringe geschnitten

1 *bouquet-garni*

Sirup aus 150 g Zucker und 300 ml Wasser

300 ml Hühnerfond

Bereits 2 Tage zuvor die Schwarte vom Scheinefleisch entfernen und beiseitelegen. Das Fleisch mit Knoblauch spikken, gut würzen und über Nacht ruhen lassen.

Am folgenden Tag das Fleisch samt Schwarte und Knochen, mit dem Gemüse und dem *bouquet-garni* in eine Kasserolle geben, mit dem Sirup bedecken, mit Fond und Wasser aufgießen. Zugedeckt zum Kochen bringen und eine Stunde köcheln lassen. Den Deckel entfernen und etwa 1,5 bis 2 Stunden köcheln lassen, bis die Flüssigkeit verdampft ist und nur Fett und Gemüse übrig sind.

Die Knochen aus der Kasserolle nehmen. Den Braten mit dem abgeseihten Saft glasieren und das Fleisch 24 Stunden abkühlen lassen. Mit Feldsalat servieren.

Côtes de porc à la gasconne
Schweinekotelettes à la Gascogne

4 PORTIONEN

25 Knoblauchzehen

4 dicke Schweinekoteletts

1 Zweig Thymian

1 Lorbeerblatt

Salz und Pfeffer

2 Teelöffel Olivenöl

1 Eßlöffel Zitronensaft

24 grüne oder schwarze Oliven, entkernt

2 Eßlöffel Gänse- oder Entenfett

1 Glas trockener Weißwein

150 ml Rinds- oder Hühnerfond

Eine Knoblauchzehe blättrig schneiden und die Schweinekoteletts spicken. Eine Marinade aus Thymian, Lorbeerblatt, Gewürzen, Öl und Zitronensaft herstellen, die Koteletts darin wenden und 2 Stunden liegenlassen.

Die Oliven und den restlichen Knoblauch getrennt 2 Minuten blanchieren, dann abseihen. Den Knoblauch hacken.

Fett in einer Bratenpfanne erhitzen. Die Koteletts abtropfen lassen und mit Küchenpapier trockentupfen. Rasch im Fett 3 Minuten auf jeder Seite anbraten. Den gehackten Knoblauch dazugeben und die Hitze reduzieren. Sehr behutsam 30–45 Minuten braten, die Koteletts einmal wenden.

Die Koteletts mit den Oliven warmhalten. Die Bratrückstände mit Wein und Fond aufgießen und die Sauce reduzieren. Die Sauce über die Koteletts gießen und sofort servieren.

PROVENCE

Markttag in der Provence

Neben den sieben Weltwundern gibt es auch bescheidenere Attraktionen, die trotzdem atemberaubend sind, auch für erfahrene Reisende. Die Märkte der Provence gehören zu dieser Kategorie.

Diese Märkte sind ein Fest für die Augen. Der wolkenlose Himmel, der sich am frühen Morgen und in der Dämmerung in transparentem Ultramarin zeigt, erstrahlt um die Mittagsstunde in leuchtendem Kobaltblau. Der Baldachin der Platanen läßt gerade so viel Sonne durch, um die Buden mit Nahrungsmitteln und die Blumen mit Lichtflecken zu sprenkeln. Die Musterung der sich schälenden Baumrinden scheint sich zu wiederholen. Ein leichter Wind raschelt in den Blättern und hält die Produkte kühl und frisch. Das üppige Grün des Gemüses und das leuchtende Rot und Orange der Früchte kontrastiert mit dem tiefen Schwarz der Oliven und der Auberginen – die Farben der Natur harmonieren miteinander und sind eine Wohltat für das Auge im Vergleich zu den künstlich grellen Angeboten in den städtischen Supermäkten.

Die Lebhaftigkeit der Menschen hier entspricht der Leuchtkraft der Farben. Die Budenbesitzer, ob professionelle Händler oder alte Frauen, die ihre überschüssigen Produkte auf den Markt bringen und die Gelegenheit zum Plaudern nutzen, scheinen mehr zu reden, lauter zu argumentieren und wilder zu gestikulieren als anderswo. Auch die Käufer scheinen heikler zu sein und härter zu feilschen. Sogar die Pudel kläffen lauter und öfter als in Paris.

Die Märkte der Provence enttäuschen nie. Einer scheint besser als der andere zu sein und läßt einen glauben, daß man nun den schönsten aller Märkte entdeckt hat.

Gourmets, Einkäufer oder hungrige Touristen können dem Angebot auf den Märkten der Provence selten widerstehen. Die Erbsen sind nicht auf Murmelgröße aufgeblasen, die Puffbohnen sind so jung, daß man die Schale nicht entfernen muß, und die jungen grünen Gartenbohnen sind knackig und nicht zäh wie Knetmasse. Die schwarzen Kirschen glänzen und funkeln im Schatten der Bäume, die Erdbeeren sind klein und dunkelrot, nicht groß wie Rüben und verblaßt. Die Himbeeren sind noch so flaumig wie am Strauch.

Die Auswahl an den Olivenständen läßt keinen Wunsch offen: grüne und schwarze Früchte und auch mit Knoblauch und edelsüßem Paprika, Anchovis, Basilikum, Fenchel, Zitrone oder exotischen Gewürzen gefüllte Variationen.

Der Käse ist größtenteils aus Ziegenmilch und wird entweder als namenloses Produkt von Bauersfrauen verkauft oder

Gegenüber: **Der Markt von Nizza**

Oben: Die Markthalle in Ganges

Seite 105: **Der Markt am**

Place des Prêcheurs in Aix-en-Provence

stammt aus bekannten Regionen, wie etwa Banon, wo kleine Käselaibe aus Schafmilch oder frischer Ziegenkäse produziert werden. Aus der Camargue kommen «Le Camarguais» und «La Brique», die bisweilen mit *sarriette* (Pfefferkraut) gewürzt sind. «Le Roves», ein runder Ziegenkäse, stammt aus Garrigues, der Käse aus Ardèche und Drôme wird *picodons* genannt. Es gibt griechischen Feta und auch konventionelle Käsesorten aus Kuhmilch, darunter auch einen kleinen, runden Käse aus dem fernen Aubrac.

Die Auswahl an *charcuterie*, an Fleisch- und Wurstwaren, ist groß: salamiähnliche Schweinewürste aus allen Teilen der Provence, wobei die Sorte aus Arles meist am teuersten ist; kleine Würste, die *grelots* genannt werden, und aus Nüssen und Schweinefleisch gemacht sind; eine etwas unansehnliche Sorte nennt sich «Le Cathare au Vin». Es gibt auch Würste aus anderen Fleischsorten: vom Rind, vom Wild und sogar vom Affen. Neben einfachen Schweinewürsten werden auch die luftgetrockneten «Fouets de Campagne» angeboten, des weiteren die sogenannte *amourette,* eine kleine, mit Fenchel gewürzte Wurst, die die Form von *chipolatas* hat. Es gibt auch würzige Sorten, wie die *camarguaise* mit scharfem Cayennepfeffer und die überaus würzige *soubressade* aus Nordafrika. Schinken aus aller Welt ist hier zu kriegen – aus Parma, Bayonne und Serrano, aber auch aus dem norditalienischen Friaul.

Links: Der Markt von Mormoiron (Basilikum); *rechts:* Verkauf aus dem Kofferraum in Velleron

Das Angebot an den Gewürzbuden ist nicht weniger bemerkenswert. Selbstverständlich findet man Safran, eine der wichtigsten Zutaten der weltberühmten Bouillabaisse, ebenso Muskatblüten und Muskat, gemahlenen grünen und roten Pfeffer, Fenchel, Wacholder und Sternanis. Zahllos sind die Überraschungen: zwei Sorten *ras-el-hanout* (gelb und braun), Kreuzkümmel, Jamaikapfeffer, *quatre épices*, Gewürznelken, Chillis, mexikanischer Pfeffer, grüner Anis, Pfeffer aus Guiniea, *niora*, *molokeya*, Kamille, grüner Kardamom, Senfsamen, Mohn und *pili-pili*.

Diese Gewürzliste wurde an einer Bude auf dem Markt von Arles zusammengestellt und erhebt keinen Anspruch auf Vollständigkeit. Arles ist das Mekka des Einkaufens in der südlichen Provence an einem Samstagvormittag. Der Markt ist der vermutlich größte und bedeutendste der Provence und auch der kosmopolitischste, denn er spiegelt die Geschichte zahlreicher Kulturen wider. Die Römer, die Arles zur Hauptstadt der Provence erwählten, importierten Nahrungsmittel und Gewürze von den entferntesten Vorposten ihres Reiches, sogar aus Senegal. Die Zuwanderung vieler Familien aus Algerien wirkt sich auf das Angebot exotischer Nahrungsmittel, die in die moderne provenzalische Küche integriert werden, aus.

In Nizza werden auch Zucchiniblüten angeboten.

Auch Marseille bietet eine faszinierende Vielfalt an Märkten. Einer der interessantesten ist zweifelsohne der kleine *Marché des Capucins*, auch *Noailles* genannt, der unmittelbar vor der Canebière, etwa einen Kilometer vom alten Hafen entfernt, liegt. Auch hier sind die nordafrikanischen Einflüsse unverkennbar. Die angrenzenden Straßen sind geprägt von Fleischern, Fischhändlern und Gewürzläden, die sich auf afrikanische Produkte spezialisieren. Auf dem *Capucins* fand ich die größten Aprikosen, die ich je gesehen habe, eine Sorte namens «Muscat du Gard» sowie eine seltene spanische Melonensorte namens «Brodée», die die Größe und Form eines kleinen Rugbyballes hatte, und sehr süß und saftig war, wenngleich sie nicht ganz an den Geschmack einer *Charentais* heranreichte. (Mehr über Marseille auf Seite 58.)

Aix-en-Provence ist kleiner als Marseille, besitzt aber ein viel vornehmeres Flair. Aix war viele Jahre die Residenz der Grafen der Provence und blickt auf eine künstlerische und

Im Uhrzeigersinn von oben: Gewürze in Arles;

Handeln in Arles; der Markt von Arles;

Les Capucins, Marseille

Gegenüber: Les Capucins, Marseille

Links: Les Capucins, Marseille (Spargel) *Rechts:* Arles (Oliven)

literarische Tradition zurück, die sich in den vielen Buchhandlungen in der eleganten Hauptstraße, dem Cours Mirabeau, widerspiegelt. Die interessantesten Märkte der Stadt befinden sich nördlich des Ostausganges des Cours. Der Place Richelm in der Altstadt ist klein und rechteckig. Der Markt hat eher familiären Charakter und nur an Wochenenden mehr Zulauf; an den Seiten überwiegen Gemüsestände, in der Mitte werden Geflügel, Käse, Honig und Kräuter angeboten. Jeder Markt hat seine Besonderheit. Hier sind es die *petits marseillais*, winzige, grüne Paprika. Wenn man Glück hat, trifft man vielleicht auf jene Nonne, die manchmal Zucchini mit Blüten anbietet. Ein vorzüglicher Ziegenkäse, den es zu entdecken gilt, ist der *Arlésienne Gardiane*.

Der Markt auf dem Place des Prêcheurs ist viel größer und findet jeden Dienstag, Donnerstag und Sonntagvormittag statt. Hier findet man die berühmten kleinen Erdbeeren vom

Im Uhrzeigersinn von oben links: Ganges (Bohnen); Ganges (Käse); Nizza (*Pizzabrote*); Monteaux (*Käsehappen*)

Mont Ventoux. Auch Kirschen, eine Sorte namens Edelfingen, wachsen auf den Hängen des Mont Ventoux. Meist gibt es auch einen der für die Provence typischen Verkaufsstände, die ausschließlich verschiedene Arten von *tapenade*, ein Püree aus Oliven, anbieten: die einfache Variante aus grünen und schwarzen Oliven, grüne *tapenade* mit Thunfisch und Basilikum oder auch mit Mandeln, Sardellen und Kapern. Eine Spezialität aus den Bergen nennt sich *tourtous de champsaur*, ein Feingebäck mit unterschiedlicher Füllung aus Äpfeln, Birnen, Fleisch, Spinat oder Kartoffeln.

Die interessantesten Märkte findet man nicht zwingend in den großen Städten. Die echte Atmosphäre der Provence entdeckt man in den kleineren Marktflecken, in denen die Bauern einmal wöchentlich ihre Produkte feilbieten. Das für seine Erdbeeren berühmte Carpentras ist ebenso wie Apt ein bedeutendes landwirtschaftliches Zentrum. In beiden Städt-

chen finden sogenannte «Bauernmärkte» statt. Aber selbst diese sind groß, wenn man sie mit dem Dorfmarkt von Monteu, das zwischen Avignon und Carpentras liegt, vergleicht. Hier sind die Straßen am Sonntagmorgen überfüllt mit Hausfrauen, die für das Mittagessen einkaufen. Einmal im Jahr wird der Wochenmarkt großspurig zum Melonenfest erklärt, bei dem es allerdings nur zwei Melonenstände gibt. Noch ländlicher ist der ebenfalls sonntags stattfindende winzige Markt in Mormoiron, bei dem vor allem Kräuter, aber auch Marmeladen und *confits de vin* angeboten werden.

Velleron ist eine eher unscheinbare Stadt mit einem bemerkenswerten Bauernmarkt, der jeden Samstagabend um 18.00 Uhr beginnt und eine große Auswahl an ausgezeichneten Produkten anbietet. Es gibt hier an die hundert Stände, die Waren aller Art, von Körben bis zu Wein, von Käse bis zu Rüben, zu äußerst günstigen Preisen anbieten. Auch in der Nähe von L'Isle-sur-la-Sorgue befindet sich ein berühmtes Marktzentrum, etwas weiter südlich in Cavaillon gibt es einen Markt, der berühmt für seine Melonen ist.

Der Geist der Provence hält sich nicht strikt an geographische Grenzen, weshalb es schwierig zu sagen ist, wo nun die provenzalische Küche beginnt. Nizza etwa, das zum Königreich von Savoyen gehörte und bis 1860 im Besitz des Königs von Sardinien war, ist die Heimat der *pissaladière*, die von den Italienern als Pizza übernommen wurde. Nizza ist nach Marseille die größte Küstenstadt Südfrankreichs. Im Zentrum der französischen Riviera erwartet man eine luxuriöse Atmosphäre, und man findet sie auch. Den Reichtum der Region demonstrieren auch die Märkte, vor allem jener an der Cours de Saleya im Hafenviertel, unmittelbar vor der prächtigen Präfektur. Man sollte den Markt an Wochentagen besuchen, wenn viele Kleinproduzenten Obst, Gemüse und herrliche Blumen anbieten. Montags gehört der Markt übrigens den Antiquitätenhändlern.

Im Departement Gard, im Westen der Provence, herrscht noch provenzalische Atmosphäre, wenngleich es, genau ge-

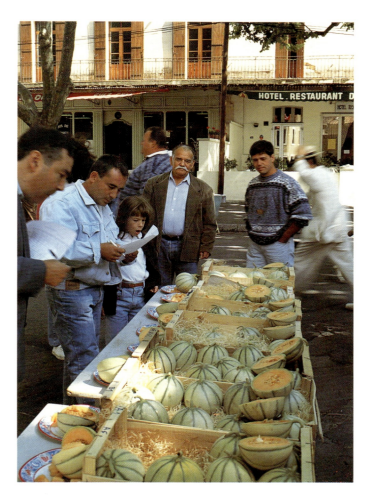

Das Melonenfest in Monteux wird, auch wenn es nur zwei Stände gibt, sehr ernst genommen.

nommen, zum Languedoc gehört. Die Grenzen der Départements verschwimmen, vor allem da Nîmes, die Hauptstadt, starke römische Einflüsse aufweist. In Nîmes gibt es natürlich wunderbare Märkte, aber auch in Uzès und in Ganges, einer Kleinstadt am Rande der Cevennen, wo vor allem im Mai und Juni große, saftige Kirschen erhältlich sind.

In diesem Teil der Welt ist ein Markt besser als der andere. Lassen Sie sich überraschen und entdecken Sie die Rgion auf eigene Faust! (Detaillierte Informationen über Märkte siehe Seiten 180–191).

La Bohémienne
Auberginen-Tomaten-Gratin

4 PORTIONEN

450 g Auberginen

Salz und Pfeffer

Olivenöl

350g Tomaten, geschält, geviertelt und entkernt

1 große Knoblauchzehe, gehackt

2 Sardellenfilets

2 Teelöffel Mehl

2 Teelöffel Milch

Frische Brotkrumen

Die Auberginen in 1 cm dicke Scheiben schneiden, mit Salz bestreuen und 1 Stunde entwässern lassen. Anschließend mit Küchenpapier trockentupfen. Olivenöl in eine Pfanne geben und die Auberginenscheiben goldbraun braten. Die Tomaten hinzufügen. Mit Salz und Pfeffer würzen, den Knoblauch dazugeben und behutsam 20 Minuten köcheln lassen, gelegentlich umrühren.

Die Sardellenfilets mit 1 Eßlöffel Olivenöl im Mörser zerstoßen. Mehl und Milch einrühren. Diese Mischung zum Gemüse geben und weitere 5 Minuten kochen.

Die Masse in eine Gratin-Pfanne füllen und mit einer Schicht Brotkrumen bedecken. Mit Olivenöl beträufeln und unter dem Grill überbacken.

Artichauts à la Barigoule
Eintopf mit jungen Artischocken

Rezept von Erick Vedel

4 PORTIONEN

Je nach Größe 4–8 junge Artischocken

Olivenöl

1 mittelgroße Zwiebel, gehackt

1 Scheibe Bauchspeck, in 16 Streifen geschnitten (optional)

1 Glas trockener Weißwein

1 Zweig Thymian

Pfeffer

Das Gericht sollte mit zarten, jungen, ganzen Artischocken zubereitet werden. Sie dürfen maximal die Größe eines Apfels aufweisen.

Stachelige Blattspitzen und gröbere Schuppenblätter der Artischocken entfernen. Die Stiele abbrechen. Größere Artischocken vierteln und den Boden entfernen. Die Stiele schälen und halbieren. Öl in eine Kasserolle mit dickem Boden gießen, und Zwiebel, Speckstreifen und die Artischocken samt Stielen hineingeben. Zugedeckt bei mittlerer Hitze kochen, dann Weißwein, Thymian, Pfeffer und etwas Wasser hinzufügen. Die Hitze reduzieren und eine weitere Stunde kochen, von Zeit zu Zeit umrühren und, wenn nötig, mit etwas Wasser aufgießen.

Märkte

Beignets de fleurs de courgettes
Fritierte Zucchiniblüten

4 PORTIONEN
Ausbackteig:
3 Teelöffel Olivenöl
120 g Mehl, gesiebt
1 Prise Salz
150 ml lauwarmes Wasser
1 Eiweiß

8–10 Zucchiniblüten
Pflanzenöl zum Fritieren

Den Ausbackteig 2 Stunden zuvor zurbereiten. Eine dickflüssige Masse herstellen, indem man Öl und Salz in das gesiebte Mehl rührt und dann im Wasser glattschlägt.

Vor dem Herausbacken das steifgeschlagene Eiweiß unterheben. Das Öl auf 190 °C erhitzen. Die Blüten aufspießen und in den Teig tunken, bis sie von der Masse überzogen sind, dann etwa 3 Minuten fritieren bis sie golbraun und knusprig sind. Mit Küchenpapier abtupfen.

Heiß und knusprig servieren. Eine Zuspeise ist zu diesem Gericht nicht nötig.

Fleurs de courgettes farcies
Gefüllte Zucchiniblüten

4 PORTIONEN
Fülle:
1 Zwiebel, fein gehackt
2 Zucchini, fein gehackt
2 Teelöffel Olivenöl
1 Knoblauchzehe, gehackt
2 Teelöffel frische Kräuter wie Petersilie und Majoran, gehackt
4 Teelöffel frische Brotkrumen
Salz und Pfeffer
2 Eiweiß

1 Lorbeerblatt
8 Zucchiniblüten
2–3 Teelöffel Hühnerfond

Für die Fülle Zwiebel und Zucchini in 1 Eßlöffel Öl bei mittlerer Hitze 2–3 Minuten weichdünsten. Vom Herd nehmen und Knoblauch, Kräuter, Brotkrumen und Gewürze daruntermengen. Abkühlen lassen und dann das geschlagene Eiweiß unterheben.

Den Backofen auf 180 °C (Gas Stufe 4) vorheizen. Das Lorbeerblatt in eine geölte Gratin-Pfanne geben. Behutsam jede Zucchiniblüte öffnen, füllen und mit den oberen Blütenblättern verschließen. Seitlich in die Pfanne legen, mit Hühnerfond aufgießen und mit etwas Olivenöl beträufeln. Mit Folie bedecken und 15 Minuten backen.

NAJAC

Kuchen für alle

Ein *fouace* ist ein großer Kuchen. Im mittelalterlichen Najac hat er surreale Dimensionen. Er wird von den Kindern bei einer Parade durch die Straßen getragen.

In ganz Südfrankreich bekommt man eine Kuchensorte namens *fouace*. Es handelt sich um einen einfachen, hellgelben Kuchen mit Vanillearoma, der mit Zucker bestreut ist und eine längliche Form hat. Er ist so trocken, daß so manche Konversation stockt, und er ist nur mit viel Flüssigkeit zu genießen. Großzügig mit hausgemachter Marmelade und einem Löffel Crème fraîche bestrichen, dazu ein Glas süßer weißer Gaillack zum Hinunterspülen, schmeckt er jedoch vorzüglich.

In dem mittelalterlichen Dorf Najac hat dieser Kuchen eine ganz besondere Bedeutung. Er steht im Zentrum des Dorffestes, das jedes Jahr am ersten Wochenende nach dem 15. August stattfindet. Für diesen Anlaß wird kein gewöhnlicher Kuchen gebacken, sondern ein Riesenkuchen, der im größten Backofen des Bezirkes hergestellt wird. Er hat die Form und Größe eines Schlauchbootes und muß mit einem Traktor transportiert werden. Als Höhepunkt des dreitägigen Festes von Najac wird das überdimensionale Backwerk auf einem Festwagen durch das Dorf geführt, bevor es in mundgerechte Stücke zerteilt und an die Menschenmenge ausgegeben wird.

Wie die Geschichte der Stadt Najac ging auch jene des *fouace* in den vorrevolutionären Wirren verloren. Wie kam dieser Kuchen zu seiner symbolischen Bedeutung? Wurde er verteilt, um das Ende einer Hungerperiode zu feiern? War er ein Mittel, um die Steuern zu umgehen, die man während der Monarchie zahlen mußte, wenn man den öffentlichen Backofen benutzte? War er ein Geschenk der Kirche an die Armen? Wie auch immer, Najac ist jedenfalls die einzige Stadt Frankreichs, in der ein so monströses Backwerk durch die Straßen getragen wird.

Ein weiteres Merkmal des Festes von Najac ging in den letzten Jahren verloren. Früher fanden nämlich zwei Feste gleichzeitig statt, deren heftige Rivalität oft in Gewalttätigkeiten endete. Diese Konkurrenz erklärt sich teilweise durch die Anlage der Stadt und ihre außergewöhnliche geographische Lage in der Region.

Der Fluß Aveyron verleiht einem der größten, wildromantischsten und unbekanntesten Departements Frankreichs den Namen. Er zwängt sich über weite Strecken durch wilde Schluchten mit senkrechten Steilufern, die mit Eichen und Kastanienbäumen bewachsen sind. An den wenigen Stellen, an

Sonntag ist *fouace*-Tag. Die Menge versammelt sich nach dem Mittagessen in der Vorstadt. Schauplatz des Geschehens ist eine große Garage. Darin warten zwei Traktoren, die die Festwagen mit dem Backwerk ziehen.

Auf den mit der Trikolore und mit Blumen dekorierten Festwagen sitzen dicht gedrängt die Kinder, die die Zuschauer mit Konfetti bewerfen.

Auf dem Hauptplatz beim Schinkenstand schließen sich der Prozession drei Leierkastenspieler in traditioneller Tracht und eine Gruppe Volkstänzer mit den schwarzen Hüten und roten Halstüchern der Rouergue an.

Lampions erhellen die laue Nacht.

denen sich der Fluß in einer Ebene verbreitet, entstanden Städte wie Najac. Najac entwickelte sich ungleichmäßig. Am äußersten Ende befinden sich, an einen Felsvorsprung gezwängt, die Ruinen eines mittelalterlichen Schlosses, das die Umgebung weithin überragt. Von hier führt eine enge Gasse, die von alten, teilweise baufälligen Häusern gesäumt ist, etwa einen Kilometer entlang einer Hügelkette zu einer Seitenstraße, die zur alten Getreidemarkthalle abzweigt. Von hier aus verläuft die Hauptstraße steil abfallend zur Hochebene zurück. Dieser Stadtteil nennt sich *Quartier Bas*. Alles was höher liegt, heißt *Quartier Haut*. Dieser Stadtteil blickt auf eine weniger lange Geschichte zurück, weshalb man im *Quartier Bas* den Snobismus des höheren Alters pflegt. Früher befand sich das alte Stadttor am Beginn dieser Straße, in der die Gebäude einander über die schmale Straße hinweg beinahe berühren. Dahinter beginnt die moderne Vorstadt, in der sich Post, Polizeiwache und Finanzamt befinden. Hier ist auch der große Platz, auf dem Autodrom, Karussell und andere Einrichtungen für das Fest aufgebaut werden.

Im *Quartier Bas* werden derart vulgäre Vergnügungen abgelehnt. Die Rivalität zwischen den beiden Bezirken besteht seit Jahrhunderten und erklärt sich durch die außergewöhnliche Topographie der Stadt. Jene, die im Umfeld des Schlosses lebten, mußten eine halbe Tagesreise hinter sich bringen, wenn sie zur Post wollten. Das Fest war die sichtbare Manifestation der gespaltenen Stadt. Jedes Viertel brüstete sich, das größere Backwerk herzustellen, den schöneren Fackelzug, das spektakulärere Tanzvergnügen, die ausgelassenere Band zu besitzen. Aber die Umzüge machten nicht an den Grenzen des eigenen Stadtteils halt. Die Konfrontation der beiden Gruppen, das Eindringen in das Territorium des Nachbarn, waren Teil des Vergnügens.

Die Zweiteilung des Festes währte bis zum Zweiten Weltkrieg, als alle Feste verboten wurden. Nach dem Krieg gab es noch eine Weile zwei Feste, aber der Geist der Rivalität war verschwunden. Najac verlor an Bedeutung für die Nachbarstädte, und die Bevölkerungszahl ging langsam aber stetig zurück. 1982 schließlich beschloß man die Zusammenlegung der beiden Feste.

Der erste Festtag, der Samstag, ist ein ruhiger Auftakt für das kommende Spektakel. Lokale Produzenten bieten Spezialitäten wie Ziegenkäse an. In der Hauptstraße drängen sich mehr oder weniger seriöse Künstler, die altes Handwerk vorführen. Wenn Sie interessiert daran sind, wie ein Knäuel Wolle entsteht oder wie ein Pferdesattel hergestellt wird, sind Sie hier richtig. Alte bäuerliche Techniken, wie das Abstreifen von Mais werden demonstriert. Die Kunst der Korbflechterei hat

Bourrée und **Farandole** sind die Hits beim Tanz im *Quartier Bas*.

an manchen Orten überdauert und erlebt sogar einen Aufschwung – die Zuwanderung von Zweitwohnungsbesitzern hat dafür gesorgt, daß kein Wochenendurlauber auf dem Markt ohne passenden, rustikalen Korb auftaucht. Der *barriou*, wie die Hauptstraße genannt wird, ist etwa 50 Meter breit und für größere Darbietungen geeignet. Die Franzosen haben eine Vorliebe für alte Autos, und beim Fest von Najac ist immer eine große Auswahl zu sehen. Große Peugeot- und Citroën-Salons zeigen luxuriöse Karosserien und Zubehör. Es gibt auch alte Traktoren aus den 50er Jahren, als die Maschinen zum ersten Mal im eher konservativen bäuerlichen Milieu auftauchten. Es ist ein Jammer, daß es nicht einmal mehr Hinweise auf die Aktivitäten gibt, für die Najac einst berühmt war, und die es zu der reichen Stadt machten, die es noch vor 100 Jahren war.

Als die Hügel noch mit Weinstöcken bedeckt waren, bedeutete die Herstellung von Fässern ein wichtiges Gewerbe im Dorf. Es gab auch Kupfer- und Zinnminen im Tal, die mittlerweile völlig abgebaut sind. Berühmt war Najac aber vor allem für seinen Schinken, der einen einzigartigen Ruf besaß. Die Schinkenkeulen wurden öffentlich abgewogen und anschließend versteigert. Die Waage stand in einer Art Kiosk, der auch heute noch in der Hauptstraße steht und eher einem Musikpavillon gleicht. Um Betrügereien zu verhindern, wurden die Schinken von Najac mit einem Warenzeichen geschützt. Die Industrialisierung der Landwirtschaft führte dazu, daß die Schweine weniger nahrhaft gefüttert wurden als ihre Vorfahren – der Schinken von Najac existiert heute nur noch in der Erinnerung.

Mittlerweile lebt Najac vom Tourismus, und das Fest ist die alljährliche Hauptattraktion. Samstags und sonntags findet abends in jedem der beiden Viertel ein Ball statt. Es muß nicht erst erwähnt werden, daß man sich im *Quartier Bas* auf traditionelle Volkstänze beschränkt, während im *Quartier Haut*, wo die Tanzveranstaltung inmitten der bekannten Vergnügungseinrichtungen fahrender Märkte stattfindet, Hardrock dröhnt. Das *Quartier Bas* lockt mit dem Vorteil des alten überdachten Marktes namens *La Loge*. Die dortige Band besteht aus einem Geiger, einem Akkordeonspieler, einem Percussion-Spieler und einem Allrounder, der von der Flöte bis zum Akkordeon alles beherrscht. Ein weiterer Vorteil dieser Tanzveranstaltung ist die unmittelbare Nähe eines Cafés, in dem gute Pizzas serviert und die Preise zur Festzeit nicht angehoben werden. Die Fremden sind sofort zu erkennen. Welcher Tanz auch ansteht – manche haben zugegebenermaßen recht komplizierte Rhythmen und Schritte – die Touristen entscheiden sich immer für den Quickstep.

Sonntag ist *fouace*-Tag. Die Besucher versammeln sich nach dem Mittagessen in der Vorstadt. Schauplatz des Geschehens ist eine große Garage. Darin warten zwei Traktoren, die zwei Festwagen mit Backwerk schleppen. Auf den mit der Trikolore und mit Blumen dekorierten Festwagen sitzen dicht gedrängt die Kinder, die die Zuschauer mit Konfetti bewerfen. Es gibt keine zeremonielle oder formelle Eröffnung. Sobald die Musikgruppe eintrifft, setzt sich der Zug in Bewegung. Die Gruppe ist von weither gekommen. Sie hat offenkundig große Erfahrung mit solchen Auftritten und versteht sich auf die richtige Mischung von monotoner Ausdruckslosigkeit und zunehmender Ausgelassenheit. Freunde von Festen dieser Art wissen bald ein Lied von dieser besonderen Form orchestraler Virtuosität zu singen. Der Kapellmeister erklärte mir, daß die Musiker mit der Zeit immer mehr ihren Instrumenten gleichen würden. Der Hornist ist ein rotbackiger junger Mann, dessen Kopf so rund ist wie sein Blasinstrument, während man dem Schlagzeuger lieber nicht im Dunkeln begegnen möchte.

Wir lassen Schießbuden und Autodrom hinter uns und biegen in die Hauptstraße ein. An heißen Tagen drängen sich die Zuschauer unter den Arkaden, aus dem zweiten Festwagen spritzen boshafte Jugendliche mit Gartenschläuchen Wasser in die Menge und erinnern so an die Narrenfreiheit im Fasching. Auf dem Hauptplatz beim Schinkenstand schließen sich drei Leierkastenspieler in traditionellen Kostümen und eine Gruppe Volkstänzer mit den schwarzen Hüten und roten Halstüchern der *Rouergue* der Prozession an.

Der Umzug zwängt sich die steile Straße hinab, die ins *Quartier Bas* führt. Hier ist der Weg so eng, daß der Mißklang aus Musik und Gejohle der Menge ohrenbetäubend wird. Wir treffen am Place St. Barthélémy ein, dem tiefsten Punkt von Najac. Hier macht man Halt, um sich bei Musik und Tanz zu entspannen.

Bei Sonnenuntergang beginnt der Fackelzug, der durch dieselben Straßen zieht. Die Bezeichnung Fackelzug ist mißverständlich, da es sich um japanische Lampions handelt, eine Sitte, die 1924 aufkam, als es infolge einer Dürre keine Elektrizität gab, um die Straßen zu beleuchten. Die bezaubernden Lampions erhalten Verstärkung durch moderne Leuchtfeuer, die stickigen Rauch verbreiten. Aber es lohnt sich, das Hüsteln auf sich zu nehmen, da die zarten Lichter die mittelalterlichen Gebäude wie durch einen Theaternebel sehr exotisch erscheinen lassen. Das Aufschneiden der *fouaces* beim *bal folklorique* erscheint nach diesen orientalischen Eindrücken als krasser Gegensatz. Ein einfacher, großer Tisch steht mit Kuchenstücken und Wein beladen am Rande der

Tanzfläche. Das Fest wäre unvollständig, wenn man verabsäumen würde, dieses Symbol des Widerstandes zu kosten.

Getanzt wird bis in die frühen Morgenstunden. Die Musik wird immer ausgelassener und läßt die Konservenmusik des *Quartier Haut* seicht und seelenlos erscheinen. Die Klänge vom *La Loge* bleiben im Gedächnis wie das Schimmern der Lampions und die steinharten, jahrhundertealten *fouaces* von Najac.

Croustillant de chèvre
Knuspriger Ziegenkäse

4 PORTIONEN

1–2 Blätter Strudelteig
4 Ziegenkäselaibchen, 5 cm im Durchmesser und 1 cm dick
Butter, geschmolzen
Salat mit bitter schmeckenden Blättern
2 Teelöffel gehackte Walnüsse
Walnußöl-Vinaigrette

Den Teig in acht 10 × 15 cm große Rechtecke schneiden. Genügend Rand lassen, damit man den Käse gut einschlagen kann.

2 Teigstücke übereinanderlegen, mit geschmolzener Butter bestreichen und den Käse darauf legen. Den Teig zu einem Päckchen einschlagen, die Ränder zusammendrücken und mit geschmolzener Butter bestreichen. Alle Käselaibchen einschlagen.

Die Salatblätter auf 4 Tellern arrangieren. 1 Teelöffel Butter bei mittlerer Hitze in einer Bratpfanne erhitzen. Die Teigtäschchen darin 2 Minuten an jeder Seite anbraten, bis sie goldbraun und knusprig sind. Die Käselaibchen sollten einen knusprigen Rand haben, und die Käsefülle sollte geschmolzen sein.

Jedes Laibchen auf Salat anrichten, mit Walnüssen bestreuen, mit Dressing übergießen und sofort den Gästen servieren.

Potage Rouergat
Suppe aus der Rouergue

4 PORTIONEN

125 g weiße Gartenbohnen, getrocknet
1,5 Teelöffel Gänsefett
1 große Zwiebel, grob gehackt
1 Liter Schinken- oder Hühnerfond
450 g Kartoffeln, geschält
Salz und Pfeffer
4 Scheiben französisches Brot

Die Bohnen in einen Topf mit passendem Deckel geben, mit kaltem Wasser bedecken und über Nacht einweichen. Am nächsten Tag im selben Wasser aufkochen und bei großer Hitze 10 Minuten kochen. Die Hitze reduzieren und zugedeckt weitere 45 Minuten kochen bis die Flüssigkeit absorbiert ist.

Inzwischen das Fett in einer anderen Pfanne erhitzen. Die Zwiebel hinzufügen und zugedeckt langsam weichdünsten. Mit dem Fond aufgießen, die Hälfte der Kartoffeln grob zerteilen und in die Pfanne geben. Zum Kochen bringen und zugedeckt bei mäßiger Hitze 30 Minuten kochen. Die Suppe in einem Mixer pürieren. Die übrigen Kartoffeln würfeln und in die Bohnensuppe geben. Beim Abschmecken den Salzgehalt des Fonds beachten. Zudecken und weitere 30 Minuten köcheln lassen. Eine Scheibe Brot in die Servierschüssel legen und die Suppe darübergießen. Als Hauptspeise servieren.

CHALVIGNAC

Hartkäse

Um vier Uhr morgens enden die Feste für gewöhnlich. In Chalvignac, im Westen der Region Cantal, beginnen sie um diese Zeit. Im Zentrum dieses Festes stehen die liebevoll produzierten Käselaibe, die viele Monate harter Arbeit auf den Almen der französischen Alpen repräsentieren.

Der Großteil der Milch, den das mit Bergkräutern ernährte Vieh liefert, wird zur Pasteurisierung und für die Massenproduktion an industrielle Butter- und Käseproduzenten verkauft. Es gibt aber noch etwa ein Dutzend Kleinproduzenten unter den Käsemachern, sieben davon im Cantal, die übrigen in Aveyron. Diese verwenden nur die unpasteurisierte Milch der eigenen Kühe, um allerfeinsten Hartkäse herzustellen.

Melken im Morgengrauen,

ein Frühstück mit Käsesuppe,

ein Tag im Zentralmassiv

und am Oberlauf der Dordogne und

als Krönung das Käsefest von Salers.

Monsieur Taillé verbringt den Winter mit seiner Herde in St. Cernin, ein paar Kilometer nördlich von Aurillac. In diesen Höhenlagen gibt es selbst im Sommer nicht genug Weideland, weshalb er sein Vieh Ende Mai auf die Sommerweiden auf ein abgelegenes Hochplateau namens Espinassou zwischen Mauriac und Puy Mary bringt. Hier, in etwa 1200 Metern Höhe, besitzt er seine Almhütte, die hier *buron* genannt wird, (siehe Seite 26), und in der er ab Ende Mai mit seinen Hunden lebt. Seine einzige Gesellschaft sind die vier Hirten, die ihm beim Melken und Viehtreiben helfen.

Etwas weiter nördlich entspringt in den Einschnitten des Monts Dore die Dordogne, die sich weiter westlich unterhalb des unscheinbaren Dorfes Chalvignac durch unzugängliche Schluchten in die Tiefe stürzt. Wie in vielen anderen Dörfern findet das Fest von Chalvignac Ende August statt. Zufällig ist

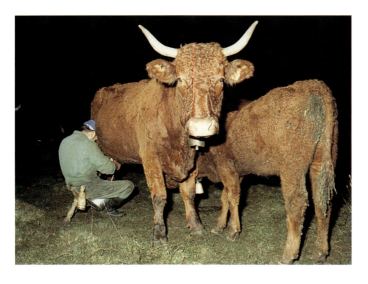

Monsieur Pradeyrol, der Bürgermeister, ein guter Freund von Monsieur Taillé und hat eine Vorliebe für guten Käse und Produkte der Region. Er hatte die Idee, das Fest mit einem Besuch in Monsieur Taillés Almhütte einzuleiten und mit einer anschließenden Feier in Chalvignac, bei der der herrliche Käse der Auvergne gewürdigt wird, abzuschließen.

Der Besuch in der Almhütte beginnt mit dem Melken der Herde um halb fünf Uhr morgens. Um vier Uhr morgens versammeln sich etwa 60 Leute, die sich für den Ausflug angemeldet haben, auf dem Dorfplatz von Chalvignac. Den müden Gesichtern ist abzulesen, daß sie bezweifeln, ob ihre Entscheidung klug war. Es ist stockdunkel. Der Schulbus führt die Autoschlange durch die engen gewundenen Straßen an, vorbei an Fenstern, hinter denen Bauern staunen, daß so viele Städter vor ihnen auf den Beinen sind.

Der Weg führt zu einer Grasebene. In eine Bodensenke geduckt ist bereits die Almhütte zu sehen, eine schwache Laterne ist weit und breit der einzige Hinweis auf Menschen. Die Dunkelheit wird immer undurchdringlicher, als die Gruppe in der kalten Morgenluft über holprigen Boden auf die Weide geführt wird, wo Kühe und Hirten bereits warten.

Nach etwa einem Kilometer, gerade als die erste Andeutung von Morgenröte den Weg zu erhellen beginnt, zeigen Fackeln an, daß das Ziel nahe ist. Eine Drahtumzäunung, die etwa

Sobald der Tag anbricht, wird die warme Milch von einem Esel ganz allein zum *buron* zurückgebracht.

60 Quadratmeter einschließt, taucht aus dem Dunkel auf. In einer Ecke steht ein dreieckiger, hölzerner Stall, in dem sich die Kälber befinden. Was als erstes auffällt, sind die seltsamen, wie eine Leier geschwungenen Hörner der Kühe, die alle eine glänzende Blechglocke umgehängt haben. Die Rasse nennt sich Salers. Salers ist (wie Laguiole) eine geschützte Markenbezeichnung für Käse der Sorte Cantal. Er darf ausschließlich aus Milch von Salers-Kühen hergestellt werden. Salers-Käse muß vor dem Verkauf laut Vorschrift mindestens drei Monate reifen, während für einen Cantal nur ein Monat Reifung verpflichtend ist. Das erklärt, warum dieses Fest erst Ende August, also nach der Transhumanz, stattfindet.

Beim Näherkommen bemerkt man, daß sich ein Außenseiter in der Umzäunung befindet. Es ist der Esel des Bauern, dessen Aufgabe es ist, die Milch zurück zur Hütte zu bringen. Im Karren hinter ihm stehen hübsche hölzerne Bottiche für die frische Milch.

Bald ist es hell genug, um die Melker mit ihren Eimern bei der Arbeit zu beobachten. 68 Kühe müssen gemolken und die Milch nach jedem Melkdurchgang zum Eselskarren getragen

August

Im *buron* wird der Käse angerührt, danach nimmt man sich Zeit für ein gutes Frühstück mit Käsesuppe und Rotwein.

werden. Freundlich bieten die Melker den Besuchern warme Milch an. Ein alter, erfahrener Kuhhirte, der *bédélier,* überwacht das Melken. Er kennt jedes Kalb und weiß, zu welcher Mutterkuh es gehört. Er geht in den Stall und begleitet die Kälber einzeln zu den Muttertieren, wo sie die restliche Milch bekommen. Er treibt sie mit einem geknoteten Seil und lauten Worten in einem völlig unverständlichen Dialekt an.

Das Zusammenspiel von Mensch und Tier funktioniert wunderbar ökonomisch, was Zeit- und Energieaufwand betrifft. Als die Arbeit getan ist, steht die Sonne bereits als heller Feuerball am Himmel und wirft malvenfarbene Schatten über die Hügel. Um halb sieben Uhr ist es Zeit für ein *casse-croûte,* einen Imbiß.

Die Hirten verschließen die Bottiche und überprüfen das Geschirr des Esels, der die Viehherde anführt, die von zwei Promenadenmischungen zur Hütte zurückgetrieben wird. Der Rest der Gruppe folgt in respektvoller Distanz und wundert sich über die Zahl der Kuhfladen, in die so mancher Besucher tappt. Aber wie ein Hirte meinte: «Ceux-la vous porteront de bonheur …» – «Das bringt Glück …».

Vor der Hütte sind Tische gedeckt, dampfende Schüsseln mit Käsesuppe werden herausgetragen, auf die sich besonders jene freuen, die in der schwachen Sonne noch frösteln. Die Käsesuppe ist eine gehaltvolle Fleischbrühe über Landbrotscheiben, die mit Käse belegt wurden, der durch die Wärme der Suppe schmilzt. In Plastikbechern wird Rotwein aus der Auvergne gereicht; abschließend wird heißer Kaffee mit herrlicher Salers-Sahne serviert. Salers-Butter und Salers-Käse ergänzen das kräftige Frühstück. Auffallend ist die geschmackliche Ähnlichkeit der warmen Milch, die wir am frühen Morgen gekostet hatten, mit dem frischen Milchgeschmack des Käses, was zweifelsohne daran liegt, daß die Milch nicht pasteurisiert wurde. Um Stimmung zu machen, beginnt jemand *cabrette*, eine Art Dudelsack, zu spielen. Nach dem Frühstück lädt Monsieur Taillé die Milchbottiche vom Wagen und gibt in jedes etwa zehn Zentiliter (nicht ganz ein Weinglas) Lab. Später erzählt er, daß an diesem Morgen etwa 320 Liter Milch zusammengekommen sind, was zeigt, wie wenig Lab man braucht, damit die Milch zu arbeiten beginnt, und um die geronnene Milch von der Molke zu trennen.

Die Bottiche stehen in der Mitte des tadellos sauberen Bodens, an einer Seitenwand befindet sich eine Metallpresse auf Rädern, die dazu dient, die geronnene Milch zu einer homogenen Masse zu verbinden. An der hinteren Wand stehen zwei grüne Metallpressen, in denen der fertige Käse in die vertraute zylinderförmige Form gepreßt wird. Jeder Laib wiegt etwa 40 Kilogramm. Nach dem Salzen wird der Käse in das «Sanktuarium» der Hütte gebracht, wo er in kühler Dunkelheit wie Wein reift.

Beim Käsemachen hält Monsieur Taillé die Milch in jedem Faß sorgfältig mit einer großen Rührstange in ständiger Bewegung. Als sich Klumpen bilden, greift er zu einem groben, flachen Metallsieb, das in rechtem Winkel an einer langen Metallstange befestigt ist. Er hebt und senkt das Gerät, um geronnene Milche und Molke gleichmäßig zu verteilen, damit das Lab einwirken kann. Die Arbeit erfordert viel Kraft, doch Monsieur Taillé besitzt kräftige Oberarme. Die anstrengende Arbeit hält ihn auch nicht davon ab, seine Schlagfertigkeit unter Beweis zu stellen. Schließlich hat das Lab sein Werk vollbracht, und es ist an der Zeit, die Molke abzuseihen, wobei ein Eimer und ein kleinerer Krug verwendet werden. Als nur noch die festen Teile zurückbleiben, werden diese zum ersten Preßdurchgang gebracht. Soviel verbleibende Molke wie möglich wird mit bloßen Händen ausgepreßt, die geronnene Milch in Musselin eingewickelt und die Presse verschlossen. Es ist verblüffend, wie viel Flüssigkeit die Milch immer noch enthält. In der Auvergne wird nichts verschwendet, 30 durstige Schweine warten im Stall auf die Molke.

Abends ist die erste Pressung beendet. Das Ergebnis, eine kuchenähnliche Scheibe, wird *tomme* genannt, und von manchen gerne gegessen. Es ist etwas scharf und sauer, paßt aber gut zu einem Glas leichten Landweins. Häufiger aber wird der *tomme* für *aligot* verwendet (ein Gericht, das wir bereits in Aubrac kennenlernten) und für *truffade,* eine weitere lokale Spezialität mit Kartoffeln, Knoblauch und Käse.

Nach der Demonstration der Käseherstellung ist es Zeit, nach Chalvignac zurückzukehren. Im Gepäck mit dabei ist ein ausgereifter Laib Salers – die Einheimischen nennen den Käse *fourme* –, den Monsieur Taillé aus dem dunklen Keller geholt hat. Der Bürgermeister trommelt seine Gruppe zusammen, und die Fahrzeuge formieren sich zur Rückreise. Der Zug hält unterwegs an, um das Château d'Auzers zu besuchen, dessen Besitzer, Monsieur Le Baron, eine Führung durch die zauberhafte kleine Renaissance-Festung leitet, und einen Imbiß mit *bourriols,* hausgemachten Buchweizen-Pfannkuchen, anbietet, die wir mit einigen Gläsern Kir hinunterspülen. Die Reise geht weiter und endet bei einem Mittagessen in einem Landgasthof außerhalb von Chalvignac.

Mir fällt kein Teil vom Schwein ein, der bei diesem aufwendigen, aber typischen Fest der Auvergne nicht auf dem Speiseplan stünde. Das Schwein dient schließlich als Hauptnahrungsmittel dieser Region. Den letzten Gang, eine *flaug-*

Das Fest führt auf einem Boot die Dordogne flußabwärts nach La Ferrière.

narde aus Pflaumen, eine Art Yorkshire Pudding, können wir kaum noch bewältigen. Wein aus der Auvergne wird ausgeschenkt. Die Stimmung ist ausgezeichnet, als wir zu einer Fahrt die Dordogne hinab – in zwei *gabarres*, jenen flachen Booten, mit denen früher die Frachten den gefährlich seichten Fluß hinabbefördert wurden –, aufbrechen. Den Käse nehmen wir natürlich mit, um zu demonstrieren, daß die Produkte der Auvergne früher auf dem Fluß transportiert wurden.

Unten in der Schlucht, mit Blick auf den großartigen Barrage de l'Aigle zur Rechten, führt die Route zum Landesteg *La Ferrière*, wo sich unserem *cabrette*-Spieler zwei Akkordeonisten anschließen, um die Bootspartie mit Gesang und Tanz zu begleiten. Es wird tatsächlich getanzt an Bord. Die Boote werden während der etwa eine Stunde währenden Flußreise

HARTKÄSE 133

behutsam gestakt – eine herrliche Gelegenheit, sich vom schweren Mittagessen zu erholen. Gleichzeitig kann man von den Bootsmännern lernen, was es seinerzeit hieß, diese Boote flußauf- und abwärts nach Bordeaux zu schiffen. Es dauerte etwa eine Woche, um mit der Strömung flußabwärts zu gleiten und Weinfässer, Käse und Holz zu transportieren. Die Rückreise, bei der die Boote von Pferden über gefährliche Pfade gezogen wurden, dauerte allerdings drei Monate. auf dem Rückweg waren die Boote mit Produkten beladen, die die Bauern nicht selbst herstellen konnten.

Als die Boote in *La Ferrière* anlegen, erwartet uns eine köstliche Brotzeit, die aus gebratenen Fischen besteht, die am Flußufer von der Dame, die das örtliche Fischlokal führt, mit Zitrone und eiskaltem Weißwein serviert wird.

Es ist Zeit, nach Chalvignac zurückzukehren. Der Käse wird von zwei weißen Pferden auf einem Karren transportiert. Dahinter bildet sich eine Fahrzeugkolonne, die immer ungeduldiger wird, da die Prozession eine volle Stunde bis zum Dorf braucht.

Dort sind bereits die Vorbereitungen für das eigentliche Fest im Gange, das am Samstagmorgen beginnen soll. Hand-

werker und Fleischer bauen ihre Stände auf, ein Orgelspieler unterhält die Kinder, und Händler aus Laguiole stellen ihre berühmten Messer aus, die für einen jungen Mann auf dem Land so unentbehrlich sind wie schicke Turnschuhe für die Teenager in der Stadt.

Auf dem Dorfplatz, wo ein moderner überdachter Markt im Stil der alten Hallen erbaut worden ist, geht ein Raunen durch die Menge, als die «Käsegruppe», angeführt vom Bürgermeister, eintrifft. Dieser Bürgermeister ist kein steifer Würdenträger. Er ist ein Dorfbewohner wie alle anderen auch, der es nicht scheut, sich die Hände schmutzig zu machen. Er ist der erste, der vom Karren springt, um den schweren Käse abzuladen und zu seinem Ehrenplatz neben der Halle zu tragen. Mit einem Draht schneidet er den 40-Kilogramm-

Käse professionell auf, der nun zur Verkostung an die Menschenmenge verteilt wird (siehe Abbildung gegenüber). Monsieur Praderol erweist sich erneut als vorbildlicher Bürgermeister, indem er eine kurze und pointierte Rede hält, die Region und ihre Produkte preist und dann kurzerhand das Fest für eröffnet erklärt.

Zwei Tage lang wird nun ausgiebig gefeiert. Die Touristen sind sich bewußt, daß sie in wenigen Tagen wieder in der Schule oder an ihrem Arbeitsplatz sein werden. So mancher denkt noch lange an den Tag, als man die Schönheit der frühen Morgenstunden in den Hügeln der Auvergne genoß und die Käsemacher in ihrem Sommerquartier traf.

Soupe au fromage
Käsesuppe

Brot, das mit Wasserdampf zubereitet wurde, ist für dieses Rezept ungeeignet. Sie brauchen ein Bauernbrot, das zu gleichen Teilen aus Kruste und Brot besteht. Die Suppe ist ein Hauptgericht. Anschließend wird grüner Salat gereicht.

4 PORTIONEN
2 Teelöffel Enten- oder Gänsefett (zur Not Sonnenblumenöl)
2 Zwiebeln, in Ringe geschnitten
2 Lauchstangen, in Ringe geschnitten
1 cm dicke Landbrotscheiben
200 g Salers, Laguiole oder Cantal
1,25 Liter Hühnerfond
Salz und Pfeffer

Das Fett in einer Bratpfanne erhitzen, Zwiebel- und Lauchringe hinzufügen und langsam weichdünsten, sie sollen aber keine Farbe annehmen.

Ein Geschirr aus Steingut mit einer Brotschicht auslegen. Mit einem Drittel des Käses sowie mit der Hälfte der Zwiebeln und des Lauches belegen. Den Vorgang wiederholen, mit einer Brotschicht und dem restlichen Käse abschließen. Den Backofen auf 180 °C (Gas Stufe 4) vorheizen.

Den Inhalt des Geschirrs mit Hühnerfond bedecken, abschmecken und ohne Deckel 1 Stunde in den Backofen schieben, bis die Flüssigkeit fast absorbiert ist. Wer eine dünnere Konsistenz bevorzugt, sollte vor dem Servieren erneut mit Brühe aufgießen.

Fromage fermier aux amandes
Frischer Kuhmilchkäse mit Mandeln

4 PORTIONEN
350 g frischer Kuhmilchkäse
Salz und Pfeffer
60 g gestiftelte Mandeln, leicht geröstet
Haselnußöl

Den Käse gründlich abtropfen lassen und in kleinen Formen 2–3 Stunden in den Eisschrank stellen.

Auf kleinen Tellern dekorativ anordnen, salzen, pfeffern und mit den Mandeln spicken. Mit Haselnußöl beträufeln und servieren. Dazu reichen Sie frisches Baguette und einen guten trockenen Rotwein.

LA CAMARGUE

Das Fest, das ins Wasser fiel

Die meisten Menschen verbinden mit der Camargue Bilder von rosaroten Flamingos, wilden Stieren, weißen Pferden und «Cowboys», die in strahlendem Sonnenschein unter einem wolkenlosen, ultramarinblauen Himmel leben. Flamingos bekommen in Wirklichkeit nur jene zu sehen, die Zugang zu dem bewachten Naturschutzreservat haben, und das Leben der Bauern hat eher für touristische Veranstaltungen als für die Landwirtschaft Bedeutung. Besucher der Camargue können noch so lange über das Wasser der Etang de Vaccarès starren und werden doch keinen Flamingo erspähen. Und die am meisten verbreiteten Tiere sind eher Schafe als Stiere.

Wenn man von Arles südlich Richtung Les-Saintes-Maries-de-la-Mer fährt, sieht man hinter den riesigen Schilfrohrreihen, die die Straße flankieren, große Getreidefelder und Schafweiden. Nach den hübsch bemalten Bauernhäusern (*mas*) zu schließen, floriert die Landwirtschaft in dieser Gegend recht gut. Aber was wächst auf den sonnenbestrahlten Feldern? Weizen? Die goldene Farbe würde passen, aber die Halme sind kürzer und stehen dichter. Des Rätsels Lösung liefert ein Schild, das zu einem Besuch im «*Musée du Riz*», dem Reismuseum, einlädt. Reis ist eine Getreideart, die in Europa und Amerika nicht sehr häufig angebaut wird. Meistens stellt man sich zu Reis überschwemmte Felder vor, auf denen Bauern mit großen Strohhüten knietief im Wasser waten. Aber Reis wird in den Flußdeltas der ganzen Welt intensiv angebaut: im

Die Reisernte wird mit einem dreiwöchigen Fest gefeiert, das in Salin in der Camargue endet. Leider ließen bei meinem Besuch schwere Regenfälle das Fest fast ins Wasser fallen.

Fernen Osten, in Indien und auch in Italien, dem größten Reisproduzenten Europas. Die Camargue umfaßt das frühere Rhône-Delta und ist die nördliche Grenze für den Reisanbau, denn diese Frucht braucht zwar Schwemmland für die Aussaat, benötigt aber auch sehr heiße Sommer, um richtig zu reifen.

Der Fluß garantiert zwar die Wasserversorgung, doch ist die Balance zwischen Salz- und Süßwasser ist in einem Flußdelta immer schwierig. Bis zum Zweiten Weltkrieg breitete sich das Rhône-Delta südlich von Arles fächerförmig wie ein Netz aus zahllosen Wasserstraßen aus, die sich ihren Weg zum gezeitenlosen Meer bahnten, wobei sie oft den Lauf wechselten. Die ortsansässigen Bauern waren schon immer den Launen der Natur ausgesetzt. Die Camargue war in jenen Tagen ein verseuchtes Sumpfland, eines der wenigen Gebiete Europas, in denen man Gefahr lief, durch die zahllosen Moskitos Malaria zu bekommen. So war es nicht immer. Im Mittelalter reichte das Meer weit in das Landesinnere, bis nach St. Gilles zu jenem Hafen, von dem die Armeen der Könige Frankreichs zu ihren Kreuzfahrten aufbrachen. Das Meer zog sich nach und nach zurück und hinterließ die riesigen Deltagebiete als eine Art Mereswüste. Der Mistral trocknete das Land aus, und das Salz gelangte durch Kapillarwirkung an die Oberfläche. Da Salz das meiste pflanzliche Leben vernichtet, versuchte man Reis zu pflanzen, um den Boden zu entsalzen, und später Weizen. Doch das Salz vernichtete auch den Reis, und eine Weile war man ratlos, wie man man mit der Salzigkeit des Untergrunds fertig werden könnte. Das Projekt der Urbarmachung, das nach dem Krieg in Angriff genommen wurde, war äußerst ambitioniert. Der Plan war, die Gewässer der Rhône in zwei Ableitungskanäle zu lenken. Diese heißen heute *Grand Rhône* und *Petit Rhône* und zirkeln den Etang de Vaccarès ein, der stark salzhaltig ist.

Für den Anbau von Reis sind große Mengen Süßwasser erforderlich, deshalb befinden sich die Reisfelder heute entlang der beiden Rhône-Arme. Unvorhergesehene Überflutungen werden durch einen Staudamm (eine wichtige Elektrizitätsquelle Südfrankreichs) flußaufwärts und durch die hohen Uferbänke der beiden Flußarme in der Camargue vermieden. Heute gibt es 25 000 Hektar Kulturland in der

Die Paella mit Safranreis war trotz des Schlechtwetters eine Sensation.

Camargue, während gleichzeitig das Naturreservat und die traditionellen Ländereien der Bauern bewahrt wurden.

Am oberen Ende der *Grand Rhône* befindet sich die kleine Stadt Salin-de-Giraud, die bekannt ist für das Salz, das hier aus dem Meer gewonnen wird. Zwischen Salin und Arles, im Gebiet zwischen *Grand Rhône* und *Etang de Vaccarès*, befinden sich einige der größten Reisanbauflächen. Salin ist daher der geeignete Rahmen für ein Fest anläßlich der Reisernte, einer der Höhepunkte der dreiwöchigen Festivitäten in Arles, die dem Thema Reis gewidmet sind, ist. «*Les Prémices du Riz*» wird es von den Bewohnern von Arles genannt – der Beginn der Reisernte. Das Festprogramm umfaßt so verschiedene Veranstaltungen wie eine Modellflugzeugausstellung, Pfeifenraucherwettbewerbe, Go-Cart-Rennen, Antiquitätenausstellungen und, nicht zu vergessen, das Stiertreiben durch die Straßen der Stadt. Für das dreiwöchige Festival im September wird ein *Ambassadeur du Riz* ernannt, ein Botschafter, der zwei Jahre im Amt bleibt.

Niederschlag kann die nahezu nordafrikanische Atmosphäre innerhalb kürzester Zeit in eine graue Regenlandschaft verwandeln. Wenn es in der Provence stark regnet, fallen innerhalb weniger Minuten mehrere Zentimeter Regen. Überschwemmungen sind in jedem Flußgebiet eine ständige Bedrohung. Es ist schwierig, dekorierte, mit Reis, Blumen und Produkten der Provence beladene Festwagen durch strömenden Regen zu ziehen, um sie vom Dorfpriester segnen zu lassen. Das stand am Morgen des Festtages in Salin auf dem

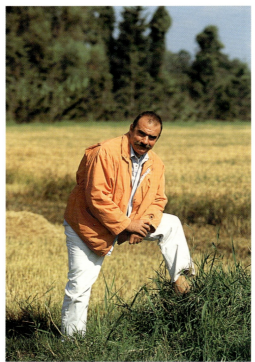

Der Reis-Großhändler Robert Bon

Programm. In Jessica Bons zweitem Jahr als Reisbotschafterin war der Regen so stark, daß der Bürgermeister von Salin den Umzug absagen mußte. Innerhalb von Minuten waren die Straßen menschenleer, und die wenigen Einwohner, die sich noch aus den Häusern wagten, wären wahrscheinlich gleich wieder ins Innere geflüchtet, wenn sie nicht gesehen hätten, daß Jessica zur Kapelle ging, um die erste Garbe Reis segnen zu lassen und um eine gute Ernte zu bitten. Sie wurde von zwei Mädchen aus Salin, die in die traditionellen Trachten von Arles gekleidet waren, begleitet. Sie vertraten die Salzproduzenten des Dorfes. Sie trugen einen großen Klumpen Salz, der gesegnet werden sollte.

In Anwesenheit von etwa 20 Leuten wurde ein stimmungsvoller Gottesdienst abgehalten, bei dem der Pfarrer eine ungewöhnlich kurze Ansprache hielt («*Die Camargue ist wie eine schöne Frau – großzügig und fruchtbar...*»). Und damit wären die Feierlichkeiten zu Ende gewesen, wenn nicht Jessica Bon etwa 100 Gäste zu einem Essen in ihr Haus eingeladen hätte. Für einen Beitrag von 100 Francs war jeder willkommen. Es stellte sich bald heraus, daß Jessica keine gewöhnliche Werbeträgerin ist, obwohl sie mit ihren dunklen Augen und ihrem schwarzem Haar die typische Provenzalin verkörpert. Sie ist die Tochter von Robert Bon, ein Reisproduzent aus dem nahegelegenen *Mas-du-Petit-Manusclat*, wo die Party stattfinden sollte. Er ist auch Besitzer und Manager des bereits erwähnten Reismuseums.

Immer noch regnete es, wenngleich nicht mehr so sintflutartig wie am Morgen. Man konnte bereits einen Aperitif im Freien nehmen. Pastis und Wein flossen in Strömen. Manche flüchteten vor dem Wetter in das Museum, wo man sich über den Anbau und die Verarbeitung von Reis informieren kann. In der angrenzenden alten Schäferei standen Tresen und Bänke für etwa 150 Leute bereit. Schon bald lösten sich die Zungen durch den süffigen Ricard, ein typisches Phänomen in der Provence, und nach einiger Zeit hatten alle Besucher ihre Plätze eingenommen.

Unter den Gästen waren Bauern aus der Umgebung, die aber nicht alle Reis anbauen. Es waren auch Städter aus Nimes und Arles anwesend, Arbeiter aus den Salinen und der Pfarrer, der Reis und Salz gesegnet hatte.

Seine Tochter Jessica, die Reisbotschafterin

Nachdem der Appetit mit Pasteten, Oliven und Essiggurken angeregt worden war (dies sind verbreitete Vorspeisen in der Provence), wurde mit Applaus und großem Hallo die überdimensionale Paella begrüßt, die in einer riesigen Pfanne hereingetragen wurde. Muscheln in glänzend schwarzen Schalen, rosafarbene Garnelen, zarte Hühnerfleischstücke und leuchtend rote Paprika waren verführerisch auf den safrangelben Reis der Camargue gebettet.

Die Musik setzte ein und die Rhythmen aus der Frühzeit des Rock-and-Roll erinnerten die reiferen Herrschaften an die Dorffeste und Tänze ihrer Jugendzeit. Der Raum war beengt, man tanzte auf dem Mittelgang zwischen den Tischreihen, was aber der Begeisterung der Tänzer keinen Abbruch tat. Der Tanz wurde von Gesangseinlagen aufgelockert. Die drei Nationalhymnen waren: Der «Coupo Santo» (siehe Seite 54), ein Lied, das an die Hymne des Marseiller Fußballclubs erinnert, und schließlich Beethovens «Ode an die Freude», wie um daran zu erinnern, daß ein guter Provenzale auch ein guter Europäer sein kann. Monsieur le Curé begleitete auf der Mundharmonika.

Robert Bon schien überall gleichzeitig zu sein. Er scherzte mit den weiblichen Gästen, plauderte mit den Bauern und erläuterte die Geheimnisse der Reiskultivierung, die in seinem Museum gehütet werden. Wäre das Wetter freundlicher gewesen, hätte man einen *pétanque*-Wettbewerb auf dem Hof abgehalten, doch dieser stand unter Wasser. Die Party endete, als man genug von Wein und Tanz hatte.

Robert hatte sich als interessanter Reisexperte erwiesen, deshalb bat ich ihn, mir am nächsten Morgen in ruhigerer Umgebung mehr zu erzählen. Am nächsten Morgen sah der Bauernhof aus, als ob nichts gewesen wäre, das Summen der Trockenmaschine ersetzte die Musik vom Plattenspieler, nichts verwies auf die ausgelassene Feier. Robert korrigierte einige Mißverständnisse vom Vortag. Er sei kein Reisbauer, er verarbeite Reiskörner und verkaufe sie an Großhändler. Außerdem hat er nur mit Reis zu tun, der den Kriterien des biologischen Anbaus der EU entsprechen. Seine Familie ist jedoch seit Beginn im Reisgeschäft tätig – Robert gehört der dritten Generation an – weshalb er mit allen Aspekten des Reisanbaus vertraut ist.

Die sorgfältige Kontrolle der Bewässerung ist beim Reisanbau unerläßlich. Man muß dafür sorgen, daß das Salzwasser des Mittelmeeres in der Bucht bleibt. Paradoxerweise wird dies durch das große Salzverarbeitungswerk in Salin bewirkt. Um Salzpfannen zu schaffen, in denen das Meerwasser verdunstet und reines Meersalz zurückläßt, wurde ein gigantischer Wellenbrecher gebaut, der verhindert, daß Salz in die Seitenarme der Rhône einsickert. Die tieferen Ausläufer des Flusses enthalten dennoch mehr Salz als die oberen Gewässer. Für die Bewässerung der Reisfelder wird daher Wasser vom Oberlauf des Flusses in die Felder gepumpt. Der Auftrieb des Salzwassers ließ die Pflanzer eine Vorrichtung erfinden, mit deren Hilfe ein Schwimmer hochgetrieben wird, wenn der Salzgehalt ein bestimmtes Niveau übersteigt, mit der die Stromzufuhr der elektrisch betriebenen Pumpen unterbunden wird.

Reis wird entweder direkt in überflutete Felder gepflanzt oder in einer Pflanzschule ausgesät und dann im Wasser ausgepflanzt. Durch eine Kombination von natürlicher Verdampfung und Industrietechnologie werden die Felder allmählich entwässert, und die jungen Pflanzen kommen in den Genuß der erforderlichen 150 Sonnentage.

Ein wenig Regen hin und wieder ist erwünscht, aber keinesfalls Anfang Juli, wenn die Pflanzen nur für ein paar Stunden blühen, oder zur Erntezeit in der zweiten Septemberhälfte. Geerntet wird mit Hilfe von Mähdreschern, das eigentliche Dreschen wurde jedoch durch eine Art Kämmen ersetzt, bei dem das Korn intakt bleibt. Der Rohreis wird mit dem englischen Namen «Long Paddy» bezeichnet.

Die schalenartige Umhüllung wird durch Erhitzen entfernt, und das so gewonnene innere Korn wird *complet*, Vollkornreis, genannt. Weißer Reis (*blanchi*) wird in Spezialmühlen geschliffen, wodurch das Silberhäutchen und damit auch das darin enthaltene Vitamin B entfernt werden. Vitaminmangel ist in östlichen Ländern, in denen Reis das Hauptnahrungsmittel ist, die Hauptursache für die Krankheit Beriberi. Trotzdem ist weißer Reis leichter zu vermarkten, da er ansprechender aussieht und schneller zu kochen ist. Robert Bon entschied sich für einen Kompromiß, einen halbgeschliffenen Reis, den er *demi-complet* nennt. Der Konsument erwartet, daß der Reis leicht und locker ist, wenn er aus dem Kochtopf kommt. Ein derartiger Reis hat jedoch wenig Nährwert.

Je heißer das Klima, umso größer der Ertrag, und umso billiger ist auch die Produktion, die in Italien beispielsweise nur halb so teuer ist wie in Frankreich (10 000 Francs pro Hektar). Der durchschnittliche Produzent (es gibt etwa 250) besitzt 1000 Hektar Land, die mit Reis bepflanzt werden, und erwirtschaftet einen Ertrag von 5000 Kilogramm pro Hektar. Da die Reissaison kurz ist, und die meisten Bauern sich gegen Verluste absichern wollen, betreiben sie auch extensive Schafzucht oder bauen zusätzlich Weizen an.

Die meisten Reisfelder sind rechteckig, und die Längsseiten sind nach Norden und Süden ausgerichtet. Die Ränder sind mit Bäumen bepflanzt, um den Reis vor dem Mistral zu schützen. Die lokalen Genossenschaften übernehmen mehr als die Hälfte der Produktion, der Rest wird von einer Hand voll privater Unternehmer erworben. Robert Bon nimmt nur Reis von Bauern, die weder Chemikalien noch anorganische Düngemittel verwenden. Dies ist keine schwere Auflage in der Nähe eines Naturreservats, das von Ökologen bewacht wird. Geschützte Tiere und Pflanzen würden durch den Gebrauch giftiger Insektizide oder verschmutzter Abwässer bedroht.

Es ist eine Freude, wenn «grüne Tugenden» durch kommerziellen Erfolg belohnt werden. Robert vermittelt unbegrenztes Vertrauen in die Zukunft von Reis, und die Statistiken geben ihm Recht. Frankreich ist nach wie vor ein Reisimporteur. Die Camargue liefert nur etwa sieben Prozent der europäischen Gesamtproduktion, von der die Franzosen jedoch 17 Prozent konsumieren. Die Reispflanzer der Camargue haben es in den letzten 40 Jahren von «Reis-Außenseitern» zu ernstzunehmenden Wirtschaftstreibenden gebracht.

Als ich von Le Petit Manusclat nach Arles zurückfuhr, schien wieder die Sonne vom hellblauen Himmel, der Mistral wehte und trocknete das Getreide für eine reiche Ernte. Und ausgerechnet gestern mußte es regnen!

Gardiane de lapin au riz camarguais
Kaninchen mit Reis aus der Camargue

4 PORTIONEN

1 Kaninchen mit Leber, etwa 1 kg schwer

300 g Backpflaumen

2 Gewürznelken

500 ml Rotwein

3 Teelöffel Olivenöl

150 g Bauchspeck, in Streifen geschnitten

400 g Zwiebeln, geschält

1–2 Schalotten

Salz und Pfeffer

1 Zweig Thymian

2 Lorbeerblätter

115 g Speckschwarte, grob gewürfelt

Das Kaninchen mit den Backpflaumen und den Gewürznelken in ein flaches Gefäß geben. Den Wein behutsam erwärmen, über das Kaninchen gießen und dieses über Nacht in der Marinade stehenlassen.

Das Kaninchen und die Backpflaumen herausnehmen und mit Küchenpapier trockentupfen, den Wein beiseitestellen. Öl in einer großen Kasserolle erhitzen und den Speck anbraten. Das Kaninchen ohne Leber dazugeben und von allen Seiten anbräunen. Herausnehmen und die Zwiebeln anrösten. Sobald sie Farbe angenommen haben, das Fleisch und die Gewürze wieder hineingeben. Thymian und Lorbeerblätter hinzufügen und den Wein darüber gießen. Zudecken und etwa 1 1/2 Stunden köcheln lassen. Nach einer Stunde die Backpflaumen dazugeben.

Aus Leberstücken, Speckschwarte, Schalotten und halben Backpflaumen 4 kleine Spieße zubereiten. Vor dem Servieren die Spieße 2–3 Minuten beidseitig grillen.

Das Kaninchen mit gekochtem Reis, der mit den Spießen garniert wird, servieren.

Salade de riz aux olives
Reissalat mit Oliven

4 PORTIONEN

250 g Reis

3 Teelöffel Vinaigrette

2–3 kleine Tomaten, entkernt und gewürfelt

1 grüner und 1 gelber Paprika, entkernt und gewürfelt

3 hartgekochte Eier, in Scheiben geschnitten

6 Sardellenfilets, zerteilt

1 1/2 Teelöffel Kapern

110 g scharze Oliven im Ganzen

Salz und Pfeffer

Den Reis in Salzwasser kochen. Die Vinaigrette darübergießen, zudecken und kühlstellen. Tomaten und Paprika daruntermischen und mit Eiern, Sardellen, Kapern und Oliven garnieren. Mit Pfeffer abschmecken und servieren.

VILLEFRANCHE-DE-ROUERGUE

Ein typischer ländlicher Markt

Fragen Sie einen Touristen nach seinem Idealbild eines französischen Marktes. Wahrscheinlich schwärmt er von einer mittelalterlichen Stadt, die klein genug ist, um noch idyllisch zu sein, aber groß genug, um eine breite Produktpalette zu bieten. Der Markt liegt vorzugsweise an einem Fluß, und man erreicht ihn über eine dieser alten Steinbrücken mit Brüstung, die die Gefährdung der Fußgänger durch den Straßenverkehr verhindern sollen. Die Gassen verlaufen kreuz und quer, und die Giebel der Häuser neigen sich nach vorne, so daß sie einander zu berühren scheinen.

Im Zentrum befindet sich ein großer Platz mit schattigen Arkaden ringsum, alle Gebäude besitzen Vordächer, um vor der brennenden Sonne im Sommer und vor Regen im Winter zu schützen. In diese architektonische Anlage fügt sich die Stadtkirche ein, deren Turm die Arkadenfront abschließt und deren Strebepfeiler einen Bogeneingang zum Platz bilden. Der Marktplatz ist leicht ansteigend, so daß man das Treiben wie von einer Terrasse aus beobachten kann. Auf dieser Terrasse befindet sich natürlich ein Café, in dem sich der müde Einkäufer bei einer Tasse Kaffee oder einem Aperitif erholen kann.

Es gibt wohl viele ländlich anmutende Städte im Süden, auf die diese Beschreibung ungefähr zutrifft, aber völlig perfekt paßt sie auf Villefranche-de-Rouergue. Wann immer man den Namen erwähnt, wird gefragt: «Haben Sie auch den wundervollen Markt besucht?» Villefranche ist ein landwirtschaftliches Zentrum und bietet daher das ganze Jahr hindurch ein

Durch die ideale Lage bietet Villefranche, eine wunderschöne mittelalterliche Stadt, das ganze Jahr hindurch eine breite Palette an landwirtschaftlichen Produkten.

großes Angebot an Produkten. Aus den Bergen der Auvergne kommen der wundervolle unpasteurisierte Hartkäse von Cantal und die exquisiten Varianten Salers und Laguiole (siehe Seite 126 und 24), aus dem Lot-Tal stammen die köstlichsten Erdbeeren Frankreichs, ganz zu schweigen von den Walderdbeeren, den Himbeeren, den Johannisbeeren und dem *primeur*-Gemüse. Aus dem Osten des Landes werden cremiger Roquefort und Blauschimmelkäse geliefert, der aus der fetten Milch der Almkühe in der Auvergne hergestellt wird. Zahllose Bauern der näheren Umgebung liefern Weichkäse (aus Ziegen- und aus Kuhmilch) sowie den würzigeren *cabécous* aus Rocamadour und etwas suspekte Varianten, die in Kastanienblätter gehüllt und in Schnaps gereift wurden.

Von den Hügel des Bas-Quercy kommen die köstlichsten Melonen der Sorte Charentais und im Winter Stopfleber und

Möhren, kaum größer als Erbsenschoten, winzige weiße Rüben, die leicht bläulich schimmern, und natürlich Walnüsse. Diese Produkte sicherten den ärmeren Bauern früher ein Zusatzeinkommen, um die paar Dinge kaufen zu können, die sie nicht selbst herstellten: Salz, Streichhölzer, getrockneten und gesalzenen Kabeljau, der in der Fastenzeit das Fleisch ersetzt, gelegentlich ein Paar Schuhe und Kleidung.

Die Marktbräuche haben sich kaum geändert, die Bauern kommen aber seltener aus ökonomischer Notwendigkeit als aus dem Bedürfnis heraus, Freunde zu treffen und mit Verwandten zu plaudern, um der Einsamkeit der abgelegenen Bauernhöfe zu entfliehen. Die Frauen begleiten ihre Ehemänner, die hoffen, größere Geschäfte abzuschließen. Denn an jedem vierten Donnerstag des Monats wird der Markt zu einer *foire,* einer Art Jahrmarkt, erweitert, die Bauern bringen ihr Vieh zum *Foirail de la Madeleine* vor der Stadt, die für den Viehhandel erbaut wurde.

Hier werden zur jeweiligen Saison auch Kartoffeln von den nahen Hochebenen sowie Walnüsse und Kastanien allererster Qualität von uralten Pflanzungen den Händlern in großen Mengen angeboten.

Villefranche hat sich zu einem Zentrum für Bio-Fleisch entwickelt. Biologisch aufgezogene Schafe aus Quercy fanden ihren Weg über die Grenze hierher, ebenso Milchkälber, die

alle Arten von Enten und Gänsen. Aus dem Garonne-Tal werden Aprikosen, Pfirsiche und Nektarinen zu Tiefstpreisen, die ersten Tafeltrauben und schwarze, glänzende Dörrpflaumen angeliefert.

Aus einem Umkreis von etwa 60 Kilometern – so groß ist in etwa das Einzugsgebiet dieses Marktes – bringen Kleinbauern den Gemüseüberschuß ihrer liebevoll gepflegten Gärten oder Eier von «glücklichen» Hühnern, die noch frei herumlaufen dürfen. Ein Körbchen mit jungen Erbsen, keine mittleren Tennisbälle wie wir sie aus dem Supermarkt kennen, zarteste Prachtstücke, nicht größer als Kirschkerne, ein Bund junger

Märkte

Bio-Bauern sind fast schon auf jedem Markt anzutreffen.

von der Mutterkuh und nicht in überfüllten Ställen aufgezogen wurden. Das Fleisch von Tieren, die im Freien aufgewachsen sind, ist rosiger als man es gewohnt ist, der Geschmack ist ausgeprägter und kräftiger.

Der *Place Nôtre-Dame* ist zu klein, um dem Markt wie noch vor 100 Jahren Platz zu bieten. Einige der älteren Händler haben aufgegeben (die Bürokratie des Marktamtes zwingt sie, ihre Stände um sechs Uhr morgens zu öffnen), und wurden teilweise durch junge Bauern ersetzt, die größtenteils biologische Landwirtschaft betreiben. Die ehemaligen Kleinhändler wurden von professionellen Markthändlern verdrängt. Erfreulich ist, daß Märkte wie dieser ständig expandieren und den Supermärkten vor der Stadt ernsthafte Konkurrenz machen.

Die überzähligen Stände flankieren die *Allées Aristide Briand* hinter der großen Collegekirche. Dazwischen eingezwängt befindet sich die überdachte Markthalle, die hauptsächlich für den Verkauf gemästeter Gänse und Enten im Winter vorgesehen ist, und die mittlerweile verglast wurde, um Händler und Einkäufer vor der Kälte zu schützen.

Die südliche Hälfte der langen *Allées* ist in erster Linie Kleidern, Schuhen und Textilien vorbehalten, obwohl man hier

EIN TYPISCHER LÄNDLICHER MARKT

auch einen Kaminsims, eine Zentralheizung oder einen Traktor kaufen kann. Die obere Hälfte der Straße ist für Nahrungsmittel und Wein reserviert. Hier befinden sich die *charcuterie*-Stände fahrender Händler. Guy Cance, ein prämierter Fleischer aus Villeneuve d'Averon, bietet eine Wurst namens *rosette* an, die unvergleichlich mager und saftig ist. Der Händler Laplace aus Les Pesquies offeriert einen hervorragenden Schinken und verkauft Stücke vom Schwein, die man sonst nicht bekommt. Auch Käsestände findet man und Cantal-Butter aus Aurillack und Bauernkäse aus St. Nectaire, Salers und Laguiole sind im Angebot. Erwähnenswert ist auch der Händler, der seit mindestens 30 Jahren auf den Markt kommt, um Oliven, Nüsse, getrocknete Früchte, Gewürze und andere Spezialitäten aus fernen Länder zu verkaufen. Einige der besten Gemüsestände, an denen biologisch angebautes Gemüse zu vernünftigen Preisen angeboten wird, befinden sich am Ende der Straße. In der Nähe kann man Wein im Kanister kaufen – besonders empfehlenswert sind die Weine von Philippe und Thierry Romain, die die weite Reise aus Montauban auf sich nehmen, um ihre Stammkunden zu versorgen.

Im August, wenn Tomaten und Melonen die Farben des Marktes bestimmen, scheint die Sonne noch warm. Man sieht die letzten Pfirsiche und Nektarinen der Saison, ein Korb mit Steinpilzen und die ersten Walnüsse sind bereits Vorboten der kälteren Jahreszeit.

Im Winter ist die Atmosphäre auf dem Markt von Villefranche nicht wiederzuerkennen. Die Touristen in ihren unpassenden Shorts sind verschwunden. Die wenigen Besucher sind eingemummt und schützen sich mit dicken Pullovern vor der Kälte, die Beine der Frauen sind verhüllt. Das lebhafte Treiben vom Juli ist dem verhaltenen Murmeln des Januars gewichen. Riesige Sellerieköpfe und Mangoldgemüse werden anstelle des köstlichen Sommergemüses angeboten, Kohl ersetzt den Salat, Blumenkohl den Spinat. Doch immer noch leuchten die Farben. Die orangefarbenen Kürbisse heben sich von den alten Steinhäusern ab wie Blinklichter, und die reifen Möhren sind ebenso leuchtend rot wie die zarten jungen im Juni.

Der Frühling bringt die blühenden Krautköpfe, die als Tierfutter angebaut werden, und die Triebe der wilden Zaunrübe, die *tamier* oder im Regionaldialekt *répouncho* genannt wird – wobei es ebenso viele Aussprachemöglichkeiten wie Verkäufer gibt. Den Bauern zeigt dieses Gemüse, das angeblich ein Brechmittel ist und dem Spargel sehr ähnlich sieht, daß der Winter vorüber ist und die sonnigen Tage bevorstehen.

Ob Sommer oder Winter, die Marktbesucher haben schwer zu tragen an ihren Einkäufen und ruhen sich bei einer Tasse Kaffee oder einem Aperitif im Café neben dem Markt aus. Kurz vor Mittag erklingt das Glockenspiel von der Collegekirche, das heute leider elektronisch und nicht mehr mit der Hand geläutet wird. Nach dem Läuten zeigen die Sirenen den *midi* an, es gibt kurzfristig einen Verkehrsstau und dann liegt der Platz verlassen da. Es ist still bis auf das Fegen der Straßenreiniger. Alle anderen sind beim Mittagessen. Wieder ist ein Markt zu Ende.

Ragoût de petits légumes printaniers
Ragout aus jungem Frühlingsgemüse

4 PORTIONEN

60 g Gänsefett oder Butter

110 g *Jambon de Bayonne* (oder ein anderer Rohschinken), gewürfelt

8 Frühlingszwiebeln

125 g junge Möhren

1 Teelöffel Mehl

300 ml Hühnerfond

350 g kleine Frühkartoffeln, gebürstet

Salz und Pfeffer

1 Zweig Bohnenkraut

175 g *petits pois*, enthülst

350g kleine Puffbohnen in der Schote

175g *haricots verts* (Gartenbohnen)

Das Gänsefett in einer Pfanne erhitzen und den Schinken hinzufügen. Behutsam 10 Minuten mit den Frühlingszwiebeln und den Möhren bei schwacher Hitze kochen, so daß sie keine Farbe annehmen. Gelegentlich umrühren.

Das Mehl einrühren und nach und nach den Fond hinzufügen. Weitere 5 Minuten kochen. Die Kartoffeln dazugeben und zugedeckt 20 Minuten köcheln lassen. Beim Abschmecken den Salzgehalt des Schinkens beachten. Bohnenkraut, Erbsen und Bohnen hinzufügen und weitere 7 Minuen kochen. Das grüne Gemüse sollte *al dente* sein.

Gegenüber: Blumen gehören zum Markt.
Unten: Auf in die Bar, um den Geschäftsabschluß zu feiern.

PERIGORD & CANTAL

Herbstliche Fruchtbarkeit

Das Walnuß-Museum ist eine permanente Einrichtung im hinteren Trakt des romantischen Schlosses Castelnau, das hoch über der Dordogne liegt. Die diensthabende Dame erklärt den Besuchern die vielen verschiedenen Sorten: die kleine Tafelnuß *Marbot*, deren dunkle Schalenhälften nicht immer perfekt passen, die *Corne*, eine weitere gute Frucht, die weitverbreitete *Franquette*, die wegen ihres hohen Ölgehalts geschätzt wird, und die *Grandjean*, eine Sorte, die noch ölhaltiger ist, und von der es in der Region Sarlat über 45 000 Bäume gibt.

Mehr als die Hälfte der in Frankreich verkauften Nüsse kommen aus dem Lot- oder dem Dordogne-Tal. Man möchte meinen, daß es überall in diesen Departements Märkte gibt, auf denen diese köstlichen Nüsse verkauft werden, aber dem ist nicht so. Heute kaufen die Großhändler aus den Städten direkt bei spezialisierten Produzenten ein. Käufer und Verkäufer verhandeln persönlich miteinander, die Preise werden in den Küchen der Bauern ausgehandelt oder weniger romantisch per Fax. Die Anzahl der kleinen Bauern ist im Schwinden begriffen; jene, die durchhalten, übernehmen die Nüsse von den Kleinstproduzenten.

Es gibt aber noch einen harten Kern von Bauern, die genügend Walnußbäume besitzen, um einen lokalen Markt bedienen zu können. Madame erwähnt einen kleinen Markt im Dorf St.-Laurent-la-Vallée in der Nähe von Belvès, der gelegentlich an einem Mittwoch stattfinden soll. Es ist vielleicht

Manche meinen, daß der Herbst im Südwesten die schönste Jahreszeit ist. Es ist die Zeit der Walnüsse und der Edelkastanien, und auch die Pilze verströmen ihren Duft in den Wäldern und Küchen.

klüger, wenn man sich an ihre zweite Empfehlung hält, den regelmäßig stattfindenden Walnußmarkt in Sarlat, der nicht auf einem der mittelalterlichen Plätze, sondern auf einem Parkplatz in der Nähe des Friedhofs vor der Stadt stattfindet.

Madame rät, daß man den Markt am frühen Samstagmorgen besuchen soll. Bereits um neun Uhr morgens treffen die ersten Lastwagen auf dem Parkplatz ein, die mit Walnußsäcken beladen sind (ein Sack enthält meist 30 Kilogramm). Potentielle Käufer – Laufkundschaft ebenso wie Kleinhändler – begutachten das Angebot. Sobald die Händler in ihren großen Lastwagen eintreffen, steigt die Spannung spürbar. Ingesamt gibt es etwa 70 Verkäufer und 15 Händler. Alle kennen einander. Man kann beobachten, wie die Verkäufer heimlich Preisangebote in ihren offenen Säcken verschwinden lassen, als ob jemand daran Anstoß nehmen würde.

Zwar ist das Handeln bis zur offiziellen Eröffnung verboten, aber man sieht bereits einige die Köpfe zusammenstecken. Niemand weiß genau, wann der Markt begonnen hat. Die Kirchenglocken sind zu weit entfernt. Plötzlich laufen die Käufer aufgeregt herum und versuchen ihre Geschäfte unter Dach und Fach zu bringen. Sie kritzeln die Namen potentieller Käufer und den Kilopreis auf ein Blatt Papier und drücken es den Verkäufern in die Hand. Wenn der Verkäufer das Papier annimmt, ist der Handel perfekt. Kein erfahrener Einkäufer akzeptiert einen Preis, ohne zu handeln. Gelegentlich kann es vorkommen, daß ein Verkäufer das Papier des Käufers zerreißt und die Reste verächtlich zu Boden wirft. Die Preise fallen auch nicht, bis zu jenem magischen Moment, da alle offenbar wissen, daß man sich nun geeinigt hat. Zu diesem Zeitpunkt wandern die Papiere von Hand zu Hand, und fünf Minuten später ist der Markt beendet.

Nun stehen noch das Abwiegen und die Bezahlung an. Das dauert länger als der eigentliche Markt. Jeder Sack wird auf einer geeichten Waage gewogen und in einen vom Käufer bereitgestellten Sack umgeleert. Die Säcke sind nicht im Preis inbegriffen. Anschließend zahlt der Verkäufer seine Abgaben an die Stadtverwaltung von Sarlat.

Vielleicht begegnet Ihnen Jean-Claude Bordier, der mit seiner Frau Francine Besitzer der *Moulin de la Tour* ist. Diese hübsche Walnußöl-Mühle liegt an einem Fluß östlich von Sarlat im Dorf St. Nathalène. Die Mühle stammt aus dem 16. Jahrhundert, das Maschinenwerk ist mindestens 150 Jahre alt. Sie ist seit vielen Jahren im Besitz der Familie von Francine. Jean-Claude kauft die Walnüsse auf dem Markt, da er selbst nicht genug Bäume besitzt, um die Nachfrage nach dem vorzüglichen Öl zu decken. Im Anschluß an den Markt sollten Sie eine Einladung in seine Mühle nicht ausschlagen, wo man vieles über die Herstellung von Walnußöl lernen kann.

Walnußöl ist das traditionelle Öl der Region. Oliven gedeihen so weit nördlich nicht mehr, die Winter sind zu frostig, und Sonnenblumen- und Erdnußöl waren bis vor kurzem unbekannt. Die Leute verwenden hier Walnußöl, wie man in der Provence Olivenöl nimmt: für Salat, in der Mayonnaise und für Fischgerichte.

Jean-Claude kauft seine Walnüsse gerne geschält, aber seine eigenen Früchte muß er selbst schälen. Er sitzt in einem einfachen Stuhl mit einer soliden festen Platte auf den Knien. Mit einem Holzhammer schlägt er die Nüsse auf. Jahrelange Erfahrung sagt ihm, wieviel Kraft er anwenden muß, um die Nuß nicht zu zertrümmern. Schalen und Nüsse fallen in Körbe zu seinen Füßen. Abends ist es die Aufgabe der Familie, die Schalen und die Nüsse zu sortieren.

Ganze Kerne werden *cerneaux* genannt, zerbrochene *invalides*. Die Kerne werden zur Mühle gebracht, wo sie gemahlen werden. Die Maschine in St. Nathalène wird allein durch Wasserkraft betrieben. Dann kommen die Nüsse in ein Steinbecken, von etwa einem Meter Durchmesser, dessen Seitenwände durch den jahrhundertelangen Kontakt mit dem Nußöl seidig glatt sind. Darunter wird in einem Holzofen ein Feuer angezündet, und die zerstoßenen Nüsse werden bei hoher Temperatur in 30–40 Minuten zu einer Paste verkocht. Die Paste wird dann in eine Presse gefüllt, die bis zu 30 Kilogramm faßt. Zwischen zwei hölzernen Blöcken wird die Paste ausgepreßt, um das Öl zu extrahieren. Danach wird es durch zwei feine Gewebe aus Jute gefiltert. Anschließend muß das Öl zwei, drei Tage in einem Faß lagern, bis es klar ist und in Flaschen oder Kannen abgefüllt wird. Jean-Claude verwendet nur die erste Pressung der Paste für sein Öl und weder Zusatzstoffe noch Konservierungsmittel. Der Großteil des industriell produzierten und in Supermärkten verkauften Walnußöls beinhaltet spätere Pressungen oder ist auch mit anderen Ölen «gestreckt». Meist enthält es auch zuätzliche Ingredienzen und ist deshalb nicht haltbar. Jean-Claudes Öl hält im Eisschrank mindestens ein Jahr.

Walnußöl ist zwar teuer, aber gesünder als andere Öle. Es enthält 71 Prozent mehrfach ungesättigte Fettsäuren und nur sechs Prozent gesättigte, Sonnenblumenöl hat vergleichsweise ein Verhältnis von 61 zu 15.

Jean-Claude verwendet nur die edelsten Rohstoffe, er kauft von kleinen Bauern auf dem Markt von Sarlat. Die Nüsse, die die Großhändler kaufen, werden in Öfen getrocknet. Man kennt diese Nüsse aus den Supermärkten, ihre Schalen sind durch Hitze gebleicht, und die Kerne sind spröde. Die von den Einheimischen angebotenen Nüsse werden in der sanften Herbstsonne getrocknet, wodurch sie ihren Ölgehalt und ihr natürliches Aussehen bewahren.

Pilze gehören ebenso wie die Walnüsse zum Herbst. Die Franzosen sind leidenschaftliche Pilzsammler, sie gehen sogar lieber Pilze suchen als fischen. Der feinste Pilz von allen ist der Steinpilz, lateinisch *boletus edulis*.

Man weiß nie genau, wo man ihn findet. Meist versteckt er sich an einem Platz unter den Bäumen. Diese Plätze sind eifersüchtig gehütete Geheimnisse. Die Jagd – denn das ist das Pilzsammeln eigentlich – erfolgt unter strenger Geheimhaltung. Der «Pilzjäger» versteckt sein Auto so gut er kann am Straßenrand und grinst verschämt, wenn er auf frischer Tat mit einem vollen Korb ertappt wird.

Das unregelmäßige Vorkommen der Pilze macht eine organisierte Vermarktung fast unmöglich, in manchen Jahren gibt es nämlich so gut wie keine Steinpilze. Auch der Zeitpunkt zu dem man sie finden kann, hängt vom Zusammenspiel von Sonne und Regen, Hitze und Kälte und sogar vom Mond ab. Manche meinen, daß man Steinpilze am ehesten bei abnehmendem Mond fünf Tage nach einem Regen findet. In einer Stadt sind Steinpilze jedoch fixer Bestandteil des Handels – in Villefranche-du-Périgord im tiefen Süden des Départements Dordogne, auf halber Strecke zwischen Bergerac und Cahors. Dies ist ein besonders günstiges Gebiet für Steinpilze, weil es hier so viele Kastanienbäume gibt. Zwischen den beiden Pflanzen besteht eine Symbiose, die Pilze genießen den Teilschatten in den Wurzelausläufern der Bäume. Auch sind die Nächte hier nicht so frostig, daß sie die Pilzsaison zunichte machen würden. September und Oktober sind die besten Monate. Die Steinpilze der Sommersaison haben nicht den Geschmack der Herbsternte.

Villefrache-du-Périgord ist eine kleine mittelalterliche Stadt mit schönen alten Gebäuden. In der steinernen Markthalle versammeln sich die Glücklichen, die mehr Pilze fanden, als sie brauchen können: Sie bringen ihre Schätze zum Marktplatz und verkaufen sie an allen Wochentagen. Bei einem Kilopreis von 100 Francs braucht man nicht viele Pilze, um auf seine Kosten zu kommen.

Zwischen Mitte und Ende Oktober findet in Villefranche das jährliche Fest statt, bei dem die Pilze unter all den anderen Aktivitäten eine Sonderstellung einnehmen. Am Sonntag können die Verkäufer zu jeder Tageszeit kommen, während an den übrigen Tagen der Verkauf vor 16.00 Uhr verboten ist.

Kenner bevorzugen kleinere Steinpilze von etwa fünf Zentimeter im Durchmesser.

fünf Zentimeter im Durchmesser und haben angeblich einen feineren Geschmack als die größeren.

Die Stiele sind knollenförmig; Pilze mit geradem Stiel sollte man meiden, da sie einer schlechteren Sorte angehören. Die Unterseite des Hutes besteht nicht aus Lamellen wie bei einem Feldpilz, sondern aus schwammähnlichen Sporen, an denen die Sorte leicht zu erkennen ist. Bei einem frischen Exemplar sind die Sporen cremigweiß, mit dem Alter dunkeln sie nach und werden gelblich. Die Konsistenz sollte bei Berührung fest sein, Schwammigkeit zeigt an, daß der Pilz nicht mehr frisch ist. Steinpilze sind häufig von kleinen Würmern befallen, die aber harmlos sind und entfernt werden können, indem

Die Pilze werden in Kisten zum Markt gebracht und in zwei Reihen auf dem Boden aufgelegt. Die Verkäufer stehen im Gang zwischen den Reihen. Man erkundigt sich nach einer ganzen Kiste und nach dem Preis. Die Verkäufer haben keine Eile und akzeptieren nicht jeden genannten Preis, da der Markt täglich stattfindet. Frische Pilze halten im Eisschrank nur wenige Tage.

Es gibt unter den vielen Steinpilzsorten nur eine giftige Art – einen leuchtend roten, leicht erkennbaren Pilz, weshalb das Sammeln von Steinpilzen ungefährlich ist. Die Größe eines Steinpilzes kann sehr variieren. Die kleineren messen etwa

man die Pilze bei niederer Temperatur im Backofen einige Minuten erwärmt. Steinpilze sollten nicht in Plastiktüten gesammelt oder gelagert werden, da sie leicht schimmeln. Wer selbst sammeln will, sollte mit einem Stock unter den Blättern stochern und einen Korb und ein scharfes Messer dabeihaben, um die Pilze knapp über dem Boden abzukappen, damit die Sporen nicht verletzt werden. Beschränken Sie sich bei Ihrer Suche auf die Waldränder, da Steinpilze Luft und Wärme während des Tages lieben.

In der Gastronomie sind Steinpilze vielfältig zu verwenden. Mit Hilfe der Küchenmaschine kann man eine köstliche

Steinpilzsuppe herstellen. Ein Standardgericht, das Profis und Amateure im Südwesten Frankreichs gleichermaßen im Repertoire haben, ist die Steinpilzomelette. Der fleischige Geschmack des Pilzes, vereint mit seiner Fähigkeit, den Geruch des Waldes wachzurufen, machen ihn zu einer herrlichen Beilage für Wildragouts. Auch ein einfaches Kartoffelgericht wird durch ein paar Steinpilze zu einem Leckerbissen. Steinpilze können getrocknet, eingelegt oder tiefgefroren werden.

Man kann das Sammeln von Steinpilzen gut mit dem Kastaniensammeln verbinden, da sie zur gleichen Zeit reifen. Die Edelkastanie war bis zum Ende des 19. Jahrhunderts eine wichtige Frucht. Sogar noch im Jahrhundert nach der Revolution konnten es sich arme Bauern nicht leisten, Brot aus Weizen herzustellen. Die Edelkastanie lieferte ihnen das Mehl und war aufgrund ihres hohen Gehalts an Proteinen und Kohlehydraten ein wichtiger Bestandteil des bäuerlichen Speisezettels. Oft wurde sie als Fleischersatz verwendet. Wenn die Ernte schlecht war, gab es in der Folge Hungersnöte.

Der Kastanienbaum liefert aber nicht nur Früchte. Der Stamm wurde zu Möbeln, Telegraphenmasten, Stützbalken und Eisenbahnschwellen verarbeitet. Das Holz wurde in den Bauernhäusern für Türen, Böden und Fenster verwendet. Das Laub wurde als Streu für das Vieh verwendet und diente auch als Unterlage zur Lagerung des reifenden Ziegenkäses. Die Kastanien wurden gekocht gegessen, der Suppe beigemengt, mit Milch vermengt, in Asche geröstet oder in Kohlblätter gehüllt und gedämpft – die *marrons glacés* des armen Mannes.

Vor 100 Jahren verloren die Kastanienbäume an Bedeutung. Die Kartoffel setzte sich als Nahrungsmittel durch, und man verwendete nun häufiger Mehl. Weicheres Holz ersetzte die Kastanie nach und nach als Bauholz, Faßreifen wurden aus Metall hergestellt und das Vieh ruhte auf Stroh. Die zahlreichen Kastanienpflanzungen, die früher so liebevoll gepflegt wurden wie Weingärten, verwilderten, die jungen Bäumchen wurden nicht mehr ausgedünnt und die kleinen Zweige nicht länger für Feuerholz gesammelt. Darüber hinaus machte sich eine tödliche Krankheit – ein Pilz, der den Baum vom Wipfel abwärts dehydriert und die Kastanien in schwarzen Puder verwandelt – in den Wäldern breit.

Heute scheint sich das Blatt langsam wieder zu wenden. Mit zunehmendem Wohlstand war man wieder am Holz der Edelkastanie als wertvollem Baumaterial interessiert. Gourmets entdecken die Kastanie wieder für die Regionalküche. Mittlerweile versucht man, die Auswirkungen der Pilz-

Die Verkäuferin präsentiert stolz die größten Steinpilze der Stadt auf ihrem Verkaufstisch.

krankheit einzudämmen, indem man Sorten züchtet, die immun sind. Verschiedene Vereinigungen formierten sich, um die Aufforstung zu fördern.

Nicht einmal die 500 Einwohner des Dorfes halten Mourjou für den Mittelpunkt Frankreichs. Aber sobald das vorletzte Wochenende im Oktober näherrückt, gewinnt man diesen Eindruck doch. Bei jedem Wetter kommen etwa 15 000 Menschen von nah und fern in das kleine Dorf zu einem der letzten Freiluftfeste der Saison: zum Kastanienmarkt oder *Fiera de la castanha*, wie er auf okzitanisch heißt. Mourjou liegt im Herzen des ehemals größten Kastanienanbaugebietes Frankreichs namens *La Châtaigneraie* an der Grenze zwischen den alten Provinzen Quercy und Auvergne.

Auf diesem Markt von Mourjou werden alle Verwendungsmöglichkeiten der Kastanie gezeigt. Mourjou hat die Veranstaltung selbst ins Leben gerufen. Eine kleine Gruppe Begeisterter war entschlossen, die Edelkastanie nicht aussterben zu lassen. Die Überlegung, daß ein erfolgreicher Kastanienmarkt dem Dorf auch dringend benötigte Einkünfte bringen würde, spielte zweifelsohne auch eine Rolle.

Mourjou schätzt sich glücklich, Pascal Paganiol, den Promotor des Festes, zu seinen Einwohnern zu zählen. Er war es, der die Hälfte der Einwohner mobilisieren konnte, in der einen oder anderen Weise teilzunehmen. Manche helfen bei der Vorbereitung des Sonntagsmenüs, bei dem jedes Gericht Kastanien enthält. Der erste Gang ist zum Beispiel ein mit Kastanien gefülltes Kaninchen, gefolgt von einer Entenwurst mit Linsen und Kastanien. Nach dem Käse wird eine Kastanientorte serviert. Andere Dorfbewohner helfen beim Brotbacken und der Zubereitung anderer Speisen mit, die in der einzigen Straße angeboten werden, oder beim Braten der Kastanien, die mit Cidre oder Rotwein hinuntergespült werden.

Die Beteiligung der Bevölkerung verleiht dem Fest von Mourjou seinen familiären und freundlichen Charakter. Paganiol meint, daß es einen doppelten Zweck erfüllt: Man feiert gemeinsam, hat aber auch die Möglichkeit, Techniken vorzustellen, die dem Kastanienbaum wieder zu seinem Rang verhelfen, und bietet Bauern aus anderen Kastanienregionen ein Forum, um Erfahrungen auszutauschen. Besucher des Marktes können Kastanien auf jede erdenkliche Art genießen:

Oktober

roh, gekocht, gegrillt, mit Honig, in diversen Gerichten, in *confits* und Terrinen, mit oder ohne Fleisch, als Marmelade, Püree oder Mehl, als Brot, Gebäck, Kekse, Schokolade und als alkoholisches Getränk.

Es gibt auch Händler, die Möbel, Spielwaren und Handwerkserzeugnisse aus Kastanienholz anbieten. Es gibt Vorführungen im Korbflechten und Weben. Auch der alte Brauch des gemeinsamen Brotbackens im Dorfofen wird wiederbelebt. Man kann auch lernen, wie Kastanien über einem kleinen Feuer in einem speziellen Gehäuse, das *sécadou* genannt wird, getrocknet werden. Dieses Gerüst hat hölzerne Latten, auf denen die Tabletts mit den Kastanien über der glühenden Asche liegen. Früher wurde durch Räuchern die Versorgung mit Kastanien im Winter gewährleistet.

Die Aussteller von Mourjou kommen von weit und breit: aus Lozère, Gard, Averon, Corrèze, Dordogne und Lot, und demonstrieren, wie die Bäume gezüchtet und beschnitten werden müssen oder wie die stacheligen Schalen entfernt und die Früchte der Größe nach sortiert werden. Die Fachleute erläutern die verschiedenen Sorten, jene, die resistent sind gegen die Pilzkrankheit, jene, die besser in höheren Lagen angebaut werden, und auch den Unterschied zwischen Edelkastanien und Roßkastanien.

Ein Kochwettbewerb, an dem sich alle beteiligen können, wird abgehalten und Profis zeigen, wie Kastanien verwendet werden können. Das Rezept für die Kastanien-Terrine am Ende dieses Kapitels stammt von diesem Fest. Bekannte Küchenchefs der Region demonstrieren ihre Kunst und sind auch für das Spanferkel zuständig, das am Sonntagabend im Freien serviert wird.

Der Markt ist zukunftsorientiert. Kreativität wird gefördert. So erfand man beispielsweise einen Aperitif, der jetzt kommerziell produziert wird, und aus drei Teilen Weißwein und einem Teil Kastanienlikör besteht. Lokale Winzer schenken köstlichen Rosé, Rotwein und weißen Entraygues aus.

Der Kastanienaperitif hat den ungewöhnlichen Namen «Pélou Tonic»; *pélou* ist das Dialektwort für die stachelige Schale. Es gibt eine «*pélou*-Bruderschaft», die eines der wichtigsten Gremien des Festes wurde. In den offiziellen Festfarben Grün und Gelb werden jährlich neue Mitglieder auf dem Platz vor dem Gemeindeamt angelobt. Verwandte Bruderschaften aus anderen Regionen werden auch eingeladen.

Ein aufregendes Zukunftsprojekt ist der Bau eines Kastanienhauses, das ein Museum und ein Zentrum für Besucher werden soll. Geplant sind ein Obstgarten, in dem möglichst viele Sorten angebaut werden sollen und ein Spezialitätenrestaurant. Ein Standort für das Projekt wurde bereits gefunden.

Der Unternehmungsgeist dieser Veranstaltung ist bewundernswert, und die Besucher kommen nicht nur, um belehrt zu werden. Man schätzt vor allem die herzliche Atmosphäre des Marktes, und denkt an die großen Kohlenpfannen mit Kastanien, den Anblick tausender Fahrzeuge, die sich durch die Feldwege schlängeln, die Menschenmenge in der Dorfstraße, das kleine Café, das überfüllter ist als die Metro, die Musikkapellen, die seltsam moderne Versionen alter Volkslieder auf modernen Instrumenten spielen. Diese Eindrücke verschmelzen zu einem unvergeßlichen Erlebnis aus der Auvergne mit ihrem wolkenlosen Himmel und einer alles überstrahlenden Sonne.

HERBSTLICHE FRUCHTBARKEIT **157**

Terrine de castanhas
Terrine mit Kastanien und Pilzen

4 PORTIONEN

300 g Kastanien mit Schalen
 bzw. 250 g geschälte Kastanien
Salz und Pfeffer
1 Teelöffel Sonnenblumenöl
110 g Zwiebeln, gehackt
110 g Maronenröhrlinge, blättrig geschnitten
6 Wacholderbeeren, zerstoßen
1 Prise Muskat
70 g geschmolzene Butter

Die Edelkastanien anschneiden, 5 Minuten in kochendes Wasser legen, dann schälen und das Häutchen entfernen.

Die Kastanien wieder in das Salzwasser geben und behutsam 15 Minuten kochen. Abseihen und in der Küchenmaschine pürieren, wenn nötig, mit etwas Wasser befeuchten.

Öl in einer Pfanne erhitzen und die Zwiebeln darin 5 Minuten weichdünsten. Die Pilze und etwas Salz dazugeben und zugedeckt langsam 10 Minuten dünsten. Mit Pfeffer, Wacholderbeeren und Muskat würzen und pürieren.

Die beiden Mischungen verrühren und mit geschmolzener Butter in eine Terrine geben. Die Oberfläche glätten und kühlstellen. Mit Vollkorntoast servieren.

Salade de noix aux gésiers
Walnuß-Salat

4 PORTIONEN

200 g *confit de gésiers* (eingemachte Entenmägen)
1 Chicorée
3 mittelgroße Orangen, geschält und in Scheiben geschnitten
16 Walnüsse, geschält und in Stücke gebrochen
Walnußöl-Dressing

Die geöffnete *gésiers*-Dose im Wasserbad erwärmen, bis das Fett geschmolzen ist. Das Fett abschöpfen, die Entenstücke trockentupfen und würfelig schneiden.

Den Chicorée auf dem Teller arrangieren und mit Orangenspalten verzieren. Die gehackten *gésiers* und die Walnußstücke über dem Chicorée verteilen und kurz vor dem Servieren mit Walnußöl-Dressing beträufeln.

Tarte aux noix
Walnuß-Kuchen

8–10 PORTIONEN

400 g Mürbteig
250 g geschälte Walnüsse
120 g Zucker
4 Scheiben dunkles Brot, entrindet
3 Eier, getrennt
120 g Chocolat Menier
2 Teelöffel Grand Marnier oder Brandy
2 Teelöffel Wasser
10 Walnußhälften

Den Backofen auf 200 °C (Gas Stufe 6) vorheizen. Den Teig so dünn als möglich ausrollen, und eine befettete Kuchenform (23 cm Durchmesser) damit auslegen. Den Boden mit einer Gabel anstechen. Die Walnüsse in der Küchenmaschine mahlen und mit dem Zucker vermischen. Das Brot zerkrümeln und mit Wasser befeuchten. Brot und Nüsse vermischen. Das Eigelb schlagen und einrühren. Das Eiweiß steifschlagen und unterheben, dann die Masse in die Kuchenform geben und im Backofen 50 Minuten goldbraun backen. Etwas auskühlen lassen, die Oberfläche glasieren, während der Kuchen noch warm ist.

Die Schokolade in einer Pfanne mit dem Grand Marnier und dem Wasser schmelzen und über den Kuchen gießen. Die Oberfläche mit den Walnußhälften dekorieren.

Confiture de figues vertes aux noix
Walnuß-Feigen-Marmelade

Nach einem Rezept von Lucia Macdonald, die den größten Walnußbaum in Tarn-et-Garonne besitzt.

4 PORTIONEN
1 große, unbehandelte Zitrone
700 g Zucker
300 ml Wasser
1 kg frische, nicht ganz ausgereifte Feigen, geviertelt
200 g frische Walnußstücke

Die Zitrone schälen und die Schale in feine Streifen schneiden. Die weiße Haut der Zitrone entfernen und die Zitrone in dünne Streifen schneiden.

Zucker und Wasser in einen Kochtopf mit schwerem Boden geben und bei mittlerer Hitze kochen, bis der Zucker aufgelöst ist. Den Sirup ohne umzurühren auf 104 °C erhitzen, dann Feigen, Zitronenschalen und -spalten hinzufügen. Erneut zum Kochen bringen und bei mäßiger Hitze etwa 2 Stunden einkochen, wobei die Walnüsse nach einer Stunde dazugegeben werden. Die Marmelade in keimfreie Gläser füllen und versiegeln, solange sie noch heiß ist.

Pommes de terre aux cèpes
Kartoffeln mit Steinpilzen

4 PORTIONEN
450 g Kartoffeln, geschält
2–3 Steinpilze
1 Knoblauchzehe, gehackt
1 Teelöffel gehackte Petersilie
1–2 Gänse- oder Entenschmalz
Salz und Pfeffer

Die Kartoffeln in dünne Scheiben schneiden. Die Stiele der Steinpilze abschneiden und fein hacken. Die Pilzhüte blättrig schneiden.

Das Fett in einer großen Bratpfanne mit dickem Boden erhitzen. Die Kartoffeln und die blättrig geschnittenen Pilzhüte hinzufügen. Bei hoher Hitze und unter ständigem Rühren braten, bis sie Farbe annehmen.

Sobald sie gar sind, die gehackten Stiele, Knoblauch und Petersilie hinzufügen, kräftig salzen und pfeffern. Die Hitze reduzieren und zugedeckt etwa 30 Minuten dünsten, wobei alle 10 Minuten umgerührt werden sollte.

Diese Kartoffelbeilage schmeckt vorzüglich zu Schweinebraten oder Steak.

Confit de petits oignons aux châtaignes et aux noix
Confit mit Kastanien und Walnüssen

4 PORTIONEN
2 Teelöffel Gänse- oder Entenschmalz
12–20 kleine Zwiebeln
16 Walnüsse
Salz und Pfeffer
120 ml trockener Weißwein
4 Teelöffel Hühnerfond
24 Edelkastanien, geschält (tiefgekühlt oder vakuumverpackt)

Das Fett in einer Bratpfanne erhitzen, die Zwiebeln hinzufügen und etwa 10 Minuten weichdünsten.

Die Nüsse behutsam aus den Schalen lösen, zu den Zwiebeln geben, würzen, mit Wein und Fond aufgießen und ohne Deckel etwa 40 Minuten simmern lassen.

Wenn die Zwiebeln gar sind, sollte sich die Flüssigkeit auf ein Drittel reduziert haben und sirupartig sein. Die Kastanien hinzufügen und den Saft weitere 10 Minuten eindicken lassen.

Eine ausgezeichnete Beilage zu Wild oder Schwein!

ROMANS-SUR-ISERE

Pasta-Party

Ravioli ist zwar ein italienisches Wort, aber diese Form von Pasta (oder *pâte* in Frankreich) könnte in den Bergen von Vercors erfunden worden sein, dem Grenzgebiet zwischen den savoyischen Alpen und der Provence. Die Region ist ein wahres Käseparadies. Die Kühe und Schafe, die die Sommermonate hier verbringen, liefern eine exzellente Auswahl an Weichkäse, wobei der Ziegenkäse von St. Marcellin typisch ist für den Produktionsstil der Region.

Einst war dies ein sehr armes Land. Im Mittelalter war für die hier lebenden Bauern Fleisch unerschwinglich. Aber sie produzierten neben Käse auch gutes Mehl und sammelten die vielen Kräuter, die auf den Bergen wuchsen. Aus diesen einfachen Zutaten entwickelten sie bereits im 15. Jahrhundert eine Paste aus Mehl und Wasser, die mit ein wenig Ei angereichert, mit Käse gefüllt und mit Kräutern aromatisiert – heute wird meist Petersilie verwendet – wurde. Das Ergebnis sind die Ravioli oder *ravioles*, wie sie in Frankreich heißen.

Sie haben mit den italienischen Teigtäschchen nicht viel gemeinsam, da sie viel kleiner sind und nur vegetarische Zutaten verwendet werden. Wie wurden die Ravioli wohl von den Bauersfrauen in den Bergen früher zubereitet? Vielleicht belegten sie einfach einen ausgerollten Teig mit kleinen Häufchen von Füllmasse, bedeckten ihn mit einer weiteren Teiglage, drückten den Teig rund um die Füllung fest und schnitten die Täschchen aus. Heute erfolgt die gesamte Produktion von Ravioli maschinell.

Die «Ravioles du Dauphiné» sind der ganze Stolz der Bewohner des Isère-Tales. Ende September wird ein Fest veranstaltet, bei dem kräftig für diese Spezialität geworben wird.

Obwohl man Ravioli heute in ganz Frankreich bekommt, sind sie eine Spzialität des Isère-Tales. Die Produktion konzentriert sich in der alten Stadt Romans, die strategisch günstig am Fluß und an der Hauptstraße von Valence nach Grenoble liegt. Auch die Weingärten von Hermitage sind nicht weit entfernt. Romans hat etwa 32000 Einwohner, aber außerhalb der Hochsaison ist es sehr ruhig im alten Viertel über dem Fluß. Aber an den Festtagen! Gegen Ende September nützt die Stadt die letzten warmen Tage und veranstaltet ein Fest zu Ehren ihrer Spezialitäten, bei dem auch kräftig die Werbetrommel gerührt wird. Zu den Besonderheiten zählt ein brotähnlicher Kuchen namens *la pogne*, der dem *fouace* von Najac geschmacklich und äußerlich nicht unähnlich ist (siehe Seite 118). Es gib eine verwandte Variante namens *St. Génix*, die klein und rund ist wie ein Käselaib, aber vor dem Backen an der Oberseite

eingeritzt wird. Die Zwischenräume werden mit leuchtend roten Mandeln gefüllt, wodurch der Kuchen aussieht, als ob er bluten würde.

La pogne spielt aber nur die zweite Geige und wird von den Ravioli in den Hintergrund gedrängt. Das Fest findet rund um den *Tour Jacquemart* ab, den mittelalerlichen Turm, der von der längst zerstörten Festung erhalten blieb. Auf der Turmspitze befindet sich ein Glockenspiel, das automatisch von einer napoleonischen Figur namens Jacques bedient wird. Das Instrument, mit dem er die Glocke schlägt, ist ein *marteau* oder Hammer – daher der Name *Jacquemart*.

Am Platz Général de Gaulle neben dem Turm wurde von der «Vereinigung zur Verteidigung der wahren Ravioli» ein Stand aufgebaut. Die elegante Dame, die ihn betreut, erläutert, daß sich die wichtigsten Produzenten zusammenschlossen, weil sie den Verwechslungen zwischen italienischen Ravioli und den traditionellen *ravioles* von Romans entgegenwirken wollten. Die französische Variante ist völlig anders, sie wird aus Weizenmehl hergestellt, in Italien hingegen wird Hartweizengrieß verwendet. Um die Zusammensetzung des Teiges, die Zubereitungsart und das Produktionsgebiet zu schützen, wurde der Gesellschaft 1989 eine Art *Appellation Contrôlée*, ein Markenschutz, für ihre Ravioli zuerkannt.

Die Vereinigung hat acht Mitglieder, von denen vier in Romans tätig sind. Ich sprach mit der Doyenne, die eine Firma namens «Ravioles Madame Maury» repräsentiert.

Madame Maury war so freundlich, mir trotz des Festtagswirbels etwas mehr über die Ravioli von Romans zu erzählen. Sie erinnerte sich an die Zeit ihrer Kindheit, als die Ravioli ein wichtiger Teil jeder Feier und ein populäres regionales Gericht waren. Kein Dorffest oder Sportereignis kam ohne einen Ravioli-Experten aus. In die Privathäuser kamen am Tag vor einer Hochzeit oder vor Weihnachten die Raviolimacher, die bis heute *les ravioleuses* heißen, um die Fülle vorzubereiten und den Teig auf Nudelbrettern auszurollen. Dann schnitten sie den Teig, um die Ravioli mit der Hand fertigzumachen. Am nächsten Tag wurden die Ravioli in die Brühe der *poule au pot* (Hühnersuppe) pochiert. Auch heute noch läßt man sie in der Suppenbrühe bei geringer Hitze nicht länger als zwei Minuten köcheln. Sie müssen unverzüglich mit etwas geschmolzener Butter oder geriebenem Käse gegessen werden.

Laut Expertenmeinung ist dies nach wie vor die einzige und beste Zubereitung für Ravioli, aber erfindungsreiche und talentierte Küchenchefs ließen sich von diesem Dogma nicht beirren und kreierten eigene Ravioli-Spezialiäten. Manche füllen sie mit *tapenade*, andere servieren sie mit Wildpilzen; wieder andere Rezepte verlangen einen Blätterteig und eine Füllung aus Hühnerleber; eine der einfachsten und köstlichsten Zubereitungsarten ist, sie nicht länger als eine Minute in Öl zu braten und mit knackigem grünem Salat zu servieren. Unser Rezept (siehe Seite 163) orientiert sich an den Ravioli, die wir in der *Auberge des Remparts* in Venasque, südlich von Romans, serviert bekamen. Das süßliche Aroma des Porrees harmoniert vorzüglich mit dem Geschmack der Ravioli.

Wer möchte, kann eigene Ravioli zubereiten, die bestimmt köstlich schmecken werden. Aber man muß sich nicht die Mühe machen, denn im Laden bekommt man die professionell hergestellten Produkte ebenso.

Für den Teig braucht man nur Mehl, Wasser, Eier, etwas Butter und Salz, während für die Fülle die traditionelle Mischung aus Kuhmilch- und Ziegenkäse, Butter mit Petersilie und Gewürze genommen wird. Beim Schneiden des Teiges

Ein Mitglied der Bruderschaft zeigt seine «Ravioli-Medaille».

wird der Hobbykoch allerdings allemal von der modernen Technik geschlagen.

Im *La Mère Maury* hat Madame sieben Küchenchefs im «Atelier» zur Verfügung. Einer mischt die Füllung, ein anderer schlägt den Teig in einem elektrischen Teigmixer. Ein anderer rollt ihn mit einem Nudelholz aus, das sich vorwärts und rückwärts bewegt, bis der Teig die erforderliche Zartheit hat. Dann wird er von einer Maschine in große Rechtecke geschnitten. Danach wird die Oberfläche mit der Fülle belegt und dann mit einem zweiten Teigquadrat bedeckt, und im letzten Durchgang werden die Teigstücke in einer Kältekammer gehärtet.

Diese Quadrate heißen *plaques* und enthalten 48 Ravioli. Drei *plaques* werden *grosse* genannt, und zehn *grosses* werden zu einem Karton verpackt. So werden sie an Läden und Supermärkte ausgeliefert. Die Ravioli halten sich etwa eine Woche frisch, aber sie lassen sich auch gut tiefkühlen und müssen vor dem Kochen nicht aufgetaut werden. Mme. Maury zufolge rechnet man pro Person zwei bis drei *plaques*, aber es ist schwer vorstellbar, daß jemand 144 Ravioli bewältigt, wenn sie auch noch so klein sind. Allerdings erweckt ein Besuch beim Hersteller Appetit und auch Durst.

Am *Place Jacquemart* ist bereits die Angelobung der neuen Raviolibotschafter im Gange, wobei jeder Auserwählte eine Bronzemedaille aus Ravioli um den Hals gehängt bekommt. Die *Ponge*-Kandiaten werden mit einem Miniaturkuchen geschmückt. Auch der Zeremonienmeister scheint durstig zu sein, ungeduldig beobachtet er die Kirchturmuhr. Zwei Flaschen Crozes-Hermitage, ein köstlicher Weißwein, wird für den Ausschank vorbereitet. Der Verkaufsstand der Bruderschaft ist der Mittelpunkt des Festes, an dem sich die Honoratioren versammeln. Großhändler und Supermarktvertreter drängen sich neben den Bürgern von Romans. Jeder ist bei diesem Straßenfest willkommen, bei dem jeder jeden zu kennen scheinen.

Es werden Unmengen von Ravioli verkauft, die vor Ort oder im Lokal gegessen werden. Es gibt kein Café oder Restaurant in der Stadt, das nicht Ravioli serviert. Nach dem

Bei Mère Maury werden die Ravioli en gros verkauft.

Essen stehen Kamelritte für die Jungen und Junggebliebenen, Volkstänze, eine Oldtimer-Rallye und eine Falkenjagd auf dem Programm. Tänzer können die Nacht durchtanzen, und Bewegungsunwilligere noch eine Portion Ravioli genießen.

Ravioles de Romans sauce poireaux
Ravioli in Porree-Sauce

4 PORTIONEN
2 mittelgroße Stangen Porree
150 g Butter
2 Liter Hühnerfond
Salz und Pfeffer
5 Teiglagen Ravioli aus Romans

Bereiten Sie erst die Porreesauce zu. Die weißen Teile des Porree sorgfältig waschen. Der Länge nach in zwei Hälften schneiden und dann in feine Ringe schneiden. 50 g Butter in einer Pfanne erhitzen und den Porree hinzufügen. Zudecken und behutsam etwa 20 Minuten weichdünsten. In der Küchenmaschine pürieren.

Den Porree wieder in die Pfanne geben und mit 300 ml Hühnerfond zu einer Sauce aufgießen. Behutsam erneut erhitzen, dann vom Herd nehmen, die restliche Butter einrühren, würzen und warmhalten.

Vor dem Servieren die restliche Brühe aufkochen und jeweils 1-2 Teiglagen Ravioli gleichzeitig hineingeben.

Sobald die Ravioli an die Oberfläche kommen, leicht umrühren. Die Hitze reduzieren und nicht länger als 1–2 Minuten kochen lassen. Die Ravioli abseihen und in ein vorgewärmtes Geschirr geben. Die Sauce darübergießen und sofort servieren.

ESPELETTE

Zum Trocknen aufgehängt

In den Monaten, die anderswo schon herbstlich sind, genießt das Baskenland eine scheinbar unbeschränkte Verlängerung des Sommers. Noch reflektieren die blendend weißen Stuckfassaden das strahlende Sonnenlicht, doch im Laufe des Oktobers werden die Mauern mit einer Art Korallenteppich überzogen – die kleinen roten Espelette-Chilischoten werden auf Schnüren zum Trocknen aufgehängt. Das anfängliche Karmesinrot dunkelt zu jenem indischem Rot nach, in dem auch baskische Fensterläden gestrichen sind.

Die Espelette-Chilischoten sind in der französischen Landwirtschaft und Küche eine Seltenheit, aber im Baskenland sind sie das wichtigste Gewürz im kulinarischen Repertoire. Weder das baskische Hähnchen, noch die berühmte Fischsuppe *ttoro* wären authentisch ohne die speziellen roten Chilis, die auch jene Gerichte prägen, die man außerhalb der Region selten bekommt, wie etwa *axoa,* eine Art Auflauf aus Hackfleisch vom Kalb, der großzügig mit den allgegenwärtigen Chilis gewürzt wird, oder *tripoxa,* die würzige Blutwust vom Kalb, um nur zwei Beispiele zu nennen. Als Konservierungsmittel für den Bayonne-Schinken wurden sie bereits erwähnt (siehe Seite 20).

Wenn die Chilis frisch verwendet werden, dann werden sie gehackt, und man entfernt die äußerst scharfen Samenkerne. Nach dem Trocknen werden sie zu einem aprikosenfarbenen, rot gesprenkelten Pulver vermahlen. Die Espelette-Chilischote ist zwar scharf, aber nicht annähernd so scharf wie Cayennepfeffer. Der Geschmack ist unverkennbar und mit keinem

Die baskische Stadt Espelette wird seit langem mit dem Spanischen Pfeffer (*piment*) assoziiert. Das jährliche Fest zu seinen Ehren ist eines der letzten der Saison.

anderen Gewürz vergleichbar. Der Anbau von Espelette-Chilis (*capsicum annum L.*) ist eine alte Tradition in der Region, in der die kleine Stadt liegt.

Christoph Kolumbus dürfte die Pflanze von Mexiko nach Spanien gebracht haben. Im 17. Jahrhundert wurde sie in ganz Kastilien von den Bäuerinnen im Garten und in Fensterkästen kultiviert. Einem Bericht aus dem 18. Jahrhundert zufolge «erregt die Pflanze den Appetit, vertreibt die Winde, schärft den Verstand und beschleunigt die Verdauung». Auch heute noch wird sie als Heilmittel bei schwerer Erkältung oder Bronchitis verwendet.

Nach der Revolution war das Gewürz ein wichtiger Wirtschaftsfaktor in Espelette. Aufgrund der geographischen Lage am Fuße eines Passes, zwischen St.-Jean-de-Luz und St.-Jean-Pied-de-Port, war die Stadt ein lebhaftes Handelszentrum, in dem sich unter anderem eine Schokoladenmanufaktur befand, in deren Rezepten die Pfefferschote angeblich ebenfalls aufschien. Die Schoten wurde auch anstelle von Weihrauch in der Kirche verwendet, eine Tradition, die auch heute noch bei der Messe und an Festtagen gepflegt wird.

Die Samen wurden traditionell am Tag des hl. Joseph, am 19. März, ausgesät. Einen Monat später wurden die kleinen Pflanzen ausgedünnt und an den sonnigsten Stellen ausgepflanzt. Die Pflanzen wuchsen zu Sträuchern von etwa einem halben Meter Höhe heran; ab Ende September bis zum Einbruch des Frostes wurden die hellroten Früchte geerntet. Noch am Abend des Erntetages wurden die Chilis auf Schnüren aufgefädelt und zum Trocknen in der warmen Küche oder vor dem Haus aufgehängt. Sechs bis acht Wochen später wurden sie zum Brotofen des Dorfes gebracht, wo sie geröstet und in einem großen Mörser zu Pulver zermahlen wurden.

Heute ist der Anbau der Chilischoten ein gutes Geschäft, viele Landwirte gaben die Schafzucht und den Maisanbau auf, um sich nur noch auf den Pfefferstrauch zu konzentrieren. Sie sind sehr darauf bedacht, ihr Produkt zu schützen und bemühen sich um eine *Appellation Contrôlée*, ein geschütztes Warenzeichen, für die in Espelette und einigen Nachbargemeinden kultivierte Chilischote. Die Anbaumethoden wurden modernisiert, damit die Bauern während des ganzen

Im Laufe des Oktobers wirken die Fassaden wie mit korallenroten Teppichen behängt – die Chilischoten trocknen in der Herbstsonne.

Sommers frische Chilischoten verkaufen können. Die Aussaat findet bereits im Februar im Glashaus statt, und die Sämlinge sprießen unter Plastikabdeckungen. Auf diese Weise kann die Ernte bereits im August beginnen, und zur Zeit des Festes ist das kostbare Pulver bereits in Hülle und Fülle verfügbar.

Das Fest in Espelette findet immer am letzten Oktoberwochenende statt. Am Samstag gibt es eine Ausstellung, bei der regionale Produkte gezeigt werden, am Abend wird ausgelassen getanzt.

Das eigentliche Fest beginnt am Sonntagmorgen mit einer Messe in der außergewöhnlich schönen Kirche im typisch baskischen Stil. Im Inneren säumen drei Reihen von Emporen aus geschnitzer und bemalter Eiche den Mittelgang. An der Ostseite kontrastiert der kunstvoll dekorierte Altar aus dem 17. Jahrhundert mit der ländlichen Einfachheit des Gebäudes mit seinem Steinboden und dem rechteckigen Kirchturm. Die Decke ist in zarten Rot-, Gold- und Blautönen bemalt, das Licht fällt durch kleine Fenster mit hölzernen Läden. Etwa 750 Menschen drängen sich während der Messe in der Kirche, die Emporen sind oft so überfüllt, daß man sie mit Stahlsäulen stützen mußte.

Der Großteil des Mittelschiffes ist für die Honoratioren und ihre Gäste bestimmt, die übrigen Besucher finden auf den Emporen Platz. Die Schulkinder sind dem Anlaß entsprechend festlich gekleidet, einige tragen graugesprenkelte T-Shirts, manche Mädchen sehen wie kleine Nonnen aus, wieder andere haben Girlanden im Haar. Die Knaben tragen rote baskische Schärpen über weißen Hemden, die Chorknaben zusätzlich rote Leibbinden. Beim Ausgang stehen sechs Weidenkörbe mit Espelette-Chilischoten, die von 16 älteren Mädchen in langärmeligen Kleidern mit Umhängetüchern flankiert werden.

Angeblich sind manchmal Vertreter von nicht weniger als 22 Bruderschaften aus der ganzen Umgebung anwesend, die von der «Bruderschaft der Chilischote» eingeladen wurden. Sie tragen schwarze Spazierstöcke und geschmückte Baskenmützen, grüne Umhänge mit rotem Besatz und rotgoldenem Kragen. Sie erkennen unter den Gästen vielleicht die Bruderschaft des Bayonne-Schinkens und jene der Riesenomelette von Géante de Bessières-sur-Tarn (Seite 10 und 18) wieder.

Diese Farbensymphonie setzt sich auch bei zwei Musikgruppen fort; eine wird von einem beleibten Trommler und

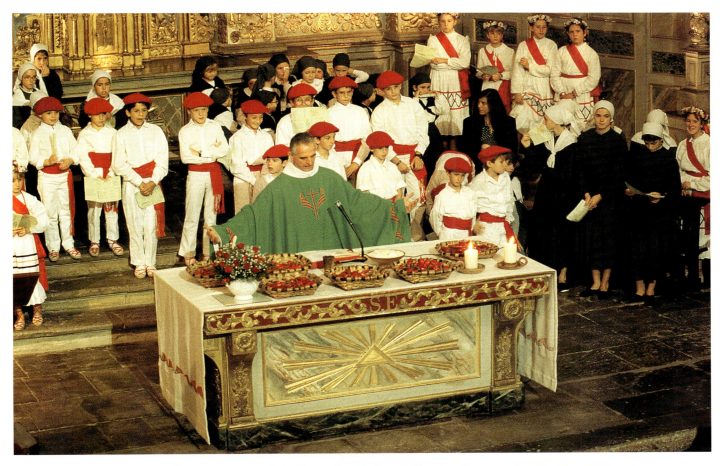

Das eigentliche Fest beginnt am Sonntagmorgen mit der Messe: Das Kirchenschiff und die Emporen sind überfüllt mit Menschen.

einem Bannerträger mit Groucho-Marx-Bart angeführt, die andere, eine Blechblaskapelle, trägt weiße Uniformen mit grünen Gürteln und Hüten. Der Pfarrer tritt in weißem Gewand und grünem Chorhemd zum Altar. Der Gesang ist wunderbar einfach und schön und erinnert in bestimmter Weise an die Musik der Maori. Kurz vor der Kommunion kommen die 16 Mädchen mit den Früchtetabletts aus dem Hintergrund nach vorne und legen die Chilis auf den Altar. Tänzer, die Äpfel in den Händen tragen, geben eine kunstvolle Volkstanzaufführung vor dem Altar. Der Priester segnet die Chilischoten und die Menschen, die sie anbauen. Die Samen der gesegneten Früchte werden für die Auspflanzung im nächsten Jahr aufbewahrt. Gemeinsam stimmen der Chor und die Gemeinde das Lied der Chilischoten an. Jede Strophe des baskischen Liedes wird solo von einem kleinen Chormädchen vorgetragen. Danach wird erneut getanzt. Zwei Männer, die mit weißen Tüchern umhüllte Dolche tragen, zeigen zu Trommel- und Querpfeifenklängen gefährlich hohe Luftsprünge. Die Kommunion wird empfangen, während die Orgel ein berührend einfaches, von Blues und Folk inspiriertes Lied spielt. Nach der Messe bewegt sich eine glanzvolle Prozession durch die Stadt. Die üblichen Angelobungen finden auf dem Areal des Schlosses aus dem 17. Jahrhundert, in dem heute das Gemeindeamt untergebracht ist, statt. Bei

Schönwetter gibt es dort kaum Schatten und auch keinen Unterstand, wenn es regnet, weshalb die Versuchung groß ist, auf der Suche nach einer Erfrischung ins Dorf hinab zu wandern. Zur Auswahl stehen der neue, noch gärende Weißwein aus Jurançon, der moussiert, nach Hefe und Moder schmeckt und nicht jedermanns Sache ist. Dazu gibt es Hot Dogs, die im Baskenland aus köstlichen Würsten und traditionellem französischem Brot bestehen. Wer sich für den Besuch in einem der örtlichen Restaurants entscheidet, muß eventuell feststellen, daß ohne Reservierung im voraus kein Platz zu bekommen ist. Das Euzkadi, der größte Gasthof in der Stadt, der dem ungekrönten König der Stadt Monsieur Darraidou gehört, hat bereits im August Vorbestellungen entgegengenommen.

Am Nachmittag tanzen und singen die vielen Besucher, die aus den Küstenstädten für diesen Tag hierher kamen, in den Straßen. An den Buden werden Käse aus Milch von Bergkühen, Fleisch- und Wurstwaren und auch eine Art *fouace* verkauft. Der Feinkostladen des Dorfes bietet Köstlichkeiten mit Chilischoten an, die alle gleichermaßen scharf sind, wie etwa ein Kompott, eine Chilisauce mit Essig, eingelegte Chilischoten oder pürierte Tomaten, welche die Schärfe, nicht aber die Farbe abschwächen, Teigwaren, und konservierte Tauben – eine berühmte Variation der lokalen Wildtaube, die kräftig mit besagter Chilischote gewürzt ist.

Man wandert die Hauptstraße auf und ab, hört den Musikgruppen zu und genießt Gesang und Tanz in fröhlicher Gesellschaft. Rasch fällt die Dunkelheit ein und man bemerkt, daß es bis Allerheiligen nur mehr eine Woche dauert, und daß der Winter naht. Jeder in Espelette scheint entschlossen, das Beste aus dem letzten Sonntag im Freien zu machen.

Am Nachmittag singen und tanzen die Besucher in den Straßen.

Pâtes au Piment
Pasta mit Chili-Tomaten-Sauce

4 PORTIONEN

4 Eßlöffel Olivenöl

1/2 Chilischote, entkernt, fein gehackt und zerstoßen

2 große reife Tomaten, geschält und gehackt

2 große Knoblauchzehen, fein gehackt

Salz

350 g Spaghetti oder eine andere Pasta

Geriebener Parmesan oder ein anderer Hartkäse (Schaf)

Das Öl in einer Pfanne bei niederer Hitze erwärmen und die Chilischoten hinzufügen. 15 Minuten, ohne daß sie braun werden, anbraten. Tomaten und Knoblauch dazugeben. Salzen und langsam weitere 30 Minuten kochen. Die Sauce sollte die Konsistenz eines Pürees aufweisen.

Die Pasta in Salzwasser *al dente* kochen. Abseihen und mit der Sauce und dem geriebenen Käse servieren.

Ttoro
Baskische Fischsuppe

4 PORTIONEN

5 Eßlöffel Olivenöl

2 Zwiebeln, fein gehackt

Kopf und Haut vom Seehecht oder einem anderen Weißfisch

2 Knoblauchzehen

1 *bouquet-garni*

Salz

6 Pfefferkörner

Ein kleines Stück *piment d'Espelette*

1,5 Liter Wasser

600 g Seehecht (4 Steaks)

Mehl

4 Scampi oder Scampischwänze (optional)

12–16 Muscheln (optional)

4 Scheiben französisches Brot für die Croûtons

1 Teelöffel gehackte Petersilie

Zwei Teelöffel Olivenöl in einer großen Kasserolle erhitzen und die gehackten Zwiebeln langsam goldbraun dünsten. Kopf und Haut des Fisches, 1 Knoblauchzehe, das *bouquet-garni*, Salz, Pfefferkörner, Chilischote und Wasser hinzufügen. Zugedeckt etwa 30 Minuten köcheln lassen, dann den Fond abseihen.

Die Seehechtsteaks im Mehl wenden. Zwei Teelöffel Olivenöl in einer Bratpfanne erhitzen und die Steaks auf beiden Seiten je eine Minute anbraten. Den Fisch mit den Scampi und den Muscheln in den heißen Fischfond geben und behutsam 15 Minuten simmern lassen.

Inzwischen das restliche Öl in einer Bratpfanne erhitzen und die Croûtons goldbraun rösten, die Knoblauchzehe darüberstreuen und warmhalten.

Eine weitere Knoblauchzehe hacken, Croûtons in jeden Suppenteller geben, mit Petersilie und Knoblauch bestreuen, ein Seehechtsteak darauflegen und die Fischbrühe darübergießen. Meistens wird eine weitere gemahlene *Espelette*-Chilischote dazugegeben, die für *ttoro* so wichtig ist wie *rouille* für die provenzalische Fischsuppe.

Chou-fleur au piment
Blumenkohl mit Chilischote

4 PORTIONEN

3 Teelöffel Oliven- oder Walnußöl

1 *piment d' Espelette,* entkernt und fein gehackt

1 Blumenkohl in Röschen zerteilt

Salz

1 große Knoblauchzehe, fein gehackt

Öl auf den Boden einer Sautierpfanne gießen und die Chilischote bei geringer Hitze 15 Minuzten schwitzen lassen. Dadurch gibt die Chilischote ihren Geschmack ab und verleiht dem Öl eine hübsche orange Farbe.

In der Zwischenzeit den Blumenkohl 8 Minuten in Salzwasser dämpfen und abseihen.

Den Blumehkohl zu der Chilischote in die Pfanne legen, die Hitze erhöhen und behutsam weitere 5 Minuten ohne Deckel dünsten. Vor dem Servieren den Knoblauch dazugeben.

LE GRAND SUD-OUEST

Gestopfte Enten und Gänse

Die Ägypter und die Römer wußten alles über das Mästen von Gänsen und Enten. Aber erst im 18. Jahrhundert lernte man in Frankreich gestopfte Gänse und Enten zu schätzen. Es scheint, daß bis dahin auch Pasteten mit Wildvögeln und nicht mit Gänsen und Enten zubereitet wurden. *Foie gras*, die Stopfleber, wie wir sie kennen, wurde erstmals um 1750 im Elsaß salonfähig und daraufhin in Paris eingeführt. Heute konzentriert sich ein Großteil der Produktion im Südwesten, obwohl sich die Techniken aufgrund der großen Nachfrage landesweit verbreiteten.

Obwohl eine feine Stopfleber als «... unvergleichbar, Perle, Juwel, Diament, Krone der Gastronomie»* beschrieben wurde, ist sie heute auch für jemanden mit geringerem Einkommen erschwinglich. Die Aufzucht des Geflügels wurde größtenteils mechanisiert, und die modernen Fütterungsmethoden nehmen im Vergleich zu früher nur mehr einen Bruchteil der Zeit in Anspruch. Die derart aufgezogenen und gefütterten Vögel stellen zwar vielleicht einen Fleischer im Schlachthof zufrieden, aber kein Gastwirt oder Feinkosthändler, der auf sich hält, würde eine derart gewonnene Fettleber kaufen, ebenso wie er nur Geflügel aus Freilandhaltung kauft. Aber jene, die das Loblied auf die alten Bäuerinnen singen, die nur einen Vogel betreuten, sind keine altmodischen Geister. Der Kenner und Gourmet insistiert, daß die Qualität einer

*(Hugues Robert, *Le Grand Livre du Foie Gras*, Editions D. Briand-R. Laffont, Toulouse 1982)

Überall im Südwesten gibt es zwischen November und März sogenannte *marchés au gras*, bei denen gestopfte Gänse und Enten verkauft werden. Sarlat and Caussade sind zwei wichtige Beispiele.

guten Gänseleber vom Moment des Schlüpfens an bestimmt wird, und daß es, was das Mästen betrifft, keine Alternative zur Aufzucht mit der Hand gibt.

Die alten Bäuerinnen sagen, daß sie echtes Mitleid mit den Gänsen und Enten empfinden, die sie aufziehen. Gänse neigen zur Monogamie und beschützen ihre Familie, eine Haltung, mit der sich ein Bauer identifizieren kann. Man ist auch der Ansicht, daß Gänse Lebewesen sind, die keinesfalls dumm sind, und wie Menschen trauern können. Wenn es richtig durchgeführt wird, hat das Mästen nichts mit Brutalität zu tun, es erfordert vielmehr Komplizenschaft, Bereitwilligkeit und Kooperation. Aus diesem Grund macht die Geschicklichkeit der Betreuerin, die ihre Vögel versteht, den großen Unterschied aus. Die letzten Tage des Vogels mögen unbequem oder sogar leidvoll sein, aber den Großteil seines Lebens wurde das

Tier verwöhnt und fast wie ein Familienmitglied behandelt. Es liegt mir fern, Gegner des Mästens bekehren zu wollen. Ihre Einstellung ist verständlich, aber sie werden ohnedies nicht bis hierher gelesen haben. Andererseits ist auffallend, wie viele von ihnen im Supermarkt Eier von Batteriehühnern oder Lamm- und Schweinefleisch aus Massentierhaltung kaufen – alle diese Tiere werden unter Bedingungen gehalten, neben denen die Aufzucht der Enten und Gänse paradiesisch wirkt. Zwar rechtfertigt ein Unrecht nicht das andere, aber man sollte die Relationen beachten.

In den ersten Monaten ihres Lebens genießen die Vögel ein idyllisches Leben. Sie brauchen in den erster Zeit viel Grünfutter (Brennesseln und wilder Knoblauch sind sehr beliebt). In den ersten fünf oder sechs Monaten werden sie von ihren liebevollen Eltern, die von der Gänsepflegerin – traditionell die Großmutter der Bauernfamilie – beaufsichtigt werden, betreut. Bisweilen steht der Großmutter auch ein Hund zur Seite. Im Oktober beginnen die Vorbereitungen für Weihnachten und Neujahr. Nun sollen die Vögel natürlich soviel Fett als möglich zulegen. Sie werden zu den besten Weiden geführt und zusätzlich mit Hafer und Weizen gefüttert. Dem Trinkwasser wird Mehl zugesetzt. Diese Kost kräftigt den Verdauungsapparat, und es werden jene Vögel ausgesondert, die sich nicht für das Mästen eignen.

Nach zwei Wochen beginnt das eigentliche Stopfen, das hier *gavage* genannt wird. Die Gänse werden mit der Hand

Privakonsumenten und Händler begutachten die Ware in Caussade.

dreimal pro Tag mit Mais gefüttert. Eine Bäuerin kann sechs oder sieben Tiere in einer Stunde füttern, was zeigt, wie arbeitsintensiv die diese Form der Aufzucht ist. Einer der Gründe, warum die Entenzucht beliebter wurde als die der Gänse, liegt darin, daß sie nur zweimal pro Tag gefüttert werden müssen.

Vögel, die in Massenhaltung oder von Bauernm, die sich auf Geflügelzucht spezialisiert haben, aufgezogen werden, gehen direkt an den Handel; an Konservenfabrikanten, die *confits* und *cous farcis* hestellen, an Großhändler, die vakuumverpackte Entenbrüste verkaufen, die Pastetenhersteller und Gastwirte, die sich nicht viele Gedanken um die Herkunft machen. Aber unsere berühmte und sprichwörtliche Großmutter, ein Menschentyp, der im Verschwinden begriffen ist, hat keine solche Abnehmer zur Hand. Sie bringt ihr Produkt oder jenen Teil, den die Familie nicht benötigt, zu einem jener Märkte, die ausschließlich dem Verkauf spezieller Gänse und Enten gewidmet sind.

Die Natur hat es durch eine glückliche Fügung so eingerichtet, daß die Vögel genau dann auf den Markt kommen, wenn sie am meisten benötigt werden. Von November bis März, vor allem vor Weihnachen und Neujahr, sind diese Märkte gut besucht. Es gibt eine Vielzahl von Einkäufern, die auf Qualitätsprodukten bestehen – man erkennt sie daran, wie sie paarweise verschwinden und sieben oder acht Gänse schleppen, die gut 40 Kilo wiegen. Auch jede Menge Privatkunden kommen, um ihre Speiskammern für die Festtage aufzufüllen und um Stopfleber oder *confits* für die kalten Wintermonate zu bekommen.

Die größeren Städte im Südwesten – Brive, Pau und Périgueux – besitzen große Märkte, die viele Besucher anziehen, kleinere Städte wie Sarlat locken mit ihrer familiären Atmosphäre. Sarlat besitzt am Nordende der Altstadt einen kleinen Platz namens *Place des Oies*, Platz der Gänse, der Markt selbst findet heute aber auf einem der größeren Plätze im Zentrum statt.

Caussade, zwischen Cahors und Montauban, ist eine Stadt, die einen eigenen *marché au gras* besitzt, der jeden Montag im Winter stattfindet. In den Jahren nach dem Zweiten Weltkrieg, als man auf die Architektur nicht besonders viel Wert legte, wurde dieser Markt zu Ehren von M. Bonnaïs, dem früheren Bügermeister, südlich des Stadtzentrums errichtet. Es gibt strenge Regeln, was hier verkauft werden darf und was nicht. Die einzigen erhältlichen Produkt sind entweder der ganze Vogel oder seine Leber. Auf anderen Märkten findet man manchmal Vögel ohne Leber (die *manteaux* oder *paletots* genannt werden) oder Teile des Vogels, wie Brüste oder Keulen. Die Vögel müssen vom Verkäufer gestopft worden sein, obwohl nicht weiter spezifiziert ist, wie. Sie müssen auch gerupft sein, und die Vögel müssen auf dem Bauernhof zubereitet worden sein, auf dem die Tiere aufgezogen wurden. Sämtliche Produkte müssen den offiziellen Stempel der Marktorganisatoren tragen. Die Vögel dürfen nicht früher als 24 Stunden vor dem Markt getötet worden sein, und müssen in der Zwischenzeit gekühlt aubewahrt werden, dürfen aber nicht tiefgefroren werden, weil dadurch die Leber Schaden nehmen würde. Die Leber muß in für Lebensmittel geeignetes Material verpackt sein, was meist bedeutet, daß sie mit Folie überzogen und auf Plastiktabletts präsentiert wird.

Die Gemeinde stellt eine Waage zur Verfügung, auf der man die Tiere kostenlos abwiegen kann. Im allgemeinen wiegen die Enten bis zu viereinhalb Kilogramm und die Gänse bis zu sieben Kilogramm; die Entenleber wiegt durchschnittlich 400 Gramm, jene der Gänse ist etwa doppelt so schwer.

Der *Place des Oies* in Sarlat, an dem früher Gänse verkauft wurden. Der Markt selbst findet heute auf einem der größeren Plätze im Zentrum statt.

Manchmal öffnen die Verkäufer die Brust der Vögel, um die Qualität der Leber zu zeigen. Heute gibt es mehr Enten als Gänse, weil Entenfleisch, abgesehen von der Leber, leichter zu verkaufen ist als Gänsefleisch. Gourmets sind der Meinung, daß die Gänse die köstlichere Leber besitzen, während sich die Entenleber aufgrund ihres ausgeprägteren Geschmacks gut für Kochkreationen eignet. Lassen Sie sich nicht dadurch täuschen, daß Entenleber nur halb so teuer ist wie Gänseleber. Sie schrumpft stärker während des Kochens.

Auf dem Markt von Caussade bekommt kein Kunde vor neun Uhr Zutritt, und eine Stunde später ist die Sache bereits wieder vorüber. Einem unerfahrenen Kunden bleibt also wenig Zeit für seinen Einkauf. Man muß wissen, wonach man sucht. Ein Vogel sieht wie der andere aus, aber die Brüste (*magrets*) sollten sich fest und fleischig anfühlen. Wenn die Leber freigelegt ist, kauft man mehr oder weniger auf Verdacht, weshalb viele Käufer auch Stammkunden sind. Die Leber ist, vor allem wenn sie extra angeboten wird, und man sie nur durch das transparente Papier befühlen kann, leicht zu bewerten. Sie sollte eine

einheitliche Farbe und Struktur haben. Die Oberfläche sollte nicht fleckig sein oder verschmiert wirken. Leber von rötlicher Farbe sollte man vermeiden, weil sie vermutlich ihre Zartheit verloren hat. Die Produkte werden nach Gewicht verkauft. Da die Leber das teuerste Stück des ganzen Vogels ist, sollte man sich vergewissern, daß sie die richtige Größe hat. Besuchen Sie den Markt am besten in Begleitung eines erfahrenen Freundes. Man kann auch versuchen, die Meinung anderer Käufer einzuholen, obwohl die Leute meist zurückhaltend reagieren, wenn es um so Wichtiges wie Stopfleber geht.

Sie sollten den Vogel, vor allem die Leber, sobald als möglich verarbeiten. Je frischer die Leber, desto besser schmeckt die Pastete. Vergessen Sie nicht, daß abgesehen von der Leber, der kostbarste Teil des Vogels das goldene Fett ist, das man für *confits,* eingemachtes Gänsefleisch, verwendet. Gänse- oder Entenschmalz ist wie die Leber eine Delikatesse.

Foie gras frais aux câpres
Frische Stopfleber mit Kapern

4 PORTIONEN

1 frische Entenstopfleber, etwa 450 g schwer

Salz und Pfeffer

2 Eßlöffel Brandy

1 Teelöffel Enten- oder Gänseschmalz

60 Schalotten, gehackt

1 Eßlöffel Mehl

120 ml Weißwein

4 Eßlöffel Kalbsbrühe oder Hühnerfond

60 g Kapern

Die Leber säubern und Knorpel oder Blutgefäße entfernen, eine Stunde einweichen und anschließend mit Küchenpapier trockentupfen. Würzen und mit Brandy beträufeln, dann 2–3 Stunden im Kühlschrank ruhen lassen.

Das Fett in einer Kasserolle erhitzen. Die Leber mit Küchenpapier trockentupfen, in die Kasserolle geben und während man sie sorgfältig mehrmals wendet behutsam 10 Minuten braten, bis sie die Farbe wechselt. Die Leber aus der Kasserolle nehmen und beiseite stellen. Die Schalotten in der Kasserolle weichdünsten, dann das Mehl einrühren, bis es braun wird. Mit Wein und Brühe aufgießen und 30 Minuten bei sehr niederer Temperatur simmern lassen.

Die Hitze erhöhen, die Stopfleber hinzufügen, die Hitze sofort reduzieren und langsam weitere 10 Minuten köcheln lassen. Die Kapern abspülen, falls sie in Essig eingelegt waren, und gegen Ende der Kochzeit dazugeben.

Die Stopfleber in Scheiben schneiden, auf einem Teller arrangieren und die Sauce darüber gießen. Die Leber sollte so zart sein, daß sie mit einem Löffel geteilt werden kann.

Foie gras entier mi-cuit
Stopfleber-Terrine

Diese Pastete sollte einige Tage vor dem Servieren zubereitet werden, da der Geschmack merklich besser wird.

6–8 PORTIONEN
2 Stück frische Entenstopfleber (900 g) oder 1 frische Gänsestopfleber (600 g)
2 Teelöffel Armagnac
2 Teelöffel *vin doux naturel* **oder Portwein**
2 Teelöffel halbsüßer Weißwein
Muskat und Zimt
Salz und Pfeffer
Aspik:
150 ml starke Hühnerbrühe
1 Teelöffel Gelatine

Die Lappen der Leber trennen, die sehnigen Fasern und grüne und dunkelrote Spuren entfernen. Etwa 1 Stunde in warmem Wasser einweichen.

Abtropfen lassen und trockentupfen. Mit einem kleinen scharfen Messer in jedem Lappen Taschen öffnen, damit man die restlichen Sehnen entfernen kann. Dies ist wichtig, damit die Pastete leicht zu schneiden ist.

Mit Armanac, Wein und Gewürzen in ein flaches Gefäß legen. In der Marinade über Nacht in den Eisschrank stellen und ziehen lassen.

Am nächsten Tag eine Stunde bei Zimmertemperatur temperieren. Den Backofen auf 150 °C (Gas Stufe 2) vorheizen. Eine Terrine auswählen, in der die Leber Platz findet, die Marinade darüber gießen.

In eine 2 cm tiefe Bratpfanne Wasser, das auf 70 °C erhitzt wurde, füllen. Die Temperatur des Wassers und des Backofens sind wichtig. Die Terrine in die Bratpfanne stellen und unbedeckt 35 Minuten kochen lassen.

Die Terrine aus dem Backofen nehmen und bei Zimmertemperatur abkühlen lassen, dann in den Eisschrank stellen. Sie sollte mindestens 4–5 Tage unberührt bleiben. Im Eisschrank ist sie eine weitere Woche haltbar.

Einige Zeit vor dem Servieren das Aspik zubereiten, indem die Hühnerbrühe erwärmt wird. Die Gelatine hinzufügen, heftig rühren, vom Herd nehmen und in ein flaches Glasgefäß gießen. Abkühlen lassen, dann in den Eisschrank stellen.

Vor dem Servieren die Pastete in eine Servierform stürzen. Mit dem Aspik garnieren. Die Pastete mit einem Messer, das in heißes Wasser getaucht wurde, anschneiden. Mit frischem Walnußbrot oder Toast servieren.

LALBENQUE

Das Schwein vom Lion d'Or

Lalbenque hat den besten Trüffelmarkt des Südwestens. Hier kann man in den Wintermonaten im Hôtel du Lion d'Or die berühmte, köstliche Trüffelomelette kosten.

Die Trüffel ist eine der geheimnisvollsten Erscheinungen der Natur. Die Wissenschaft rätselte jahrhundertelang, ob sie nun eine Pflanze oder ein Mineral sei. Als Geschöpf der Dunkelheit wächst sie nur unterirdisch, über der Erde ist nichts zu sehen. Um der Welt des Tageslichts die Kohlenstoffe zu entziehen, die für ihr Überleben und ihre Fortpflanzung lebensnotwendig sind, braucht sie eine andere Pflanze, die sie mit diesen wertvollen Stoffen versorgt, und die durch Photosynthese in Zucker und Proteine verwandelt werden. Sie geht also mit bestimmten Bäumen, vor allem mit Eichen und Haselnußsträuchern, an deren junge, winzige Wurzeln sie sich klammert, eine Symbiose ein.

Für die meisten Menschen ist das markanteste Kennzeichen der Trüffel ihr Geruch, dem nichts gleichkommt. Er erinnert an die Milchstube in einem alten Landhaus, an Gestrüpp mit Thymian, Wacholderbeeren und Heidekraut, an die Asche der Feuerstätte, in der sie traditionell zubereitet wurde, und den Duft des Bodens, in dem sie gedeiht.

Trüffeln sind heikel. Sie gedeihen nur auf kreidehaltigem Boden, der reich an organischen Stoffen ist. Es ist eine falsche Annahme, daß die Trüffel umso besser ist, je karger der Boden ist. Sie braucht geeignete Wirtsbäume in der Nähe, aber auch Belüftung, heiße Sonne im Sommer, gelegentlich schweren Regen und eine ausgezeichnete Entwässerung bei feuchtem Wetter. Ein kalter Winter behagt der Trüffel, Frühlingsfrost hingegen erstickt sie buchstäblich im Keim. Am vorteilhaftesten sind Regionen, in denen es wildwachsende Eichen gibt: die *Garrigues* in der Provence und die Region Quercy, die nach *quercus*, dem lateinischen Wort für Eiche, benannt ist.

Madame Berthier befindet sich sozusagen an der Wiege der französischen Gastronomie. Ihr Hôtel du Lion d'Or, in dem sonst unscheinbaren Dorf Lalbenque in Quercy, beherbergt den ersten Trüffelmarkt des Südwestens. Das Restaurant, das sie mit Autorität und Charme zugleich leitet, ist jedoch kein kerzenbleuchteter Gastronomietempel. Es gleicht eher einer typischen französischen Dorfgaststätte, und jeden Dienstag während der Wintermonate stopft Madame Berthier hier 130 trüffelhungrige Mäuler. Die Leute reisen kilometerweit, um die regionale Köstlichkeit zu genießen, um für Restaurants oder für den Handel einzukaufen, der die Trüffel für die Feinkostläden der ganzen Welt konserviert, oder einfach, um einige

Trüffeln als extravaganten Genuß mit nach Hause zu nehmen. Selbst dort, wo sie gedeiht, bleibt die Trüffel ihrem Ruf als teuerstes Nahrungsmittel der Welt treu. Hier bekommt man sie für etwa 1900 Francs pro Kilogramm, wenn man ein guter Händler ist. Im Laufe der Zeit haben Händler, Großhändler, Konservenfabrikanten, und Restaurantbesitzer erkannt, daß die Trüffel nur für die Reichen erschwinglich ist.

Das war nicht immer so. Vor 100 Jahren waren Trüffeln eine alltägliche Sache. Zwar waren sie nie das gewöhnliche Essen der Armen, aber sie waren eine Weile eine Modeerscheinung auf den Tafeln der Bourgeoise; selbst die bescheidenste Bäuerin wußte es anzustellen, daß ein paar gefüllte Trüffeln neben dem Weihnachtstruthahn lagen. Die Eichenwälder, in denen die Trüffeln wuchsen, lagen oft neben den Weingärten, die ähnliche Bedingungen benötigen. Als die Reblausplage um 1880 zuschlug, war es für die Bauern logisch, daß sie Eichen nachpflanzten, und die Bäume sich in die vernichteten Weingärten ausbreiten ließen.

Der kurze Trüffelboom endete abrupt mit dem Ersten Weltkrieg. Der Niedergang erklärt sich größtenteils durch mangelndes Wissen über diese Pflanze. Trüffeln wachsen nicht unter Eichen, die älter als 30–35 Jahre sind, weshalb die nach der Reblausepidemie gepflanzten Bäume für die Trüffelkultur nutzlos waren. Dann brach der Krieg aus. Die Wälder benötigten konstante Pflege, die Bäume mußten geschnitten werden, aber das war die Arbeit der Männer, die an die Front mußten. Die wenigen, die zurückkehrten, fanden die Trüffelwälder in einem desolaten Zustand vor, aber nun gab es wichtigere Arbeiten auf den Bauernhöfen. Es herrschte Armut, die Zeiten waren schlecht. Viele emigrierten oder suchten Arbeit in den Städten. Den Trüffelwäldern widerfuhr dasselbe Schicksal wie den Weingärten.

Das heutige Interesse an der Regionalküche hat eine Nachfrage nach Trüffeln erzeugt, die nicht zu befriedigen ist. Dadurch erklärt sich die Preisexplosion – die Preise stiegen seit dem Zweiten Weltkrieg um das 200fache an. Unternehmerische Geister suchen zwar Mittel und Wege, um neue Trüffelplantagen anzulegen, aber eine Trüffeleiche eignet sich erst nach 15 Jahren als Wirtspflanze. Es gibt keine Garantie, unter Umständen pflanzt man hunderte Hektar Eichen und man wird nie eine Trüffel zu sehen bekommen.

Wenn es Ihnen in den Sinn kommt, den Trüffelmarkt in Lalbenque zu besuchen, sollten Sie bei Madame Berthier bereits am Vortag reservieren lassen. In der ruhigen Atmosphäre des Abends läßt sich die köstliche *omelette aux truffes*, besser genießen.

Madame erzählte mir alles, was ich über die Trüffel-Saison wissen wollte. Als ich fragte, ob es ein gutes Jahr gewesen wäre, meinte sie, daß die Trüffeln nur langsam herangereift wären; es gab 13 Monde im letzten Jahr. Der Januar-Mond kam verspätet, und jeder weiß, daß die Trüffel bis zum Januarmond nicht ausgereift ist. Madame Delon, die Servierin von Madame Berthier, die selbst Trüffeln kultiviert, bestätigte

diese Aussage und meinte, daß die Nachfrage nach Trüffeln zu Weihnachten und Neujahr zu einem verfrühten Sammeln unreifer Trüffeln geführt hatte; früher hätte man sein Trüffelschwein nie vor Mitte November gekauft.

Es ist bekannt, daß man ein Schwein braucht, um Trüffeln zu suchen, weil sie unterirdisch wachsen. Manche Trüffelsucher arbeiten mit Hunden. Ich lernte sogar zwei originelle ältere Heren kennen, die auf eine bestimmte Fliegenart schworen, die ihnen angeblich die Trüffelplätze zeigte. Bei dieser Technik muß der Suchende flach auf dem Bauch liegen und stundenlang auf das Insekt warten – eine reichlich unsichere Methode, da man am Ende der Nachtwache oft doch nur Steine und Erde findet, wenn man die falsche Fliege beobachtet hat.

Madame Delon läßt sich nicht überreden, sie und ihr Schwein am Marktmorgen begleiten zu dürfen, weil sie für die 130 Mittagessen im Lion d'Or sorgen muß. Das örtliche Tourismusbüro, das während der Saison eine Trüffelschwein-Show für Interessierte organisiert, befindet sich gegenüber vom Hotel. Man führte mich an einen Platz, der zehn Minuten Fußmarsch von Lalbenque entfernt war, und von wo aus ich einen guten Überblick über die Straße hatte, neben der Madame Aymard eine kleine Trüffelplantage mit etwa einem Dutzend Eichen besitzt. Dort sah ich sie mit Titou, einem jungen, blaßrosa Schwein, das bis auf den mit Erde und Gras verschmierten Rüssel makellos sauber war. Voller Vorfreude, aufgeregt grunzend und schnüffelnd, zog Titou an seinem straffen Segeltuchgeschirr und war erpicht darauf, seine Geschicklichkeit unter Beweis zu stellen. Das Tier schien es nicht übelzunehmen, daß es später um das Produkt seiner Mühe betrogen wurde, und freute sich auch über ein paar Maiskörner und Kekse. Innerhalb einer halben Stunden hatte das Schwein fast ein Kilo der schwarzen Diamanten aus der Erde

freigelegt, die alle unter einer einzigen Eiche verborgen waren.

In der Stadt wurde gerade der Markt eröffnet. Etwa 30 Tresen waren in der Straße gegenüber vom Lion d'Or aufgestellt, an denen jeweils zwei bis drei Aussteller Platz fanden. Der Markt beginnt offiziell um 2.30 Uhr, aber bereits um zwei Uhr herrschte reges Treiben. Die Vorgänge auf dem Markt sind so mysteriös wie die Trüffeln selbst. Jeder Züchter bringt seine in eine Serviette oder ein Geschirrtuch eingewickelten Exemplare in einem Korb. Mit der Miene eines Menschen, der anstößige Postkarten in Soho oder an der Place Pigalle anbietet, steht er hinter seiner Ware. Diese konspirative Haltung ist teilweise Tradition, hat aber auch mit den französischen Steuerbehörden zu tun, die verlangen, daß sich die Bauern registrieren lassen und über ihre Transaktionen Buch führen. Als ich mit dem Notebook in der Hand über den Markt schlenderte, fragte mich ein Bauer, ob ich von der Steuerbehörde sei, und als ich antworte: «Ganz bestimmt nicht», meinte er: «Ihr Glück, denn sonst wäre es Ihnen übel ergangen.»

Der Markt ist hauptsächlich als Forum für Züchter und Händler gedacht. Der Amateur kauft auf eigene Gefahr. Es heißt, daß betrügerische Anbieter Kieselsteine in Erde wälzen und unter die Trüffeln mischen. Aber professionelle Einkäufer haben diese Art von Betrug unterbunden. Dennoch ist der Einkauf mit Risiko verbunden. Erstens ist die Trüffel noch erdig, weshalb man sie nicht genau untersuchen kann. Wenn man die verschiedenen Verkaufsbuden eine Stunde lang studiert hat, bekommt man eine Vorstellung, wonach man suchen soll. Die Größe ist theoretisch unwichtig, wenngleich sehr kleine Trüffeln von relativ mehr Erde bedeckt sind und beim Konservieren mehr Gewicht verlieren als größere Exemplare. Auch die Regelmäßigkeit der Form ist unwichtig. Perfekt runde Exemplare stammen vermutlich aus sandigerem Boden, während höckrige ihre Unregelmäßigkeit den Kieseln verdanken, zwischen denen sie wuchsen. Wichtig ist, daß sie fest sind wie Kartoffeln und stark nach jenem gewissen Aroma duften, ohne das eine Trüffel nicht mehr ist als eine verrottende Pflanze.

Man braucht einen kühlen Kopf auf dem Markt, und unerfahrene Käufer wie ich befürchten, daß sie leer ausgehen, wenn sie nicht früh genug zuschlagen. Die Amateure sahen sich eifrig nach Händlern um, die kleine Mengen von guter Qualität anboten; man muß den ganzen Korb kaufen, weil die Verkäufer ihre Ware nicht aufteilen. Kurz nach zwei Uhr hatte ich meinen Verkäufer ausgewählt und stand vor seiner kostbaren Serviette. Da ich nicht der einzige Interessent war, befürchtete ich, daß mir jemand zuvorkommen könnte. Zaghaft fragte ich, ob es möglich wäre, vor der offiziellen Eröffnung zu kaufen. Monsieur X – er legte Wert auf seine Anonymität – sah mich lange an, bevor er sagte: «Sie sind nicht Franzose, mein Herr?» Ich beteuerte, daß ich keiner wäre und nach einer langen Pause fragte er: «Sie sind Privatperson?» was ich bestätigte. «Sie sind nicht im Handel tätig?» lautete die nächste Frage. Ich verneinte und nach gründlicher Prüfung der Situation, meinte er: «Gehen wir nach hinten!»

Ich hatte viel darüber gehört, was hinter den Kulissen passiert. Viele Leute meinen, daß nur ein Bruchteil des Handels öffentlich aublaufen würde, und daß die meisten Trüffeln aus dem Kofferraum, auf den Kirchenstufen oder vor der Post, weit entfernt von den wachsamen Augen der Polizei, verkauft würden. Der Vorschlag von Monsieur X überraschte mich nicht, aber es überkam mich doch ein Gefühl von Unrecht, als ich auf seinen Vorschlag einging.

Wir begaben uns in eine Seitenstraße; er trug einen gelben Korb, in dem etwa 350 Gramm Trüffeln auf einer schneeweißen Damastserviette lagen. Sobald die Hauptstraße hinter uns lag, fragte er, ob ich ein Auto hätte. Zufällig parkte es in der Nähe, und ich verstand seine Frage als Aufforderung, den Kofferraum zu öffnen, um uns vor neugierigen Blicken zu schützen. «Nein, nein», winkte er ab, «wir setzen uns hinein!» Nun wurde ich nervös, ich fürchtete, in eine üble Situation geraten zu sein. Im Auto zeigte er mir formell seine schönen Trüffeln, während ich mit Schrecken an die Bezahlung dachte. «Sie zahlen doch bar?» Nun stellte sich heraus, daß er kein Wechselgeld hatte. Ich mußte zur Bank wechseln gehen. Er meinte charmant aber fest: «Ich behalte die Trüffeln einstweilen hier.» Plötzlich glaubte ich zu verstehen, daß Ausdrücke wie «Schwarzmarkt» und «Untergrund» in Lalbenque entstanden wären.

Nach unserer Transaktion kehrten wir zur Hauptstraße zurück, wo die offizielle Eröffnung bevorstand. Um Punkt 2.30 Uhr ertönte ein Pfiff, Chaos entstand, und innerhalb von fünf Minuen war keine Trüffel mehr zu sehen. Züchter und Händler stürmten zur Waage, dann war alles vorüber. Ich war nicht überrascht, als Monsieur X zu mir kam und mich fragte, ob ich noch 100 Gramm wollte. Ich wußte, ich hatte zuviel bezahlt, und doch war mein Kauf jeden Franc wert.

Salade de pommes de terre aux truffes
Kartoffelsalat mit Trüffeln

Dieses Rezept wurde uns freundlicherweise von Gilles Marre, dem Besitzer des Le Balandre in Cahors zur Verfügung gestellt.

4 PORTIONEN
50 g ganze Trüffeln, gebürstet und gewaschen
3 Eßlöffel Sonnenblumenöl
1 Eßlöffel Olivenöl
450 g weichkochende Kartoffeln (etwa Charlotte oder Roseval)
1 Eßlöffel Traubensaft oder milder Weißweinessig
Salz und Pfeffer

Die Trüffeln unter fließendem Wasser säubern. In sehr dünne Scheiben schneiden und mit dem Sonnenblumen- und dem Olivenöl in ein Gefäß legen. 2 Stunden in der Marinade ziehen lassen. Inzwischen die Kartoffeln samt Schale weichkochen. Schälen und in Scheiben schneiden.

Die Trüffeln abtropfen lassen. Aus Öl, Traubensaft oder Essig ein mildes Dressing zubereiten. Mit Salz und Pfeffer würzen. Die Kartoffeln noch warm in das Dressing geben, die Trüffelscheiben darüberstreuen und servieren.

Omelette aux truffes de Madame Berthier
Madame Berthiers Trüffelomelette

1 PORTION
30 g frische Trüffeln, gebürstet, gewaschen und fein gehackt
2 Eier
1 Stückchen Butter
Salz und Pfeffer

Die Trüffeln fein hacken und in eine Schüssel geben, die Eier hineinschlagen und leicht durchrühren. An einem kühlen Ort 2 Stunden oder länger stehen lassen.

Die Mischung würzen und leicht schlagen. Butter in einer Bratpfanne erhitzen, und die Omelette wie üblich zubereiten.

Truffe en chausson
Trüffel in Blätterteig

Dieses Rezept basiert auf einem Rezept des Tourismusbüros von Lalbenque.

4 PORTIONEN
4 Trüffeln zu je 15 g
350 g Blätterteig
30 g Butter
Salz
1 Eigelb

Den Backofen auf 220 °C (Gas Stufe 7) vorheizen.

Die Trüffeln unter fließendem Wasser säubern, mit einer sehr weichen Nagelbürste die Erde entfernen.

Den Blätterteig etwa 5 mm dick ausrollen und 4 Kreise mit einem Durchmesser von 10 cm ausstechen.

In jede Kreishälfte eine Trüffel setzen, wenn nötig halbieren, dann die andere Teighälfte darüberlegen und schließen. Vor dem Schließen jede Trüffel mit einem Stückchen Butter belegen und salzen. Die Kanten des Teiges mit geschlagenem Ei bestreichen, und die beiden Kanten umschlagen. Den Rand mit einem Messerrücken hochbiegen und mit dem geschlagenen Ei bestreichen.

Die Teigtäschchen auf ein gefettetes Backblech legen und 17 Minuten backen, bis sie aufgegangen und goldbraun und knusprig sind.

Märkte in Südfrankreich

- **Märkte, die fett gedruckt sind, sind bedeutender** • Zahlen nach einem Ort bezeichnen die Woche des Monats, in der der Markt stattfindet, z.B. «St Cyprien (2)» unter Montag bedeutet, daß der Markt nur am zweiten Montag jedes Monats stattfindet • Sternchen bezeichnen jene Märkte, die nur im Sommer stattfinden • *alt* bedeutet wechselnde Wochen; *o* steht für *Ort*, *ave* für *avenue*, *bd* für *boulevard*.

DORDOGNE

MONTAG	DIENSTAG	MITTWOCH	DONNERSTAG	FREITAG	SAMSTAG	SONNTAG
Champagnac Bel Air (1)	Beaumont-du-Périgord (2)	Bergerac	La Coquille	Bergerac (Pl Barbacane)	Beaumont-du-Pér.	Creysse
Les Eyzies	Lanouaille	Le Buisson	Domme	**Brantôme**	Belvès	Eymet*
Le Fleix	Mareuil	Gardonne	Excideuil	Le Buisson	**Bergerac**	Gardonne
Hautefort (1)	Neuvic	Hautefort	Eymet	Le Lardin	Le Bugue	Issigeac
Miallet (3 außer Osten)	Payzac (1+3)	Jumilhac-le-Grand	La Force	**Ribérac**	La Roche-Chalais	Pressignac-Vicq*
St. Cyprien (2)	Pt-Ste-Foy-Ponchapt	Montignac	Lalinde	Salignac-Eyvigues (letzte)	Montignac	Prigonrieux
Ste Alvère	Prigonrieux	Montpon-Ménestrol	La Roche-Chalais (1)	Sigoulès	Mussidan	Rouffignac
Tocane St. Apre	Ribérac*	**Périgueux**	Monpazier	St. Aulaye	Neuvic	St. Cyprien
Villamblard	St. Aulaye (letzte)	Piégut-Pluviers	Mouleydier	St. Léon-sur-l'Isle	Nontron	Singleyrac*
Villefranche-de-Lonchat	St. Pardoux (2)	Ribérac	St. Astier	Sorges*	**Périgueux**	
	Thénon	Siorac	St. Pardoux		St. Aulaye	
	Trémolat (letzte)	Vélines	St. Saud Lacoussière		St. Léon-sur-l'Isle	
			Sarlat		**Sarlat**	
			Terrasson-le-Villedieu		St. Pardoux	
					Tocane St. Apre	
					Verteillac (nachmittags)	
					Villefranche-du-Périgord	

GIRONDE

MONTAG	DIENSTAG	MITTWOCH	DONNERSTAG	FREITAG	SAMSTAG	SONNTAG
Arcachon	Ambes	Arcachon	Arcachon	Ambares	Arcachon	Arcachon
Bordeaux (St. Michel)	**Andernos**	Bègles	Bordeaux (la Bastide)	Andernos	Bazas	Barsac
Braud St Louis	Arcachon	**Blaye**	Branne	Arcachon	Bègles	**Bassens**
Captieux	Ares	Bordeaux (Pl Cauderan)	Carbon-Blanc	Bègles	Biganos	Bordeaux (Cours V. Hugo)
Carcans*	Bordeaux (Pl Buisson)	Castres	**Cavignac**	Belin Béliet	Blanquefort	Castelnau-Médoc
Castillon	Bourg (1)	**Cenon**	Hourtin	**Blaye**	Bourg	Eysines
Hourtin*	Braud St. Louis (1)	Coutras	Listrac	Bordeaux (Bacalan)	Bordeaux (St. Michel)	**Libourne**
St. Savin Blaye	Hourtin (Nachmittag)*	**Créon**	Lussac	Braud St. Louis	Branne	Pessac
St. Loubès	Lesparre	**Gujan-Mestras**	Le Porge	Cadaujac	Bruges	**St. Christoly-de-Blaye**
Targon	Libourne	Le Haillan	St. André-de-Cubzac	Carcans Ville	**Cadillac**	St. Emilion
	Monségur	Lacanau-Ville	Salles	**Cenon**	Coutras	St. Seurin sur l'Isle
	Pellegrue	Maubuisson	Soussans	Gensac	Gradignan	St. Sulpice
	Pessac	Mérignac	La Teste-de-Buch	Hourtin-Plage*	Hourtin	La Teste-de-Buch
	Sauveterre	Portets	Villandraut	**Langon**	Léognan	
	La Teste-de-Buch	Pugnac		**Libourne**	Lesparre	
		St. Emilion		Lormont	Ludon	
		St. Symphorien		Monsegur	Mérignac	
		La Teste-de-Buch*		Podensac	Pauillac	
				St. Aubin	Pessac	
				St. Laurent	**La Réole**	
				Targon	St. André-de-Cubzac	
				La Teste-de-Buch	St. Loubès	
					St. Médard-de-Guizières	
					St. Médard-en-Jalles	
					Ste-Hélène	
					La Teste-de-Buch	
					Villeneuve d'Ornon	

LANDES

MONTAG	DIENSTAG	MITTWOCH	DONNERSTAG	FREITAG	SAMSTAG	SONNTAG
Biscarosse-Plage*	Aire-sur-Adour	Biscarosse-Plage*	Biscarosse-Plage*	Biscarosse-Ville	Aire-sur-Adour	Amou
Capbreton*	Azur	Capbreton*	Capbreton*	Capbreton*	Biscarosse-Plage*	Biscarossse-Plage
Grenade-sur-Adour	Biscarosse-Plage*	Castets	Castets	Léon*	Capbreton*	Capbreton*
Léon*	Capbreton*	Eugénie-les-Bains	Geaune (alt)	Lit-et-Mixte*	Dax	Léon*
Lit-et-Mixte*	Léon*	Gabarret	Léon*	Mimizan	Labenne	Lit-et-Mixte*
St. Julien-en-Born*	Lit-et-Mixte*	Hagetmau	Lit-et-Mixte*	Moliets-et-Maa*	Léon*	Parentis-en-Born*
St. Saturnin	Moliets-et-Maa*	Léon*	Magescq	St. Julien-en-Born*	Lit-et-Mixte*	St. Julien-en-Born*
Soustons	**Mont-de-Marsan**	Lit-et-Mixte*	**Mimizan**	St. Vincent-de-Tyr.	Moliets-et-Maa*	Seignosse*
Tartas	St. Julien-en-Born*	Morcenx	Moliets-et-Maa*	Vielle-St-Girons*	**Mont-de-Marsan**	Vielle-St.-Girons*
Vielle-St.-Girons*	Sanguinet*	**Peyrehorade**	Mugron	Vieux-Boucau*	Morcenx	Vieux-Boucau*
Vieux-Boucau	Seignosse-le-Penon	St. Julien-en-Born*	Parentis-en-Born	Morcenx	**Peyrehorade**	Ygos
	Vielle St. Girons*	Sanguinet*	Sabres		Roquefort	
	Vieux-Boucau*	Seignosse-Bourg	St. Julien-en-Born*		St. Julien-en-Born*	
		Vielle-St.-Girons*	St. Paul-lès-Dax		Saint-Sever	
		Vielle-St.-Girons	Seignosse-le-Penon		Sanguinet	
		Vieux-Boucau	Sore		Vielle-St.-Girons*	
		Villeneuve-de-Marsan	Soustons		Vieux-Boucau*	
			Vielle-St.-Girons*			
			Vieux-Boucau*			

LOT-ET-GARONNE

MONTAG	DIENSTAG	MITTWOCH	DONNERSTAG	FREITAG	SAMSTAG	SONNTAG
Agen	**Agen**	**Agen**	Agen	Agen	**Agen** (Pl Jasmin)	**Agen**
(Pl Durand daily)	(Pl 14 juillet)	(Pl Durand)	Clairac	Aiguillon	Astaffort	(Pl 14 juillet)
Astaffort	Aiguillon	Castelmoron	Duras	Barbaste	Castlejaloux	Fumel
Barbaste	Casteljaloux	Houeilles	Le Mas d'Agenais	Buzet	Duras	Mézin
Cancon	Fumel	Lavardac	Mézin	Castillonès*	Lauzun	Penne-d'Agenais
Cocumont	Monflanquin	Monclar-d'Agenais	Miramont*	Fumel	Monclar-d'Agenais	Prayssas
Duras	Sos	Penne-d'Agenais	Monflanquin	Layrac	Monflanquin	Pujols
Lacapelle-Biron	**Villeneuve-sur-Lot**	**Tonneins**	**Monsempron-Libos**	Ste-Livrade-sur-Lot	Nérac	Puymirol
Miramont		Villeréal*	Tournon*	Seyches	St. Sylvestre-sur-Lot	
				Vianne (tägl.)	**Tonneins**	
					Villeneuve-sur-Lot	
					Villeréal	

PYRENEES-ATLANTIQUES

BAYONNE
Überdachte Markthallen jeden Morgen und den ganzen Freitag
Morgens geöffnet:
Balichon: Mittwoch
Halles Centrales: Dienstag, Donnerstag und Samstag
Place des Gascons: Mittwoch und Samstag

Place de la République: Freitag und Samstag
Polo Beyris: Freitag

BIARRITZ
Täglich in den Halles Centrales

Andere Märkte:

MONTAG	DIENSTAG	MITTWOCH	DONNERSTAG	FREITAG	SAMSTAG	SONNTAG
Monein	Arudy	Artix	Bedous	Morlaas (alt)	Arthez	Ciboure
Mourenx	Hasparren (alt)	Eaux Bonnes	Lembeye	**Oloron**	Arudy	
Pau	Mauléon(haute-ville)	Espelette	**Pau**	**Pau**	Arzacq (alt)	
St. Jean-Pied-de-Port	Mourenx	Garlin (alt)	St. Etienne-de-	St. Jean-de-Luz	Boucau	
Salies-de-Béarn (vorm.)	**Nay**	Hendaye	Baïgorry (alt)	St. Palais	Espelette*	
Sauvagnon	Orthez	Lons	Salies-de-Béarn	Soumoulou	Hendaye	
Tardets (alt)	**Pau**	Mourenx	Urrugne		Mauléon (basse-ville)	
	St. Jean-de-Luz	Navarrenx			**Mourenx**	
		Orthez			**Nay**	
		Pau			**Pau**	
		St. Jean-de-Luz			Pontacq	
		St. Palais (Jan/Mai)			St. Jean-de-Luz*	
		Sauveterre			Sauvagnon	
					Sauveterre (nachm.)	

GERS

MONTAG	DIENSTAG	MITTWOCH	DONNERSTAG	FREITAG	SAMSTAG	SONNTAG
Aignan	Fleurance	Auch	Auch	Cazaubon	**Auch**	Bassoues
Mauvezin	Saramon	Barbotan-les-Termes	Cologne	Lectoure	L'Isle-Jourdain	Cologne*
Mirande		**Condom**	Eauze	Montréal	Nogaro	
Samatan		Gimont	Miélan	Riscle		
		Marciac	Plaisance	Seissan		
		Nogaro	St. Clar	Vic-Fézensac		

HAUTES-PYRENEES

MONTAG	DIENSTAG	MITTWOCH	DONNERSTAG	FREITAG	SAMSTAG	SONNTAG
Lourdes	Gazost	**Lannemezan**	Arreau	**Lourdes**	Bagnères-de-Bigorre	Arrens-Marsous
Luz-St.-Sauveur	Capvern*	**Lourdes**	Campan*	Loures-Barousse	Castelnau-Magnoac	Esquièze-Sèze*
Rabastens-de-Bigorre	**Lourdes**	Ste.-Marie-de-Campan	Cauterets*	**Tarbes**	**Lourdes**	La Barthe-de-Neste
Tarbes	Maubourguet	St. Pé-de-Bigorre	**Lourdes**		Pierrefitte-Nestalas	**Lourdes**
	Sarrancolin	**Tarbes**	**Tarbes**		St. Lary-Soulan	**Tarbes**
	Tarbes	Tournay			**Tarbes**	
		Trie-sur-Baïse			Vic-en-Bigorre	

HAUTE-GARONNE

Toulouse

Täglich: Boulevard de Strasbourg
Täglich außer Montag: Cristal-palace; Place du Marché aux Cochons; Place Rétaille; Place St. Georges; Marché Arnaud Bernard
Dienstag: Place du Capitole; Place du Salin (Kleinbauern)
Mittwoch: Place de la Croix de Pierre
Freitag: Place du Ravelin
Samstag: Place du Capitole; Place St. Etienne; Place du Salin (Kleinbauern)
Sonntag: St. Sernin; Place St. Aubin (Kleinbauern)

Überdachte Markthallen jeden Vormittag außer Montag: Carmes, Victor Hugo, St. Cyprien

Offene Märkte in der Vorstadt:
Dienstag: Marché de la Faourette; Marché de la Coquille; Marché de l'Ormeau
Mittwoch: Marché de Rangueil; Marché Bellefontaine; Marché d'Empalot
Donnerstag: Marché de Reynerie
Freitag: Marché de la Faourette; La Coquille; Marché Ancely (16-19 h)
Samstag: Marché de l'Ormeau; Marché des Pradettes

Außerhalb von Toulouse

MONTAG	DIENSTAG	MITTWOCH	DONNERSTAG	FREITAG	SAMSTAG	SONNTAG
Bagnères-de-Luchon*	Auriac-sur-Vendinelle	Aspet	Bagnères-de-Luchon*	Auterive	Aspet	Bagnères-de-Luchon
Bessiéres-sur-Tarn	Aurignac	Bagnères-de-Luchon	Caraman	Bagnères-de-Luchon*	Bagnères-de-Luchon*	Montgiscard
Montréjeau	Bagnères-de-Luchon	Boulogne-sur-Gesse	Carbonne	St. Béat	Baziège	Plaisance-du-Touch
	Blagnac	Cadours	Colomiers	St. Martory	**Blagnac**	Tournefeuille
	Castanet-Tolosan	Le Fousseret	Fronton	Villefranche-de-Lauragais	Cazères	**L'Union**
	L'Isle-en-Dodon	Nailloux	Rieumes		Colomiers	Villemur-sur-Tarn
	Martres-Tolosane	Ramonville-St. Agne	**St. Gaudens**		Cugnaux	Villeneuve-Tolosane
	Montesquieu-Volvestre		Villeneuve-Tolosane		Fenouillet	
	Muret				Garidech	
	St. Béat (1)				**Grenade**	
	St. Lys				L'Isle-en-Dodon	
	Verfeil				Montesquieu-Velvestre	
					Muret	
					Nailloux (4)	
					Plaisance-du-Touch	
					Ramonville-Ste-Agne	
					Revel	
					St. Alban	
					St. Jean	
					St. Orens-de-Gameville	
					Villemur-sur-Tarn	

ARIEGE

MONTAG	DIENSTAG	MITTWOCH	DONNERSTAG	FREITAG	SAMSTAG	SONNTAG
Bélesta	Ax-les-Termes	Bélesta	Ax-les-Termes	Bélesta	Ax-les-Termes	Bélesta
Foix (1,3+5)	Bélesta	**Foix**	Bélesta	Daumazan-sur-Arize	La Bastide-de-Sérou (1)	Verniolle
Mirepoix	Castillon (3+5)	Le Fosset (3+5)	Larroque d'Olmes	**Foix**	Bélesta	
St. Girons (2+4)	Pamiers	Lavelanet	Massat (2+4)	Lavelanet	Larroque d'Olnes	
	Varlhes (2+4)	Lézat-sur-Lèze	Mazères	Saverdun	**Pamiers**	
		Le Mas d'Azil (2+4)	Mirepoix		St. Girons	
		St. Jean du Falga	**Pamiers**		Tarascon-sur-Ariège	
		Seix (2+4)	Rouze		Varilhes	
		Tarascon-sur-Ariège	Seix (1+3)			
		La Tour du Crieu	Vicdessos			

TARN-ET-GARONNE

MONTAG	DIENSTAG	MITTWOCH	DONNERSTAG	FREITAG	SAMSTAG	SONNTAG
Caussade	Caylus	Grisolles	**Castelsarassin**	Albias	Beaumont-de-Lomagne	Lafrancaise*
St. Nicolas de la Grave	Montech	Labastide-St. Pierre	Monclar-de-Quercy	Lavit-de-Lomagne	Caylus	Lamagistère
	Nègrepelisse	Lafrançaise		Montricoux	Lauzerte	Moissac
	Valence d'Agen	Laguépie (3)		Verdun-sur-Garonne	Moissac	Montbeton
		Montauban (Pl Lalaque)			Montaigu-de-Quercy	Monclar-de-Quercy*
		Septfonds			**Montauban** (Pl Nationale)	Réalville
					Valence d'Agen	Roquecor
					Varen	St. Antonin
						St. Etienne-de-Turmont

TARN

MONTAG	DIENSTAG	MITTWOCH	DONNERSTAG	FREITAG	SAMSTAG	SONNTAG
Briatexte	**Albi** (Pl F. Pelloutier)	**Albi** (Cantepau)	Aussillon	Brassac	**Albi** (Pl Ste-Cécile) (Pl F. Pelloutier) (Bd de Strasbourg)	Graulhet
	Blaye	Cagnac	Blaye	Carmaux	Brassac	Lacaune
	Brassac	Cahuzac	**Castres** (Pl J. Jaurès)	**Castres** (Pl J. Jaurès)	**Castres** (Pl J. Jaurès) (Les Quais)	Lisle-sur-Tarn
	Castres (Pl J. Jaurès)	Castres (Lameilhé)	**Graulhet**	Gaillac	Cordes	**Mazamet**
	Mazamet	Montredon-Labessonnie	Labastide-Rouairoux	Labruguière	Lavaur	Murat-sur-Vèbre
	St. Paul Cap-de-Joux	Puylaurens	St. Amans-Soult	Lacrouzette	**Mazamet**	Pampelonne
	Vielmur-sur-Agout	Réalmont	St. Juéry	Lautrec	Murat-sur-Vèbre	Trébas
		St. Sulpice	Soual	Marssac	Rabastens	
		Salvagnac	Vabre	Roquecourbe		

AVEYRON

MONTAG	DIENSTAG	MITTWOCH	DONNERSTAG	FREITAG	SAMSTAG	SONNTAG
Cassagnes-Bégonhès (3)*	Brousse-le-Château*	Arvieu*	Bozouls	Aubin	Capdenac-Gare	Baraqueville*
St. Christophe-Vallon	**Capdenac-Gare**	Aubin	Canet-de-Salars*	Cassagnes-Bégonhès	Cransac (nachm.)	Belmont-sur-Rance
	Decazeville	Camarès (4)	Mur-de-Barrez	**Decazeville**	Firmi	Couvertoirade
	Entraygues*	Couvertoirade	Olemps (nachm.)	Entraygues	**Laguiole**	Grand-Vabre*
	Espalion	**Millau**	St. Affrique	**Espalion**	Naucelle*	Lanuéjols
	Rignac	Montbazens	St. Amans des Cots	**Millau**	Pont-de-Salars*	Marcillac
	St. Affrique	Montredon*	St. Jean-du-Bruel	Onet-le-Château	Réquista	Najac*
	Roque-Ste-Marguérite*	Pont-de-Salars*	Villefranche-de-Panat	Rodez (nachm.)	**Rodez**	La Primaube
		Rodez	**Villefranche-de-Rouergue**	St. Saturnin-de-Lenne (4)	St. Affrique	Rieupeyroux
		Sévérac-le-Château	Viviez	Salles-Curan*	St. Côme d'Olt*	Villefranche-de-Panat
		St. Parthem (Abend)*	Villefranche-de-Panat	Viviez	St. Géniez d'Olt	
		Ste Geneviève-sur-Argence				
		Villecomtal*				

LEBENSMITTELMÄRKTE IN SÜDFRANKREICH

LOT

MONTAG	DIENSTAG	MITTWOCH	DONNERSTAG	FREITAG	SAMSTAG	SONNTAG
Assier (1+3)	Bretenoux	Bagnac-sur-Célé	Brengues*	Floirac	Bretenoux	Biers-sur-Cère
Souillac*	Catus	Cahors	Mercuès	Gramat	Cajarc	Castelnau-Montratier
	Floirac	Latronquière	Montcuq*	Latronquière	**Cahors**	Cazals
	Gourdon	Livernon (17.00)	Sauzet	Miers* (17.00 h)	Duravel	Concots
	Gramat	Luzech	Sousceyrac	Prayssac	**Figeac**	Douelle
	Lacapelle-Marival	Martel		St. Germain-du-Bel-Air	Gourdon	Gramat
	Leyme*	Payrac*		Salviac	**Martel**	Labastide-Murat
	Marcilhac-sur-Célé	Souillac*		Souillac	Pradines	Lacapelle-Marival
	(17.00 h)	**Sousceyrac** (2)			Puy L'Evêque	Lalbenque
	Puy l'Evêque				St. Céré	Limogne
	St. Céré				Vayrac	Montcuq
	Salviac					Prayssac*
	Vayrac					Puybrun
						St. Germain-du-
						Bel-Air
						St. Géry*
						Thédirac
						Le Vigan

CORREZE

MONTAG	DIENSTAG	MITTWOCH	DONNERSTAG	FREITAG	SAMSTAG	SONNTAG
Le Lonzac	Bort (2+4)	Aubazine	Argentat (1+3)	Beaulieu (1+3)	**Beaulieu**	Aubazine
	Brive	Beaulieu	Brive		**Brive**	Tulle
	Marcillac-la-Croisille	Larche (2)				Ussel
		Lubersac (1+3)				
		Tulle				
		Ussel (1+3)				

PYRENEES-ORIENTALES

MONTAG	DIENSTAG	MITTWOCH	DONNERSTAG	FREITAG	SAMSTAG	SONNTAG
Argelès-Plage*	Argelès-Plage*	Argelès Plage*	Amélie-les-Bains	Argelès-Plage*	Argelès-Plage*	Argelès-Plage*
Bourg Madame	Canet-en-Roussillon	Argelès-Ville	Argelès-Plage	Canet-en-Roussillon	Argelès-Ville	Banyuls
Canet-en-Roussillon	Cerbère	Arles-sur-Tech	Banyuls	Cerbère	Canet-en-	Canet-en-Roussillon
Elne	Le Soler	Canet-en-	Canet-en-Roussillon	Elne	Roussillon	Collioure
Estagel	Millas	Roussillon	Millas	Estagel	Céret	Perpignan
Le Soler	**Perpignan**	Collioure	**Perpignan**	Ille-sur-Tet	Le Soler	**St. Laurent-de-**
Perpignan	**Prades**	Elne	St. Cyprien (Dorf)	**Perpignan**	**Perpignan**	**la-Salanque**
Rivesaltes	Sorède	**Font-Remeu**	**St. Laurent-de**	Pollestres	Port Vendres	
		Perpignan	**la-Salanque**	St. Cyprien	St. Estève	
		Pollestres	Toulouges	Sorède	St. Laurent-de-Cerdans	
		St. Estève		Toulouges	St. Paul-de-Fenouillet	
		St. Paul-de-Fenouillet				
		Toulouges				
		Vinca				

AUDE

MONTAG	DIENSTAG	MITTWOCH	DONNERSTAG	FREITAG	SAMSTAG	SONNTAG
Argeliers	Argeliers	Argeliers	Argeliers	Argeliers	Argeliers	Argeliers
Castelnaudary	Carcassonne	Belpech	Carcassonne	Cuxac d'Aude	**Carcassonne**	Coursan
Gruissan	Couiza	Bram	Coursan	Fabrezan	Chalabre-Corbières	Durban-Corbières
Port Leucate	Cuxac d'Aude	Cuxac d'Aude	Durban-Corbières	Laredorte	Gruissan	**Narbonne**
	Fabrezan	Durban-Corbières	Espéraza	Leucate	Port la Nouvelle	Salles sur l'Hers
	Leucate-Village*	Gruissan	Fabrezan	Limoux	Rieux-Minervois	
	Rieux-Minervois	Leucate Port	Leucate-Village	Narbonne		
	Sigean	Leucate-Plage*	**Narbonne**	Sigean		
	St. Pierre-la-Mer*	Lézignan-Corbières	Rieux-Minervois			
		Quillan				

HERAULT

MONTPELLIER
Täglich: Cours Gambetta
Täglich außer Sonntag: Avenue Pompignane; Marché Jean Jaurès; Place des Beaux Arts
Täglich außer Dienstag und Sonntag: Place des Arcaux
Täglich außer Sonntag und Montag: Avenue Pédro
Dienstag, Freitag, Samstag: Place Jean Baumel
Dienstag und Freitag: Avenue du Professeur Gras
Nur sonntags: Ave. St. Champlain, nahe der Kirche Dom Bosco (Kleinbauern)

BÉZIERS
Täglich außer Montag: Allées Paul Riquet
Montag: Place du 11 novembre
Dienstag: Cité de la Devèze, Place Emile Zola
Mittwoch: Place du 11 novembre, L'Iranget
Donnerstag: Cité de la Devèze
Freitag: Place David d'Angers
Samstag: Place du 11 novembre, Cité de la Devèze

Andere Märkte:

MONTAG	DIENSTAG	MITTWOCH	DONNERSTAG	FREITAG	SAMSTAG	SONNTAG
Abeilhan	Abeilhan	Abeilhan	Abeilhan	Abeilhan	Abeilhan	Abeilhan
Bédarieux	Baillargues	Alignan-du-Vent	Agde	Baillargues	Alignan-du-Vent	Bessan
Frontignan	Balaruc-les-Bains	Camplong-Canet*	Aniane	Balaruc-les-Bains	Castelnau-de-Léz	Capestang
Lespignan	Bessan	Capestang	Castelnau-le-Léz	Camplong d'Orb	Cazouls-lès-Béziers	Ceilhes
Maureilhan	Castelnau-le-Léz	Castelnau-le-Léz	Cazouls-lès-Béziers	Capestang-le-Léz	Cessenon	La Grande Motte
Montady	Castries	**Clermont l'Hérault**	Cers	Castries	**Frontignan**	Lattes
Montblanc	Cazouls-les-Béziers	Juvignac	**Frontignan**	Caux	**Gignac**	Maureilhan
Pérols	Cers	Lespignan	Graissessac	**Ganges**	Lodève	**Palavas-les-Flots**
Pomerols	Cessenon	Lignan	Lansargues	Juvignac	Maureilhan	St. Chinian
Le Pouget	Cruzy	Loupian	Laurens	Lespignan	Murviel-lès-Béziers	
Sauvian	**Ganges**	Montblanc	Magalas	Maureilhan	Nissan-lès-Enserune	
Sérignan	Gigean	Palavas-les-Flots	Marsillargues	Montagnac	Servian	
Sète	Lamalou-les-Bains	Le Pouget	Mèze	Montblanc	St. Gély-du-Fesc	
Valras-Plage	Lansargues	St. Pons-de-Thomières	Murviel-lès-Béziers	Le Pouget	St. Jean-de-Védas	
	Marsillargues	**Sète**	Nissan-lès-Enserune	Poussan	**Vias**	
	Murviel-lès-Béziers	**Vias**	Paulhan	Puisserguier	Villeneuve-lès-Béziers	
	Nissan-lès-Enserune	Villeneuve-lès-Maguelonne	Le Pouget	Sauvian		
	Olonzac	Villevayrac	St. Gély-du-Fesc	Sète		
	Le Pouget		St. Jean-de-Védas	Valras-Plage		
	St. Martin-de-Londres		St. Matthieu-de-Tréviers (nachm.)	Villeneuve-lès-Béziers		
	St. Pangoire		Salvetat-sur-L'Agout	Villeneuve-lès-Maguelonne		
	Servian		Servian			
	Thézan-lès-Béziers		Thézan-lès-Béziers			
	Villeneuve-lès-Béziers		Villeneuve-lès-Béziers			

GARD

MONTAG	DIENSTAG	MITTWOCH	DONNERSTAG	FREITAG	SAMSTAG	SONNTAG
Alès	Aimargues	Aigues-Mortes	Alès	Aimargues	Alès	Aigues-Mortes
Clarensac	Alès	Alès	Anduze	Alès	Bagnols-sur-Cèze	Beaucaire
Concoules*	Bezouce	Aramon	Beauvoisin	**Barjac**	Bernis	Alès (bei St. Jean)
Grau-du-Roi (bei le Boucanet)	Bouillargues	**Bagnols-sur-Cèze**	Beaucaire	Bezouce	Caissargues	Beaucaire
Lasalle	Codognan	Collias	Bellegarde	Le Cailar	Colognac*	Bellegarde
Méjannes-le-Clap*	Genolhac*	Gagnières	**Bessèges**	Calvisson	Genolhac	Bréau und Salagosse*
Montfaucon	Grau-du-Roi	Goudargues	Caveirac	Générac	Grau-du-Roi	St. Gilles
Orsan	Langlade	Grand Combe	Codolet	Génerargues	Grand Combe	St. Michel d'Euzet*
St. Laurent d'Aigouze	Ledenon	Grau-du-Roi (bei Le Boucanet und Port Camargue)	Comps	Grau-du-Roi (bei Le Boucanet und Port Camargue)	Langlade	
Vergèze	Le Vigan	Manduel	Grau-du-Roi	Les Mages	Le Vigan	
	Marguerittes	**Nîmes**	Le Vigan	Marguerittes	Marguerittes	
	Montfrun	Quissac	Mialet	Millaud	Millaud	
	Nîmes	St. Génies-de-Malgoires	Nîmes (mas de Mingues)	Molières-sur-Cèze	Sauve	
	Redessan	Sumène	Pujaut	Nîmes (bd J. Jaurès)	Sommières	
	Roquemaure	Vauvert	Sauve	Remoulins	**Uzès**	
	St. Ambroix		Vergèze	Salindres	Vauvert	
	St. Hippolyte-du-Fort		Villeneuve-lès-Avignon	St. Hippolyte-du-Fort	Valborgne*	
	St. Jean-du-Gard					

ARDÈCHE

MONTAG	DIENSTAG	MITTWOCH	DONNERSTAG	FREITAG	SAMSTAG	SONNTAG
Ariebosc*	Ariebosc*	Ariebosc*	Ariebosc*	Ariebosc*	Ariebosc*	Alba-la-Romaine
Mauves*	Jaujac	Annonay	Chomérac	Charmes-sur-Rhône	Annonay	Annonay (2)
St. Agrève	Lalevade-d'Ardèche	Antraigues (nachm.)	Lalouvesc	Cruas	**Aubenas**	Lablachère
St. Paul-le-Jeune	Lamastre	Baix	Lavilledieu	Davézieux (nachm.)	Bourg St. Andéol	Le Lac d'Issariès*
St. Pierre-de-Colombier*	Mauves*	Bourg St Andéol	Mauves*	Guilherand	Lamastre	**St. Martin-d'Ardèche***
	St. Etienne-de-Lugdares	Coucouron	Montpezat	Jaujac	Privas	St. Pierre-de-Colombier*
	St. Pierre-de-Colombier*	Joyeuse	St. Martin-de-Valamas	Labégude	Ruoms	St. Pierreville
	Satillieu	Le Lac d'Issariès*	St. Pierre-de-Colombier*	Mauves*	St. Pierre-de-Colombier*	**Vals-les-Bains**
	Viviers	Mauves*	Sarras	St. Félicien	Tournon	
		Le Pouzin	Vallon Pont-d'Arc	St. Paul-le-Jeune	Les Vans	
		Privas	Vernoux-en-Vivarais	Soyons		
		St. Jean-de-Muzols		St. Pierre-de-Colombier*		
		St. Pierre-de-Colombier*		Serrières		
		Tournon		Thueyts		
		Villeneuve-de-Berg		La Voulte-sur-Rhône		

BOUCHES-DU-RHONE

MARSEILLE
Täglich: Le Prado et Michelet; Place Jean-Jaurès; Am alten Hafen (Fisch); Place Notre Dame du Mont; Jules Guesde; St. Lazare; Boulevard Michelet; Place Etats Unis; Capucins (auch Noailles genannt)
Montag: La Belle de Mai; Place Sébastopol; Cours Pierre Puget
Dienstag: La Plaine; Cours Pierre Puget
Mittwoch: La Belle de Mai; Place Sébastopol
Donnerstag: La Plaine
Freitag: La Belle de Mai; Cours Pierre Puget
Samstag: La Belle de Mai; Place Sébastopol; Cours Pierre Puget

AIX-EN-PROVENCE
Täglich: Place Richelme; Place Prêcheurs
Täglich außer Dienstag u. Donnerstag: Marché Encagnane et du Val St. André

Andere Märkte:

MONTAG	DIENSTAG	MITTWOCH	DONNERSTAG	FREITAG	SAMSTAG	SONNTAG
Fontvieille	Alleins	Allauch	Aubagne	Aubagne (pm)	**Arles**	Aubagne
Fuveau	Aubagne	Arles	Aureille	Carry-le-Rouet	Aubagne	Berre-l'Etang
St. Etienne-du-Grès	Berre-l'Etang	Barbentane	Auriol	Cassis	Auriol	Bouc-Bel-Air
Stes-Maries-de-la-Mer	Bouc-Bel-Air	Cassis	Berre-l'Etang	Ceyreste	Cabannes (2)	Châteaurenard
Sénas	Cabannes	Cuges-les-Pins	La Bouilladisse	Châteauneuf-les-Martigues	Carnoux	**Gardanne**
Venelles	Carry-le-Rouet	Fos-sur-Mer	Carnoux	La Destrousse	Charleval	Gignac-la-Nerth
	La Ciotat	Fuveau	Ensuès-la-Redonne	Eguilles	La Fare-les-Oliviers	Jouques
	Coudoux	**Gardanne**	La Fare-les-Oliviers	Eyragues	Fos-sur-Mer	Martigues
	Eguilles	Gémenos	Fuveau	Fontvieille	Marignane	Pélisanne
	Eyguières	Jouques (pm)	Maillane	**Gardanne**	Miramas	Plan d'Orgon*
	Fuveau	Mayrargues	Marignane	Grans	Les Pennes-Mirabeau	Port-de-Bouc
	Gréasque	Peyrolles	Martigues	Gréasque	Plan-du-Cuques	Le Puy-Ste-Réparade
	Istres	**Port St. Louis-du-Rhône**	Maussane-les-Alpilles	Lambesc	Port St. Louis-du-Rhône	St. Victoret
	Lançon-Provence	Port-de-Bouc	Miramas	Mallemort	St. Chamas	Salon-de-Provence
	Marignane	Rognac	Les Pennes-Mirabeau	Mouriès	Salon-de-Provence	Vitrolles
	Meyreuil	Rognes	La Roque-d'Anthéron	Peynier	Sénas	
	Les Pennes-Mirabeau	Rousset	Roquefort-la-Bédoule	Port-de-Bouc	Septemès les Vallons	
	Peypin	St. Cannat	Salon-de-Provence	Roquevaire	Simiane-Collongue	
	Port-de-Bouc	St. Etienne-du-Grès	Sausset-les-Pins	St. Andiol	Velaux	
	Rognonas	St. Mitre-les-Remparts	Sénas	St. Etienne-du-Grès (nachm.)	Vitrolles	
	St. Paul-Lez-Durance	**Salon-de-Provence**	Velaux	St. Martin-de-Crau		
	Salon-de-Provence	Sénas	Vitrolles	Salon-de-Provence		
	Tarascon	Trets		Sénas		
	Ventabren	Vitrolles		Ventabren		
	Vitrolles			Vitrolles		

VAUCLUSE

MONTAG	DIENSTAG	MITTWOCH	DONNERSTAG	FREITAG	SAMSTAG	SONNTAG
Bedarrides	Avignon (Montfavet) (Ave de la Trillade) (Monclar Sud)	Avignon (Rocade) (Eglise Jean XXII) (Châteauneuf-de-Gadagne)	Avignon (HLM St. Jean)	Avignon (Pont des 2 Eaux) (Monclar Sud)	Avignon (Pte Magnanen)	Coustellet
Bedouin			Caumont-sur-Durance		Grillon	**Isle-sur-Sorgue**
Bollène			**Orange**	Bonnieux	Orange	Maubec*
Cadenet	Beaumes-de-Venise					Monteux

Cavaillon	Caderousse	Entraigues-sur-Sorgues	**Pernes-les-Fontaines***	**Carpentras**	Pernes-les-Fontaines	Mormoiron*
Goult	Caromb	Malaucène	Le Pontet	Cavaillon	Ste-Cécile-les-Vignes	**Sorgues**
Lauris	Cucuron		Roussillon	Châteauneuf-du-	Le Thor	
Mazan	Lapalud	Mérindol	Vacqueyras	Pape	**Velleron**	
Orange	Mondragon	Morières	Velleron	Courthézon		
Pernes-les-	Orange	Orange		Loumarin		
Fontaines	**Pernes-les-Fontaines**	**Pernes-les-**		Velleron		
Piolenc	St. Saturnin-lès-Apt	**Fontaines**				
St. Didier	La Tour d'Aigues	Sault				
Velleron	Vaison-la-Romaine	Le Thor				
	Velleron	Velleron				

VAR

MONTAG	DIENSTAG	MITTWOCH	DONNERSTAG	FREITAG	SAMSTAG	SONNTAG
Bandol	Bandol	Aups	Les Adrets	Aiguines	Aups	Bandol
Le Beausset	Le Beausset	Bagnols-en-Forêt	Les Arcs-sur-Argens	Bandol	Bagnols	Bauduen
Belgentier	Bormes-les-Mimosas	Bandol	Aups	Le Beausset	Belgentier	Le Beausset
Grimaud	Brue Auriac	Le Beausset	Bargemon	Carnoules	Bormes-les-Mimosas	Bras
Roquebrune-sur-Argens	Callas	Bormes-les-Mimosas	Le Beausset	Châteaudouble	Brignolles	La Croix Valmer
St. Raphael	Le Cannet-des-Maures	Bras	La Cadière-d'Azur	Correns	Brue Auriac	Forcalqueiret
Ste-Maxime	Claviers	Camps-la-Source	Fayence	**Cuers**	Callas	Fréjus
La Valette du Var	Correns	Carces	Forcalqueiret	La Farlède	Carces	La Garde Freinet
Varages	Cotignac	Cavalaire-sur-Mer	Fréjus	Flassans-sur-Issole	Claviers	Grimaud
	La Farlède	Cogolin	Gonfaron	Fréjus	Cogolin	Hyères
	Fayence	La Crau	Grimaud	La Garde-Freinet	**Draguignan**	La Londe-les-Maures
	Figanières	Draguignan	Hyères	Ginasservis	Evenos	Nans-les-Pins
	Fréjus	Fréjus	Le Lavandou	Grimaud	Fayence	Ramatuelle
	La Garde-Freinet	La Garde-Freinet	Méounes-les-Montrieux	Hyères	**Fréjus**	St. Cyr sur Mer
	Garéoult	Hyères	Ollioules	Le Luc-en-Provence	La Garde-Freinet	St. Julien-le-Montagnier
	Hyères	Nant-les-Pins	Pignans	Montferrat	Hyères	Salèmes
	Lorgues	St. Mandrier*	Plan de la Tour	Montmeyan	Ollioules	Six Fours-les-Plages
	Mazaugues	St. Maximin-la-Ste-Baume	Pourrières	La Motte	Pierrefeu-du-Var	Tanneron
	Montauroux	St. Raphael	Ramatuelle	Pontèves	Puget-Ville	Salernes
	Montmeyan	St. Zacharie	St. Raphael	Rians	Roquebrune-sur-Argence	Taradeau
	Pierrefeu-du-Var	Salèmes	Les Salles-sur-Verdun	Roquebrune-sur-Argens	La Roquebroussanne	Trans
	Roquebrune-sur-Argens	**Sanary-sur-Mer**	Ste-Maxime	St. Raphael	St. Mandrier-sur-Mer	Vidauban
	St. Julien-le-Montagnier	Sollies Pont	Six Fours-les-Plages	Sollies-Tourcas	St. Tropez	Vinon-sur-Verdon
	St. Tropez	Taradeau	Le Thoronet	Toulon	Six Fours-Les-Plages	
	Six Fours-les-Plages	Tourtour	Varages	Le Val	Tourtour	
		La Valette-du-Var	La Verdière		La Verdière	
		Vidauban	Villecroze			

DRÔME

MONTAG	DIENSTAG	MITTWOCH	DONNERSTAG	FREITAG	SAMSTAG	SONNTAG
Allex	Anneyron	Ancone	Allan	Bourg-de-Péage	Alixan	La Batie Rolland (4)
Châteauneuf-du-Rhône	La Bégude de Mazenc	Aouste-sur Sye	La Beaume-de-Transit	Chanaret	Aouste-sur-Sye (nach.)	Beaufort-sur-Gervanne*
Loriol	Chabeuil	Beaufort-sur-Gervanne	Beauvallon	Châteauneuf-lès-Valence	Beaumont-lès-Valence	Beaumont*
La Motte Chalençon	Crest		Bourdeaux	Châtillon-en-Diois	Buis-les-Baronnies	Beauvallon
Saint-Donat	Grignan	Bourg-lès-Valence	La Chapelle-en-Vercors	La Coucourde	La Chapelle-en-Vercors	Bourg-de-Péage
St. Sorlin-en-Valloire	Hauterives	Buis-les-Baronnies	Grane	Dieulefit	Crest	Bourg-lès-Valence
Tulette	Livron	Crest	Montélimar	Le Grand Serre	Die	Colonzelle
Valence	Montbrun-les-Bains	Die	**Nyons**	Loriol	**Donzère**	Génissieux
	Montmeyran	Erome	Peyrins	Luc-en-Diois	Livron-sur-Drôme	La Laupie-Nyons*
	Romans-sur-Isère	Etoile-sur-Rhône	**Portes-lès-Valence**	Montélimar	Montbrun	Romans-sur-Isère
	St. Paul-Trois-Châteaux	Lus-la-Croix-Haute	Romans-sur-Isère	Romans-sur-Isère	Montélimar	Saillans
	Valence	Malissard	St. Vallier-Valence	**St. Rambert d'Albon**	Romans-sur-Isère	Séderon
		Montélimar	Taulignan	Suze-la-Rousse	St. Jean-en-Royans	Saint-Uze
		La Roche-de-Glun		St. Barthélémy-Tulette	St. Marcel-lès-Valence	
		Romans-sur-Isère		**Valence**	Sauzet	
		St. Nazaire-en-Royans			Tain-l'Hermitage	
		Valence			**Valence**	

LEBENSMITTELMÄRKTE IN SÜDFRANKREICH

LES ALPES-MARITIMES

Nizza

Märkte, die täglich außer Montag stattfinden:
Cours Saleya; Saleya; Avenue Malausséna (Libération);
Place Fontaine du Temple (Ray); Boulevard Virgile Barel (St. Roch);
Boulevard Paul Montel (St. Augustin)
Freitag: Place San Niccolo
Samstag, Sonntag und Feiertage: Nizza Dorf

Märkte in anderen Städten und Dörfern:

MONTAG	DIENSTAG	MITTWOCH	DONNERSTAG	FREITAG	SAMSTAG	SONNTAG
Le Bar-sur-Loup	Breil-sur-Roya	Cagnes	Cagnes	Cagnes	Beaulieu	Cagnes
Caille	Cagnes	**Cannes**	**Cannes**	**Cannes**	Cagnes	Cannes
Cannes*	**Cannes**	Le Cannet	Carros-le-Neuf	Grasse	**Cannes**	Le Cannet
Le Cannet	Le Cannet	La Colle-sur-Loup	Grasse	Menton	Le Cannet	Grasse
Menton	Grasse	Grasse	Mandelieu-la-Napoule	Monaco	Grasse	Menton
Monaco	Menton	Mandelieu-la-Napoule	Menton	Pégomas	Mandelieu-	Monaco
Peymeinade	Monaco	Menton	Monaco	Roquebrune-	la-Napoule	Puget-Thémiers
Roquebrune-	Mouans-Sartoux	Monaco	Mouans-Sartoux	Cap-Martin	Menton	Roquebrune-
Cap-Martin	Roquebrune-	Roquebrune-	Pèone	St. Etienne-de-Tinée	Monaco	Cap-Martin
St. Laurent-du-Var	Cap-Martin	Cap-Martin	Roquebrune-	St. Laurent-du-Var	Pèone	St. Laurent-du-Var
	St. Cézaire-sur-Siagne	Roquesteron	Cap-Martin	St. Vallier-de-Thiey	Roquebrune-	Vallauris
	St. Laurent-du-Var	Tende	Sospel	Tende	Cap-Martin	
	La Trinité	Tourrette-sur-Loup	Turbie	Théoule-sur-Mer*	St. Cézaire-sur-Siagne	
	Valbonne	Vallauris	Valbonne	Valbonne	Vallauris	
	Vallauris	Villeneuve-Loubet	Vallauris	Vallauris	Villefranche-sur-Mer	
	Vence			Vence	Villeneuve-Loubet	

VERSCHIEDENE MÄRKTE UND FESTE
in kalendarischer Reihenfolge

Mimosen: Cannes (Alpes-Maritimes)	Januar
Zitronen: Menton (Alpes-Maritimes)	Februar
Boeufs gras: Bazas (Lot-et-Garonne)	Donnerstag vor Quinquagesima
Boeufs gras: St. Donat sur l'Herbasse	Mo vor Palmsonntag
Boeufs gras: Le Grand Serre (Drôme)	letzter Sa im März
Boeufs gras: Turenne (Corrèze + Drôme)	Do vor Palmsonntag
Salé: Toulouse (Haute-Garonne)	Do vor Ostern
Schinken: Bayonne (Pyrénées Atlantiques)	Do, Fr, Sa vor Ostern
Ziegen/Käse: Arles sur-Tech (Pyrénées Orientales)	Sa nach Palmsonntag
Samen und Pflanzen: Crest (Drôme)	3. April
Lämmer: Chaumeil (Corrèze)	10. April
Ziegen und Kälber: Aubazine (Corrèze)	So vor/nach 23/4.
Spargel: Mormoiron (Vaucluse)	Ende April
Pflanzen: Forcalquieret (Var)	1. Mai
Wein und Käse: Condrieu (Rhône)	1. Mai
Schinken: Bédarieux (Hérault)	2. Mai
Pflanzen: Hyères (Var)	3. Mai
Blumen: Lavardac (Lot-et-Garonne)	1. Mi im Mai
Junge Gänse: Valence d'Agen (Lot-et-Garonne)	um den 6. Mai
Käse: Thuir (Pyrénées Orientales)	8. Mai
Pflanzen: St. Nicolas de la Grave (Tarn et Garonne)	Ende Mai
Wolle: Grimaud (Var)	Christi Himmelfahrt
Kirschen: Itxassou (Pyrénées Atlantiques)	Mai/Juni
Organisches: Rabastens (Tarn)	Anfang Juni
Blumen: Mirepoix (Ariège)	Pfingstmontag
Picodons (Käse): Taulignan (Drôme)	So nachPfingsten
Aïoli-Markt: Les Mayons (Var)	Christi Himmelfahrt
Seidenkokons: La Garde-Freinet (Var)	15. Juni
Pökelfleisch: Toulouse (Haute-Garonne)	24. Juni
Ziegen: Nespouls (Corrèze)	Juni
Ziegenkäse: Roaix (Vaucluse)	1. So im Juli
Thunfischfestival	1. Juliwoche
Kirschen: Malemort-du-Contat (Vaucluse)	1. Juliwochenende
Vaches grasses: Beaulieu sur Dord.(Corrèze)	Mitte Juli
Chipirons: Hendaye (Pyrénées Atlantiques)	Mitte Juli
Ziegenkäse: Plaisance (Gers)	14. Juli
Fest der Olivenanbauer: Peymeinade (Alpes-Maritimes)	Mitte Juli
Wolle: Martel (Lot)	23. Juli
Oliven: Les Vans (Ardèche)	4. So im Juli
Ponys und Esel: Roquecor (Tarn-et-Garonne)	Ende Juli
Austern: Mèze (Hérault)	6. August
Austern: Marseillan (Hérault)	3 Tage im August
Austern: Goujan-Mestras	Mitte August
Truthähne: La Laupie (Drôme)	August
Früchte: Prayssas (Lot)	24. August
Zwiebeln: Coutras (Gironde)	letzter Mi im August
Zwiebeln: Tournon (Ardèche)	29. August
Widder: Naucelle (Aveyron)	Ende August
Knoblauch: La Crau (Var)	Letzter Sa im August
Knoblauch: Hyères (Var)	4. Sa im August
Knoblauch: La Garde (Var)	1. September
Zwiebeln: St. Donat sur l'Herbasse (Drôme)	1. Mo im September
Pflaumen: St. Aubin (Lot-et-Garonne)	1. So im September
Knoblauch: Sollies Pont (Var)	1. Do im September
Ttoro: St. Jean-de-Luz (Pyrénées Atlantiques)	Anfang September
Knoblauch: Draguignan (Var)	1. Sa im September
Würste: Le Val (Var)	2 Tage Anfang Sept
Salz: Salies-du Béarn (Pyrénées Atlantiques)	7./10. September
Zwiebeln: Guitres (Gironde)	2. Mi im September
Oliven: Mouries (B-du-Rhône)	2. Woend September
Schafe: Guillaumes (B-du-Rhône)	16. September
Äpfel: Peyruis (Alpes de Haute-Provence)	Ende September
Lavendel: Montbrun (Drôme)	Letzt. Sa/September
Käse (Pyrenees): Laruns (Pyrénées Atlantiques)	Letzt. So/September
Äpfel: Châtillon-en-Diois (Drôme)	So nach Allerheiligen
Fête des tripoux: Naucelles (Aveyron)	2 Tage im November
Truthähne (fête du glouglou): Varaignes (Dordogne)	11. November
Geflügel: Baraquevile (Aveyron)	3. Fr im Dezember
Truthähne: Le Grand Serre (Drôme)	2. Sa im Dezember
Truthähne: Ardancette (Drôme)	Sa vor Weihnachten
Foire des gourmands: Valréas (Vaucluse)	Sa vor Weihnachten
Kapaune: Grignols (Gironde)	So vor Weihnachten
Geflügel: Molières (Dordogne)	So vor Weihnachten

MÄRKTE UND FESTE, DIE BESONDERE PRODUKTE ANBIETEN:
Überprüfen Sie die angegebenen Daten vor Ort

FOIE GRAS	November bis Ende März
(und gestopfte Gänse und Enten)	
MÄRKTE:	
Eysines (Gironde)	3 Tage Ende November
Ludon (Gironde)	November
Thuir (Pyrénées Orientales)	3. Woche im November
Verniolle (Ariège)	1. So im Dezember
Mazères (Ariège)	Dezember
Brive (Corrèze)	2. Woche im Dezember
Belpech (Aude)	2. Woche im Dezember
Castelnaudary (Aude)	1. So im Dezember
Montbazens (Aveyron)	3. Di im Dezember
Vic-en-Bigorre (Haute-Pyrénées)	1./2. Dezember
Monségur (Gironde)	2. So im Dezember
Fumel (Lot)	2. Mo im Dezember
Vergt (Dordogne)	2. Hälfte Dezember
Sauvian (Hérault)	So vor Weihnachten
Gaillac (Tarn)	Anfang Dezember
Lavardac (Lot-et-Garonne)	2. Woche im Januar
Piégut-Pluviers (Dordogne)	2. od. 3. So im Januar & Februar
Issigeac (Dordogne)	3. So im Januar
Vic-en-Bigorre (Haute-Pyrénées)	Ende Jan/Anfang Februar
Brive (Corrèze)	1. Sa im Februar
Vergt (Dordogne)	Februar
Monségur (Gironde)	2. So im Februar
WÖCHENTLICHE MÄRKTE:	November bis Februar/März
Pau (Pyrénées Atlantiques)	täglich außer So
Vic-en-Bigorre (Hautes-Pyrénées)	Mo
Mirande (Gers)	Mo
Fleurance (Gers)	Di
Gimont (Gers)	So
Caussade (Lot-et-Garonne)	Mo
Cahors (Lot)	Mi und Sa
Périgueux (Dordogne)	Di, Mi und Sa
Thénon (Dordogne)	Di
Piégut-Pluviers (Dordogne)	Mi (Januar und Februar)
Ribérac (Dordogne)	Fr
Sarlat (Dordogne)	Mi und Sa
Terrasson (Dordogne)	Do
Vergt (Dordogne)	Fr
Thiviers (Dordogne)	Sa
Montclar de Quercy (Tarn et Goronde)	So

KNOBLAUCH	Juni/Oktober
FESTE	
Uzès (Gard)	24. Juni
Sauzet (Drôme)	letzter So im Juli
Lautrec (Tarn)	1. Fr im August
Cadours (Haute-Garonne)	letztes Augustwochende
Toulouse (foire au salé + Haute-Garonne)	24. August
Mauvezin (Gers)	1. Mo nach dem 15. August
Hyères (Var)	24. August
Piolenc (Vaucluse)	letztes Augustwochenende
Draguignan (Var)	1. Sa im September
Sollies Pont (Var)	2. Mo im September
Toulouse (Haute-Garonne)	15. Oktober
MÄRKTE	
Beaumont-de-Lamague (Tarn et Goronde)	Di und Sa vonJuli bis Januar

ERDBEEREN	
MÄRKTE UND FESTE	
Beaulieu-sur-Dordogne (Corrèze)	1. Wochenende im Mai
St. Géniez d'Olt (Aveyron)	Juli

MELONEN	
MÄRKTE UND FESTE	
Ligueuil (Dordogne)	3. Wochenende im August
Jouels (Aveyron)	3. September
Pont de l'Arn (Tarn)	1. So im September
MÄRKTE	
St. Laurent Lolmie (Lot)	Mo bis Sa/August bis Oktober

TRÜFFELN	
FESTE	
St. Paul les-trois-Châteaux (Drôme)	Mitte Februar
Sorges (Dordogne)	21. Januar
Martel (Lot)	um den 25. Januar
MÄRKTE	
Lalbenque (Lot)	Di 14.30 Uhr
Limogne (Lot)	Fr 10.30 Uhr
Sauzet (Lot)	Do 13.00 Uhr
Périgueux (Dordogne)	Sa
Thénon (Dordogne)	Di
Sarlat (Dordogne)	Sa
Saint Alvère (Dordogne)	Mo
Richerenches (Vaucluse)	unregelmäßig
Chamaret (Drôme)	Montag
Carpentras (Vaucluse)	27. November

WALNÜSSE/EDELKASTANIEN	Oktober, November
FESTE	
Villardonel (Aude)	So vor/nach Allerheiligen
Villefranche-de-Rouergue (Aveyron)	4. Do im Oktober*
Lanouaille (Dordogne)	So vor dem 4. Di im Oktober
Alès (Gard)	2 Tage im Oktober
Sauveterre-de-Rouergue (Aveyron)	Wochenende v. Allerheiligen
Mourjou (Cantal)	3. Wochenende im Oktober
Dournazac (Haute-Vienne)	Ende Oktober
Bédarieux (Hérault)	2. November
Lavardac (Lot-et-Garonne)	1. Wochenende im November
La Garde-Freinet (Var)	23. November
St. Etienne-de-Tinée (Alpes-Maritimes)	2 Tage im November
Collobrières (Var)	letzte 3 So im Oktober
Les Mayons (Var)	sonntags im Oktober
MÄRKTE	
Sarlat (Dordogne)	samstags
Belvès (Dordogne)	1. Mi im Oktober, November, Dezember
Sauveterre-la-Lemance (Lot-et-Garonne)	Mi

WEINLESE	
MÄRKTE UND FESTE	
Marcillac (Aveyron)	Pfingstmontag
St. Emilion (Dordogne)	Mitte Juni
Gaillac (Tarn)	1. Wochenende im August
Châteauneuf-du-Pape (Vaucluse)	Ende August
Madiran (Gers)	15. August
Ruoms (Ardèche)	2. Sonntag im August
Montagnac (Hérault)	29. August
Nice (Alpes-Maritimes)	September
Gimont (Gers)	September
Tende (Alpes-Maritimes)	September
Nîmes (Gard)	Ende September
Elne (Pyrénées Orientales)	2 Tage im Oktober

Rezepte

SUPPEN

Soupe de vendredi saint – Karfreitagssuppe	17
Soupe à l'ail rose de Lautrec – Knoblauchsuppe	78
Potage Rouergat – Suppe aus der Rouergue	125
Soupe au fromage – Käsesuppe	135
Ttoro – Baskische Fischsuppe	169

VORSPEISEN

Olivade de fromage blanc – Olivenpüree und Rahmkäse	89
Croustillant de chèvre – Knuspriger Ziegenkäse	125
Truffe en chausson – Trüffeln in Blätterteig	181
Salade de noix aux gésiers – Walnußsalat	158
Terrine de castanhas – Terrine mit Kastanien und Pilzen	158
Foie gras entier mi-cuit – Stopfleber-Terrine	175
Fleurs de courgettes farcies – Gefüllte Zucchiniblüten	117
Beignets de fleurs de courgettes – Fritierte Zucchiniblüten	117

ENTREES

Omelette aux chapons – Brotomelette	17
Salade campagnarde – Bauernsalat	23
Pipérade – Ragout mit Zwiebeln, Pfefferoni und Tomaten	83
Ravioles de Romans sauce poireaux – Ravioli mit Porreesauce	163
Foie gras frais aux câpres – Frische Stopfleber mit Kapern	174
Lou Farsou – Frühlingspfannkuchen	31
Pâtes au piment – Pasta mit Chili-Tomaten-Sauce	168
Salade de riz aux olives – Reissalat mit Oliven	141
Omelette aux truffes de Madame Berthier – Madame Berthiers Trüffelomelette	181

FLEISCH

Côtes de porc à la gasconne – Schweinekoteletts mit Oliven & Knoblauch	103
Fricot des barques – Rindfleisch nach Bootmannsart	39
Carbonade de mouton – Lamm-Bohnen-Eintopf	52
Selle d'agneau de Pauillac – Lammrücken à la Pauillac	73
Poulet en cocotte Tzouano – Hühnerkasserolle Languedoc	73
Rôti de porc froid glacé – Kalter glasierter Schweinebraten	103
Jarret de boeuf en estouffade – Rinderhachse	95
Daube de mouton Issaly – Madame Issalys Lammeintopf	53
Lapin aux herbes – Kaninchen mit Kräuterfüllung	53
Gardiane de lapin au riz Camarguais – Kaninchen mit Reis aus der Camargue	38 / 141

FISCH

Lotte au vin rouge de St. Emilion – Quappe in Rotweinsauce	46
Thon à la Chartreuse – Thunfisch mit Tomaten & Zitrone	63
La Quinquebine – Kabeljau mit Lauch	63
Lotte à la gasconne – Quappe auf gaskonische Art	72
L'Aïoli – Pochierter Fisch mit Gemüse & Knoblauchmayonnaise	78
Huîtres au gratin – Austern mit Käse überbacken	72
Moules à la bordelaise – Muscheln auf Bordeaux-Art	72

GEMÜSE

Ragoût d'asperges – Spargelragout	71
Ragoût de petits légumes printaniers – Ragout aus jungem Frühlingsgemüse	149
Artichauts à la Barigoule – Eintopf mit jungen Artischocken	116
Pommes de terre aux cèpes – Kartoffeln mit Steinpilzen	159
Chou-fleur au piment – Blumenkohl mit Chilischoten	169
Salade de pommes de terre aux truffes – Kartoffelsalat mit Trüffeln	181
Confit de petits oignons aux châtaignes et aux noix – Confit mit Kastanien & Walnüssen	159
Aligot – Püree aus Kartoffeln & Bergkäse	31
La Bohémienne – Auberginen-Tomaten-Gratin	116

KÄSE & DESSERTS

Fromage fermier aux amandes – Frischer Kuhmilchkäse mit Mandeln & Oliven	135
Macarons de St. Emilion – Mandelkekse	46
Confiture de figues vertes aux noix – Walnuß & Feigenmarmlade	159
Tarte aux noix – Walnußtorte	158
Pavé romain d'Orange – Orangen-Mandel-Gâteau	87
Granité au vin de Madiran – Rotwein-Granita	95

GETRÄNKE

Le Castillou – Lindenblütenlikör	87
Vin cuit – Süßes Rotweinkonzentrat	57